普通高中学生学习力
发展指导课程构建研究

刘艾清 著

东南大学出版社
·南京·

图书在版编目(CIP)数据

普通高中学生学习力发展指导课程构建研究/刘艾清著.—南京:东南大学出版社,2019.12
 ISBN 978-7-5641-8714-9

Ⅰ.①普… Ⅱ.①刘… Ⅲ.①高中生—学习能力—能力培养—课程建设—研究 Ⅳ.①G632.46

中国版本图书馆CIP数据核字(2019)第296532号

普通高中学生学习力发展指导课程构建研究
Putong Gaozhong Xuesheng Xuexili Fazhan Zhidao Kecheng Goujian Yanjiu

著　　者：刘艾清
出版发行：东南大学出版社
社　　址：南京市四牌楼2号　邮编:210096
出 版 人：江建中
网　　址：http://www.seupress.com
经　　销：全国各地新华书店
排　　版：南京星光测绘科技有限公司
印　　刷：南京京新印刷有限公司
开　　本：700mm×1000mm　1/16
印　　张：15.75
字　　数：299千字
版　　次：2019年12月第1版
印　　次：2019年12月第1次印刷
书　　号：ISBN 978-7-5641-8714-9
定　　价：48.00元

本社图书若有印装质量问题,请直接与营销部联系。电话:025-83791830

作者简介

刘艾清,女,1977年生,教育学博士,盐城师范学院文学院副教授,南京师范大学兼职硕士生导师,台湾师范大学教育学院课程与教学研究所访问学者,江苏省教育学会语文课程与教学论研究中心理事。长期从事课程与教学论、教师教育两方面的研究;主持完成江苏省教育规划和高校哲社项目各1项,主持完成校级课题5项,参与教育部青年项目等各类课题研究多项;完成专著1部;参编专著和教材各1部;在《课程·教材·教法》等杂志发表论文30余篇。主讲过《语文基础教育前沿专题》《语文教学论》等硕士和本科课程共9门。熟悉语文基础教育改革前沿状况和实践现状,擅长指导师范生语文教学技能。

序　言

　　学习是人类自诞生以来，就一直很重要的事。从龟壳上的甲骨文到纸书上的铅字到网络世界的电子文字，从竹简到纸张到视屏，人类知识的传承与生产形式发生了翻天覆地的变化。从口耳相传到班级授课到线上线下混合学习，学习方式也发生了巨大变化。21世纪，蓬勃发展的信息技术为知识的传递和创生提供极大的便捷，也对教育带来新的挑战，对学习提出新的要求。在当下的学习型社会，终身学习势在必行。学习从未如此重要！

　　学生以学习为天职，我国中小学生每天普遍花费十个小时以上的时间学习。除了身体上的辛苦以外，很多学生因学习存在低效率、低成就感、低幸福感而感受不到学习之于自我人生发展的价值。学习如同在"黑胡同"中摸索，甚至非常"痛苦"。很多学生只是在家长和学校的管控下机械地"运转"着，学习者的积极的主体性没有得到真正激发。一个很重要的原因，是我国学生学习力方面存在严重不足。

　　学习力属于学生综合素质的一部分。从素质的性质来看，可将学生的素质分为：基本素质、学科素质、综合素质、特殊素质、职业素质，其中综合素质包括：品德、学习力、创造力、实践力、生活力、跨学科的知识技能和研究方法等。本书作者界定为"学习力（Learning Power）是支持和推动学习，直接影响个体学习效率的学习的内在力量，属于综合素质的范畴"。此概念界定，强调学习者的内在学习力量。如果将学习这件事比作冰山，那么学习的外在表现、学习结果、学习策略等是冰山的海平面之上的部分，学习力则是冰山的海平面之下部分，学习力的作用不容小觑。

　　学习力发展指导非常重要。因为学校学习相比较于人类广义的学习来说，具有高效、系统、复杂、递进等特点。各学段的学生对于学习这件事，无论表现出的学习成就如何，都需要不同程度的学习力发展指导。这点，通过本研究中作者的调查可以证明。学校应该做的事是，依据学者们的研究成果，结合本校实际校情和学情，有计划地、系统地为学生的学习尤其是学习力发展提供指导。

学校教育为学生学习力的发展提供指导,一个重要的措施是开设相应的课程,本书所研究的就是构建这类课程。本书以学生学习力为研究领域,以高中生为研究的主要对象,以高中生学习力发展指导为研究主题,以高中生学习力发展指导课程构建为研究焦点。按照"为什么构建—基于什么构建—如何构建—构建出什么"的逻辑思路开展研究;运用的研究方法包括调查法和专家咨询法;构建了高中生学习力体系,包括:学习动力(学习兴趣、学习动机、学习态度);学习能力(学习认知、学习技能、学习能倾);学习习惯(内在处理、过程运行、时间管理);进而依据该学习力体系构建高中生学习力发展指导校本课程。研究路径合乎逻辑,研究对于学生学习指导、学习力发展和学习学校本课程研究等都有一定的借鉴意义。对当前学习研究具有借鉴意义。

本书作者曾是我指导的博士研究生。她的博士论文出版,请我作序。我首先想起作者读博三年期间,我与作者在课堂内外就学习问题和学习力研究主题讨论的许多次思维碰撞。这一过程,也反映出作者学习力发展历程。作者出身贫寒,从农村学校考入大学;读完硕士研究生,成为一名高校教师;工作十年后,在专业学习的道路上再次出发,攻读博士学位。一步步走来,不断超越自我,其不竭动力源正是其学习力。

学习力研究,应该受到更多重视。更进一步看,学习学领域还有很多值得深入探究的问题,希望作者和广大研究者能继续开展深入研究。

丁念金

2019 年 12 月

目 录

第一章　绪论 ……………………………………………………… (001)
　　一、研究背景、问题和假设 ……………………………………… (002)
　　二、核心概念界定 ………………………………………………… (007)
　　三、研究目的、意义、目标和内容 ……………………………… (012)
　　四、研究思路、方法和技术路线 ………………………………… (017)

第二章　国内外中小学生学习力发展指导研究综述 ……………… (021)
　　一、研究现状 ……………………………………………………… (021)
　　二、成就与薄弱之处 ……………………………………………… (038)
　　三、发展趋势 ……………………………………………………… (041)

第三章　高中生学习力发展指导现状调查 ………………………… (045)
　　一、调查目的 ……………………………………………………… (045)
　　二、调查工具编制 ………………………………………………… (046)
　　三、调查实施 ……………………………………………………… (054)
　　四、调查结果分析 ………………………………………………… (056)
　　五、调查结论 ……………………………………………………… (075)
　　六、发展建议 ……………………………………………………… (077)

第四章　高中生学习力发展指导课程内核：学习力体系 ………… (080)
　　一、构建学习力体系的理论依据 ………………………………… (080)
　　二、构建学习力体系的现实借鉴 ………………………………… (088)
　　三、学习力体系构建 ……………………………………………… (098)

第五章　高中生学习力发展指导课程构建思路 …………………… (125)
　　一、明确课程定位 ………………………………………………… (125)

二、确定课程理念 …………………………………………（128）
三、构建课程要素 …………………………………………（132）
四、编制课程文本 …………………………………………（140）

第六章　高中生学习力发展指导课程样例 …………………（144）
一、课程纲要样例 …………………………………………（144）
二、学材样例（简易版） …………………………………（151）
三、样例应用——以"记忆的技能"学材设计为例 ………（189）

第七章　结语 …………………………………………………（199）
一、研究结论 ………………………………………………（199）
二、创新之处 ………………………………………………（201）
三、研究局限 ………………………………………………（203）
四、后续研究 ………………………………………………（204）

参考文献 ………………………………………………………（206）

附录 ……………………………………………………………（215）

后记 ……………………………………………………………（240）

第一章 绪 论

　　学习对人生和社会的发展意义重大。1972年联合国教科文组织的报告《学会生存——教育世界的今天和明天》提出"终身教育"和"学习化社会"两个概念,认为学习是包括一个人整个一生的长度和各个方面;因此也应该包括全部的社会,达到学习化社会的境界。① 21世纪,信息和网络技术发展带来知识爆炸,使人们认识到学习是无处不在、无时不在的,学习是人持续完善的过程。终身学习成为终身教育在新世纪的主要内涵,学习化生存②成为人们在学习型社会的生活状态。学习力,是影响学习质量的重要因素,是人们实现学习化生存的条件和保障。"如果将人看作一棵树,学习力就是树的根,也就是人的生命之根。"③新世纪的教育应该使学习者④具有应对不确定未来的学习素养,应着眼于培养学习者的学习力。基础教育阶段学生学习素养和"学会学习"核心素养的培养,应针对不同学段学生的学习特点和现状,有效指导学生的学习力发展,以养成学生学习力自主和持续发展的意识与能力。高中生学习力的状况,代表基础教育阶段的最高水平,影响未来人口学习力的素质和学习型社会的发展。当前,我国学生核心素养发展也要求:把"知识为本"的教学转为"核心素养"为本的教学,大力推进学习方式和教学模式改变;深刻理解学生的学习和学习的本质,运用学科课程和跨学科课程落实学生的核心素养。⑤ 因此,本研究拟建构专门的学习力发展指导校本课程,系统指导高中生学习力发展。

---

　　① 联合国教科文组织国际教育发展委员会.学会生存——教育世界的今天和明天[M].华东师范大学比较教育研究所,译.北京:职工教育出版社,1989:18.
　　② 赵幼华,杨之藩.学习化生存——你别无选择[M].昆明:云南人民出版社,2003:封面.
　　③ [美]柯比.学习力[M].金粒,译.海口:南方出版社,2005:18.
　　④ 本研究的学习者、学生,除了绪论和研究综述部分有些是泛指基础教育阶段学生外,其他主要指普通高中学生,简称"高中生"。
　　⑤ 尹后庆.学生核心素养落地,将如何影响我们的课堂[EB\OL].(2016-09-15)[2016-09-16].http://www.toutiao.com/i6330343132588147202/.

一、研究背景、问题和假设

本选题的研究缘起就笔者个人而言,是一个探索的过程:从最初关注教师教学行为,转向关注学生学习行为;再到关注学生学习行为的内在力量——学习力及其发展指导。

(一) 研究背景

高中生学习力发展指导研究的宏观背景是学习型社会的需求,中观背景是课程改革的时代诉求,微观背景是"学会学习"核心素养的要求。

1. 学习力是学习型社会的需求

在 21 世纪,发达的信息技术、快速增长的知识、海量的信息资源,使学习型社会[1]成为世界各国发展的必然。学习型社会有五点指标:"学习被公认为一种贯穿于整个生命过程的持续活动;学习者对自己的学习过程负责;评价是要确认进步而不是彰显失败;能力、共享价值、合作被认为与获得知识同等重要;学习是学生、家长、教师、雇主和社区之间的一种合作,为了提高成绩他们需要共同工作。"[2]中国共产党十六大报告明确提出:"形成全民学习、终身学习的学习型社会,促进人的全面发展。"[3]《国家中长期教育改革和发展规划纲要(2010—2020 年)》也突出强调学习型社会背景下学习的重要性。总之,要"构建网络化、数字化、个性化、终身化的教育体系,建设'人人皆学、处处能学、时时可学'的学习型社会"[4]。

在学习型社会背景下,学习也正在发生转型:以书本为中心的学习转向以问题为中心的学习,人生一个阶段的学习转向终身学习,灌输式学习转向

---

[1] 注:学习化社会是美国学者罗伯特·哈钦斯 1968 年首次提出。联合国教科文组织报告《学会生存——教育世界的今天和明天》也强调终身教育和学习化社会,把学习化社会作为未来社会形态的构想和追求目标。"学习型社会"与"学习化社会"理念相近,为了与我国表述习惯一致,本书采用"学习型社会"这一术语。

[2] [英]诺曼·朗沃斯.终身学习在行动——21 世纪的教育变革[M].沈若慧,汤杰琴,鲁毓婷,译.北京:中国人民大学出版社,2006:76.

[3] 中国经济网.党的十六大报告(全文)[EB/OL].(2003 - 10 - 09)[2016 - 01 - 20]. http://www.ce.cn/ztpd/xwzt/guonei/2003/sljsanzh/szqhbj/t20031009_1763196.shtml.

[4] 央广网.习近平:建设"人人皆学、处处能学、时时可学"的学习型社会[EB/OL].(2015 - 05 - 23)[2016 - 01 - 20]. http://news.cnr.cn/native/gd/20150523/t20150523_518620985.shtml.

研讨式学习,单科学习转向兼容式学习,个人孤立式学习转向组织化学习等。① 因此,不能将学习局限于学校甚至学科学习的视野。学习在时间、空间和方式等方面,都在发生着变化。应对终身学习的需求,实现学习型社会,根本就在于发展每个社会成员的学习素养,尤其是发展作为学习者内在力量的学习力。而中小学生的学习力发展,是其自身乃至整个社会学习力发展的基础。

2. 学习力是课程改革的时代诉求

应试观念下的学习几乎等同于学习学科知识。钟启泉教授曾评判这种现象:"知识百宝箱"论把课程矮化为学科,把学科矮化为学科知识,进而又把学科知识矮化为既定概念、定理、规律的堆积。② 基础教育为人生奠基,应该重视培养学生未来终身学习的能力。21世纪,世界各国课程改革突出强调学习的时代意义,倡扬自主学习、独立学习、合作学习、学会学习、创新学习、深度学习等学习理念。对"如何学习"的关注更甚于"学习什么"。学校教育已经超越传递人类已有知识的目的,更强调培养学习者的学习自主和知识创新能力,提倡"自主·合作·探究"的学习方式,培养学生应对未来不确定情境的综合素质。

学习力,符合人们在新课程改革背景下,对知识、学科和学习的关系的重新审视:学科小于全部知识,知识小于学生学习的全部内容,知识和学科都是学习力发展的媒介或手段。发展学生学习力,使学生具有终身学习的素质,是新课程改革的时代诉求;对当前学校教育、个人发展有意义,也对未来人口学习素质意义重大。

3. 学习力是"学会学习"核心素养的要求

信息时代带来的知识爆炸,迫使人们重新界定"知识"的意义:知识不是客观存在的、可直接传递的;知识的意义是主体在自我认知结构基础上主观建构的。从获得知识到建构知识的知识观和认识论转型,带来对"学习"的认知和研究的系列变化:学习研究从关注学习活动到关注学习本身;学生研究从关注知识的获得到关注素质发展;学校教育从传递知识、教会学习到引导学生学会学习、为人的终身学习奠基。"学会学习"得到大力倡扬,是欧盟、教科文组织、新加坡、美国、芬兰、英国、加拿大、我国等共同强调的核心素养内

---

① 钟国兴,杨永加.链式学习法 组织学习的六级台阶[M].北京:红旗出版社,2012:12-14.
② 钟启泉.日本"学力"概念的演进[J].教育发展研究,2014(08):24.

容之一。《中国学生发展核心素养》将"学会学习"作为"自主发展"领域的核心素养之一。"学会学习"强调学习者的内在力量发展、学习方式选择、学习媒介利用等。

总之,学习力研究的中心逐渐从组织管理领域迁移到教育领域,当前正掀起学生学习力研究的潮流。

(二) 研究问题

在学生学习力研究非常必要的背景下,基于高中学段的特殊性、高中生学习的身心特点、高中生学习力研究的紧迫性和特殊意义,本研究确定:学生学习力为研究领域,高中生为研究的主体对象,高中生学习力发展指导为研究主题,高中生学习力发展指导课程构建为研究焦点。

1. 研究需求

学习力发展指导课程构建研究,对高中生学习力发展,高中综合素质评价及课程体系完善、校本课程研究等,都具有迫切的研究需求。

(1) 发展高中生学习力的需要

人生各阶段凸显的学习动机和学习表现不同:"儿童想要捕捉他们的世界,青年想要构建他们的身份,成人追逐他们的生活目标,熟年成人探索意义及和谐。"[①]高中阶段是人一生的关键时期,也是学习力发展的重要时期。首先,从人一生的学习力发展走势来说,高中阶段是人在学习生涯中,学习力达到的第一个高峰;从人的精力、智力发展、学习经验等方面来说,高中阶段属于增长和保持状态,有利于学习力的快速发展;从知识、能力等基础来说,高中阶段是基础教育的最高阶段,应该具备学习力的最高水平;从思维特性看,高中生思维更具有深刻性和批判性,独立思考能力得到加强,意志行为的主动性、自觉性和果断性增强。因此,高中阶段具备大力发展学习力的条件、基础和需求。其次,我国高中生面临繁重的学业和超强的高考压力,唯有学生具有深厚的学习力才能胜任,因此高中阶段具有学习力发展的必要性。最后,高中阶段是基础教育的最高阶段,发展高中生的学习力,也是为了提升整个基础教育的学生学习力水平,为高中后进入大学专业深造或者进入职业学习并为终身学习打下基础。因此,高中阶段尤其需要学习力发展指导研究。

---

① [丹]克努兹·伊列雷斯.我们如何学习:全视角学习理论[M].孙玫璐,译.北京:教育出版社,2014:214-216.

（2）改进高中综合素质评价的需要

2017年全面推进的新高考改革,施行学科考试、学业水平测试和综合素质评价的模式,给予高中生一定的课程和时间进度的选择权。在我国大班额教学的现实情况下,更需要高中生具备较强的学习力来支撑自主学习。学习是复杂的心智活动过程,学习力是在学习中形成的、关于学习的综合素质,是学生综合素质的一部分,是学生开展学习的根基。因此,学习力应该成为高中综合素质评价的内容之一。现行的综合素质评价文件是2014年的《关于加强和改进普通高中学生综合素质评价的意见》[①],将学生综合素质评价内容分为"思想品德、学业水平、身心健康、艺术素养、社会实践"五个方面,对学生的学习力等学习素养未有涉及。学习是学生的事业,对学生学习的评价很重要,可以反哺于课程内容、教学实施、教与学的评价等。其重要性,在2014年之前的各省(市)综合素质评价方案中可以得到证明,若干省(市)的方案中都有对学生学习的评价,最关注的是"学习态度"和"学习能力"两个方面。本研究将在后文分析这些内容与学习力的联系与区别。因此,学习力发展指导研究,也是改进高中综合素质评价的现实需要。

（3）完善高中课程体系的需要

我国高中课程体系缺少学习力及其发展指导的相关内容。《普通高中课程方案(实验)》[②]将课程分为:语言与文学、数学、人文与社会、科学、技术、艺术、体育与健康和综合实践活动等八个学习领域,没有关于学生学习和学习力发展指导的课程设置。《普通高中课程方案(2017年版)》也没有关照到"学习"。校本课程改革虽然赋予学校课程决策权,但是因缺少上位政策引导等诸多原因,学校也对高中生的学习及学习力发展指导关注不够,只模糊地希望借助学科学习潜在地发展学生学习力。20世纪末《学习的革命》一书就倡导"确定适合个人的学习方式":"'学习怎样学习和怎样思考'应该列入每个人的日程表"[③];"全世界在争论这样一个问题:学校应该教什么？在我们

---

① 中华人民共和国教育部.关于加强和改进普通高中学生综合素质评价的意见[EB/OL].(2014-12-10)[2016-01-18]. http://www.moe.edu.cn/publicfiles/business/htmlfiles/moe/s4559/201412/181667.html.

② 中华人民共和国教育部.普通高中课程方案(实验)[EB\OL].(2003-03-31)[2016-02-15]. http://www.moe.gov.cn/srcsite/A26/s8001/200303/t20030331_167349.html.

③ [美]珍妮特·沃斯,[新西兰]戈登·德莱顿.学习的革命:通向21世纪的个人护照[M].顾瑞荣,陈标,许静,译.上海:上海三联书店,1998:52.

看来,最重要的应当是两个'科目':学习怎样学习和学习怎样思考"①;并规划了包括四部分的课程,其同心圆模式从中心到外圆依次是:个人成长课程,包括自尊和自信的建立;生活技能课程,包括创造性解决问题和自我管理;学习如何学习的课程,因此学习可以成为终生的过程并充满乐趣;具体内容的课程,通常综合各种主题。② 上述理念和课程设置更符合终身学习的需求,对我国包括学习力在内的学习学校本课程开发有借鉴意义。因此,学习力发展指导研究,是完善高中课程体系的需要,也是填补我国学习指导课程缺失的需要。

(4) 丰富高中校本课程研究的需要

2000 年的《全日制普通高级中学课程计划(试验修订稿)》规定:地方和学校安排的选修课,占周课时累计数的 10.8%~18.6%。《基础教育课程改革纲要(试行)》要求高中阶段:"在开设必修课的同时,设置丰富多样的选修课程。"③学校被赋权,往往会围绕学校特色、学生需求、学校资源等方面开发校本课程,优化和丰富学校课程结构。校本课程建设应注重:以学生的基本素质发展和综合素质发展为重心,适当注重特殊素质的发展;学校改革与发展的愿景;以学习为中心。④ 一方面,学习力发展指导校本课程构建的设想,符合校本课程的特殊价值。课程改革十余年来的校本课程编制研究进展,也为学习力发展指导校本课程编制提供了智力支持。另一方面,校本课程是符合学生需求,经过逻辑论证,按照一定的理论兼顾实践需要编制的。每门课程都具有独特的目的和功能,又合力促进学生综合发展。因此,相比较于其他形式的学习力发展指导,如学科教学中指导、学校环境的潜在影响、家长的指导、学校的主题班会教育等,建构专门的校本课程,具有更系统、更持久的影响。因此,编制学习力发展指导校本课程,是高中课程体系建设和发展高中生学习力等研究的需要。

2. 关键问题

上文研究的问题需求表明,高中阶段存在明显的学习力发展指导研究的

---

① [美]珍妮特·沃斯,[新西兰]戈登·德莱顿.学习的革命:通向 21 世纪的个人护照[M].顾瑞荣,陈标,许静,译.上海:上海三联书店,1998:73.

② [美]珍妮特·沃斯,[新西兰]戈登·德莱顿.学习的革命:通向 21 世纪的个人护照[M].顾瑞荣,陈标,许静,译.上海:上海三联书店,1998:428-451.

③ 中华人家共和国教育部.基础教育课程改革纲要(试行)[EB\OL].(2001-06-08)[2016-10-12].http://www.moe.edu.cn/publicfiles/business/htmlfiles/moe/moe_309/200412/4672.html.

④ 丁念金.校本课程设计以何为本[N].中国教育报,2015-09-23(09).

必要性和迫切性。以发展指导为切入点,符合高中生学习、身心特点及学习力现状;校本课程形式,是高中生学习力发展指导的系统方式。因此,本研究的总问题和分问题如下:

(1) 总问题

总问题,是研究的聚焦点、总纲、总目标。本研究的总问题是:如何构建系统指导高中生学习力发展的指导课程?

(2) 分问题

分问题,是总问题的细化和分解,更接近具体的研究内容。本研究包括如下系列分问题:

① 国内外中小学生学习力发展指导研究现状如何?
② 高中生学习力、发展指导及对学习力发展指导课程需求的现状如何?
③ 高中生学习力发展指导课程的内核,即学习力体系,是怎样的框架?
④ 构建学习力发展指导课程的思路是什么?
⑤ 高中生学习力发展指导课程样例,即"学习力发展指导"课程的课程纲要和学材是什么样?

(三) 研究假设

研究假设,是研究者根据掌握的已有研究资料,对研究内容作出的一种推测性论断和假定性解释,是在进行研究之前预先设想的、暂定的结论,是有待在研究过程中论证的内容或观点。与研究问题对应,主要有以下研究假设:

其一,高中生学习力发展指导现状不如人意;
其二,构建的作为发展指导课程内核的高中生学习力体系是合理的;
其三,高中生学习力发展指导课程构建思路是可行的;
其四,能根据发展指导课程的构建思路,开发出具体可行的课程样例。

二、核心概念界定

核心概念,是思考问题、解决问题和研究思维的逻辑起点。核心概念界定,犹如拨开沙子看清珍珠的全貌。本研究的核心概念主要有两个:"学习力"和"课程"。

(一)"学习力"的界定

核心概念"学习力"的界定,是建构高中生学习力体系,进而构建高中生学习力发展指导课程的基础。

1."学习力"的定义

学习力的概念,众说纷纭。虽然定位不同,但都强调学习力是人在学习过程中形成和表现出的基于多种能力或因素的整体素质。"素质"指个人在后天环境、教育影响下形成的基本品质。[①] 有研究者将学生的素质分为:基本素质、学科素质、综合素质、特殊素质,其中综合素质包括:学习力、创造力、实践能力、职业关键素质、跨学科的知识技能和研究方法等。[②] 较之现行综合素质评价文件中的学生综合素质划分,第一次将"学习力"纳入学生综合素质体系,并置于重要位置,符合时代需求。学习力是在基础知识、学习体验、成长经历等基础上形成的关于学习的"综合的"素质,属于学生的学习素养范畴,指向"学会学习"的核心素养,是学生发展的根基。本研究采用上述观点,将学习力归属为综合素质,是与创新能力、实践能力等并列的素质。本研究将学习力要素分为:学习动力、学习能力、学习习惯三个一级要素,将在后文学习力体系研究中详细分析。采用内涵整体式界定,将"学习力"概念界定为:学习力(Learning Power)是支持和推动学习,直接影响个体学习效率的内在力量,属于综合素质的范畴。

本概念主要视角是"学习"这件事,强调学习的内在力量。本概念界定,与英国的学习力研究强调学习者视角一致;与维基百科(2010)对国外学习力研究的总结观点相通:学习力是使一个人能有效地从事各种学习挑战的心理学的特性和技能的集合[③];也比较契合我国学习力界定强调素质的总体倾向。

2."学习力"与相关概念辨析

"学习力"的概念,对本研究学习力体系范畴的系列概念内涵确定,都有影响和限定,起"概念伞"的作用。所谓"概念伞",指"用高度概括和抽象的词言表达宏观概念,它们代表将表面分立的活动或者业务连接成密不可分的整

[①] 顾明远.教育大辞典[Z].上海:上海教育出版社,1998:1494.
[②] 丁念金.展望中小学课程整体结构的转变[J].今日教育,2015(02):1.
[③] Wikipedia, the free encyclopedia. Learning Power[EB\OL].(2010-08)[2015-12-10]. https://en.wikipedia.org/wiki/Learning_power#cite_ref-Learning_to_Learn_9-0.

体的共同特征"①。本研究的"学习力"概念就是如此,其统帅高中生学习力体系中的系列概念,代表该学习力体系整体和部分的共同特征——学习的内在力量。下文将几组相关概念置于"学习力"概念伞下作简要辨析。

(1) 学习与学习力

学习的定义很多,有活动说、过程说、结果说、合金说、层次说、手段说。②这些定义各有道理,基于终身学习理论,笔者以为学习是人不断超越和提升自我的发展过程,包含人的知识、思维、行为、能力等各方面素质的完善。丹麦学者克努兹·伊列雷斯(Knud Illeris,2007)将"学习"界定为:"发生于生命有机体中的任何导向持久性能力改变的过程,而且,这些过程的发生并不是单纯由于生理性成熟或衰老机制的原因。"③这一界定,注重学习是人改变、发展的过程,倾向于人的内在改变,使学习的范畴超越获得知识、技能的局限,符合当前学习型社会的特征。学习的发展是学习力的运动状态和外显表现。学习力是在学习中形成的相对稳定的积淀,是学习的内在力量;学习是"形",学习力是"神";学习力是学习过程中形成的内核,两者是同心圆的关系。

(2) 能力、学习能力与学习力

"能力"的界定说法不一。布卢姆(B. S. Bloom,1986)等人在《教育目标分类学》中指出:"技巧或技能+知识=能力。"④张春兴解释"能力"是:"指个体在其遗传与成熟的基础上,经由环境中的训练或教育而获得的知识与技能。"⑤还有学者将"能力"比喻成一个球,最外层是知识,中间层是技能,最里层是智力;从外向里稳定性越高,即越难变化。⑥丹麦学者克努兹·伊列雷斯认为如下"能力"的定义是"最全面充分"的:"能力概念指的是……一个人在更为广泛意义上的素质拥有状态。不单单是一个人掌握了某个专业领域,而是这个人能够应用这些专业知识——而且更进一步地,将它相关内在要求

---

① [日]竹内弘高,[日]野中郁次郎.知识创造的螺旋 知识管理理论与案例研究[M].李萌,译.北京:知识产权出版社,2006:41.
② 林德全,徐秀华.学习概论[M].郑州:河南大学出版社,2013:17-23.
③ [丹]克努兹·伊列雷斯.我们如何学习:全视角学习理论[M].孙玫璐,译.北京:教育出版社,2014:3.
④ [美]B.S.布卢姆等.教育目标分类学:第一分册:认知领域[M].罗黎辉,等译.上海:华东师范大学出版社,1986:36.
⑤ 张春兴.张氏心理学辞典[Z].上海:上海辞书出版社,1992:2.
⑥ 丁念金,席梅红.中小学教师的课程决策能力探微[J].集美大学学报(教育科学版),2006(02):34.

能应用到一个可能还有很多不确定和不能预知的情境当中去。因此,能力也包含了这个人的评估能力和态度,以及利用他/她更多个人素质的能力"①。这个概念界定范围很广,既包括对专业领域的把握,也包括在未知领域中运用专业知识和调用更多自身素质。本研究采用克努兹·伊列雷斯的"能力"界定,因为它超越了传统认为"能力"是"顺利完成某种活动所需要的个性心理特征"②的界定,更符合终身学习、学会学习的理念。

有研究者提出"人的学习能力"有如下内涵:第一,人的学习能力是人的一种生存、发展能力,是人生命力量的源泉,也是人的多种能力混合的能力;第二,人的学习能力不仅包括人的感知、思维、想象等认知能力,也包括人学习的坚韧性、主动性与积极性等情感因素,还包括人学习时的记忆、整理加工等学习策略;第三,人的学习能力是以学习活动为基础,通过学习活动得以形成、提高的能力;第四,人的学习能力是以自主学习能力为核心的;第五,人的学习能力是由多种能力要素所组成的系统,多种能力要素综合起来构成人的学习能力结构,体现为人的"基本学习能力"(如"信息加工能力""知识理解能力""实践观察能力"等等)、"拓展学习能力"(如"知识鉴赏能力""方法反思能力""学习管理能力""合作学习能力"等等)和"创造性学习能力"(如"知识批判能力""创造发明能力""原始创新能力"等等)。③

上述"学习能力"的界定涵盖范围广泛,包括学习能力的内容、作用、意义、要素等;也包括"学习能力"的内在力量和外在操作等。本研究在"学习力"概念伞下的"学习能力"侧重强调内在的、稳定的个体学习力量,包括对学习这件事的认识、学习的技能和个体学习性向、智能倾向等;不包括学习操作能力、学习活动表现等内容。目前学界对外显的"学习能力"研究较多,如各学科的学习操作技能,本质是学习活动开展的操作能力;而对内在的学习力量关注和重视不够。

(3)学力与学习力

学力,是日本学者胜田守一和广冈亮藏等在20世纪60年代提出的。钟启泉教授认为:"在学校这个特定的场所,有意识、有计划、有组织地使学生形

---

① [丹]克努兹·伊列雷斯.我们如何学习:全视角学习理论[M].孙玫璐,译.北京:教育出版社,2014:144.
② 顾明远主编.教育大辞典[Z].上海:上海教育出版社,1998:1145.
③ 李润洲,石中英.人·学习·学习能力——构建学习型社会的哲学思考[J].教育学报,2006(01):66.

成的能力(人的能力的基础部分),就是学力。"①学力包括三层结构：基本知识及技术组成的外层；关系的理解及综合技术组成的中层；思维态度、操作态度、感受表达态度组成的内层。"学力"一直是日本课程改革的核心词,其内涵从战前倾向于"学科能力观"到战后的"实践学力观",再到 21 世纪强调包括知识技能、能力、态度等的学力观。② 新学力四层结构,包括：理解·记忆(知识·技能)层；探究(思考力·问题解决力)层；兴趣(意欲)层、体验(感悟)层。③ 可见,日本的学力内涵类似于学生的核心素养。

因此,"学力"不能字面上误解为是"学习力"的简称。学习力,主要指学习的内在力量,属于学生综合素质范畴；是学习者关于学习这件事本身的内在素养；是"学会学习"核心素养的内核。因此,学力和学习力的概念和范畴都不相同。

(二)"课程"的界定

早就有学者从词源学角度考察过最早的"课程"内涵。我国最早出现与当今"课程"含义相近意义的是朱熹的"宽着期限,紧着课程""小立课程,大作工夫"等,内涵指课业及其进程④；西方则最早出自斯宾塞的"currere",即跑道"race-course",多指"学习的进程"(course of study),简称"学程"⑤。可见,最初的课程内涵,都是强调学,而不是教。学者施良方归纳现代课程研究中有典型的六种"课程"定义：课程即教学科目、有计划的教学活动、预期的学习结果、学习经验、社会文化的再生产、社会改造。⑥ 课程的定义还有上百种不同的表述,这里不一一列举。

本研究采用的"课程"定义是："课程是计划形态的学习活动。"⑦因为,本研究"课程"泛指"高中生学习力发展指导课程"；具体所指即高中生"学习力发展指导"校本课程。该课程,不同于语文、数学、英语等传统学科课程,不具有严密且相对封闭的知识体系,也没有严格组织的选文系统或知识例题等；是以学习力体系为内核,构建系列发展高中生学习力的有计划的活动,本质

---

① 钟启泉.现代课程论(新版)[M].上海：上海教育出版社,2006：257.
② 顾明远.教育大辞典[Z].上海：上海教育出版社,1998：1801-1802.
③ 钟启泉.日本"学力"概念的演进[J].教育发展研究,2014(08)：23-24.
④ 丁念金.课程论[M].福州：福建教育出版社,2007：14.
⑤ 施良方.课程理论：课程的基础、原理与问题[M].北京：教育科学出版社,1996：3.
⑥ 施良方.课程理论：课程的基础、原理与问题[M].北京：教育科学出版社,1996：3-7.
⑦ 丁念金.课程论[M].福州：福建教育出版社,2007：24.

是学程。

课程文本,是"课程"内涵的体现和落实,是课程研究的成果,是静态的课程。学校课程文本,包括三个层次:宏观层次,是反映一个学校整体课程安排的课程方案或课程规划,整合了国家课程、地方课程和校本课程;中观层次,是学科课程标准或课程纲要。我国国家课程的课程标准是由国家统一研制和颁布的,校本课程往往是由学校编制课程纲要,课程纲要是课程标准的简化;微观层次,包括由国家或省市编制的学科教科书,或是学校基于校本课程的课程纲要研制的教材、学材等。本研究基于上述"课程"内涵界定,构建的高中生学习力发展指导课程的具体样例是:高中生"学习力发展指导"校本课程的课程纲要和学材。

三、研究目的、意义、目标和内容

本研究以高中生学习力发展指导为研究主题,聚焦于高中生学习力发展指导课程构建。研究的目的、意义、目标和内容如下:

(一) 研究目的

高中生学习力发展指导课程构建研究,有宏观、中观和微观三个层次的目的定位。

1. 宏观目的:发展终身学习能力

在知识爆炸的信息时代,知识的获得不再是一劳永逸的了,学习成为每个人的终身事务。《国家中长期教育改革和发展规划纲要(2010—2020年)》共43次提及"学习"一词,重要表述包括:到2020年,基本形成学习型社会;着力提高学生的学习能力等;激发学习兴趣;注重培养学生自主学习;积极开展研究性学习;在职继续学习;树立终身学习观念,为持续发展奠定基础;帮助学生学会学习等。[1] 学生的学习目的,由获得知识为主转为通过系统学习掌握必要的有用知识、学习方法及培养学习热情等,为终身学习打下良好基础。学习力理念正是对终身学习的回应,强调发展学生关于学习的综合素质。高中生面临继续深造学习或职业选择的人生关口,未来发展离不开终身

---

[1] 中华人民共和国教育部.国家中长期教育改革和发展规划纲要(2010—2020年)[EB\OL].(2010-07-29)[2016-01-10].http://www.moe.edu.cn/publicfiles/business/htmlfiles/moe/moe_838/201008/93704.html.

学习,更需要学习力支撑。所以,高中生学习力发展指导课程构建研究的宏观目标,就是发展高中生的终身学习能力,为高中生当下的学习和终身发展打下基础。

2. 中观目的:发展"学会学习"的核心素养

高中教育"注重培养学生自主学习、自强自立和适应社会的能力"[①],因此,"学会学习"是高中教育的目标之一。2016年"学会学习"也已经明确成为我国学生核心素养培养的目标之一。这是对学习型社会和终身学习社会背景的回应,也是对世界学生核心素养的借鉴。如何让学生"学会学习",除了在学科学习和活动中培养学生的学习能力外,还需要关注学习这件事本身及重视对学习和学习者的研究。学习力是"学会学习"的内核、源动力,发展学生的学习力,是发展学生"学会学习"的核心素养的要求。高中生"学会学习"的发展状态,是基础教育阶段成果的总结,也奠定了人终身学习的能力。所以,高中生学习力发展指导课程构建研究的中观目标,就是发展高中生"学会学习"的核心素养。

3. 微观目的:构建"学习力发展指导"课程

笔者在选题过程中发现,虽然我国当前很重视学生学习力研究,但是对高中生的学习力研究不够深入,对高中生学习力体系的探索也不多。因此,本研究在梳理中小学生学习力发展指导的研究综述和现状基础上,构建高中生学习力体系,并将通过专家咨询的方式论证、完善该体系。当前我国中小学生,包括高中生的学习力研究,很多尚处于理论研究的层次,现实中也缺少专门指导学生学习或学习力发展的课程。因此,本研究以高中生学习力体系为内核,依据相关课程理论构建"学习力发展指导"校本课程,以期为高中生学习力发展的系统指导提供抓手。

(二)研究意义

1. 理论意义

(1)丰富学习力理论研究

首先,对"学习力"概念的界定,丰富了学习力理论研究的视角和内涵。本研究基于高中生追求身体、心智和自我整体发展的年龄特点,学习自主能

[①] 中华人民共和国教育部. 国家中长期教育改革和发展规划纲要(2010—2020年)[EB\OL]. (2010-07-29)[2016-01-10]. http://www.moe.edu.cn/publicfiles/business/htmlfiles/moe/moe_838/201008/93704.html.

力强、经验丰富的学习特点,将"学习力"概念界定为:"支持和推动学习直接影响个体学习效率的内在力量,属于综合素质的范畴。该概念界定,体现对学习力本质和对学生综合素质的认知,对学习者内在力量的审视和慎思,不同于已有研究。与国外学习力研究重视学习者视角相呼应,是对我国学习力理论研究的补充。其次,构建了高中生学习力体系,填补了我国学习力理论研究中这一空白。结合文献综述、学会学习政策梳理、我国学习评价要求等,立足"学习"本身考察高中生学习力体系。

(2) 开创学习力发展指导课程研究

通过对笔者目力所及的资料进行研究综述发现,我国当前未有专门的学习指导课程,也缺少系统的学习力发展指导课程研究。本研究以高中生为主体、学习力发展指导为中心,开展高中生学习力发展指导课程研究。形成了高中生学习力发展指导的文献综述、现状调查、课程内核研制、课程构建思路研究、课程纲要样例编制、学材样例编制、学材样例应用等相对严谨和完善的校本课程编制流程。第一,可以弥补我国高中生学习力发展指导不足的现状和课程缺失,更有效地发展高中生学习力、"学会学习"核心素养,乃至促进高中生核心素养的整体发展;第二,构建高中生学习力发展指导课程的研究路径,也可以为该领域相关学习学课程构建提供借鉴,为其他学段学生的学习力发展指导课程构建提供借鉴;第三,为高中生乃至所有学生的学习力发展,提供了校本课程形式的系统策略样例。

(3) 开创学习学校本课程研究

"学习学,是以学习现象为研究对象的学科领域。"[①]我国对于学习方法、策略等研究,历史悠久,资料丰厚。对"学习学"关注起源也比较早,中国知网最早的一篇相关文献是 1985 年的短文《创立"学习学"刍议》,提倡:"要从学习的整体上来研究学习现象,揭示学习的本质、作用、方法以及学习产生和发展的一般规律。"[②]但是长期以来对"学习学"研究却非常薄弱,至今文献数量只有百余篇,且多数是理论研究,缺少中小学学习学的课程和实践研究。21世纪的新课程改革赋予学校课程权利和义务,提供了开展学习学校本课程研究的契机。学习学相关课程的总体目的是:引导学生掌握关于学习的一般知识和策略;了解自我学习情况,形成学习的自我发展素养,从而使学生的

---

① 丁念金.学习学:发展历程、时代境遇及展望[J].中国教育科学,2013(02):115.
② 谭继有.创立"学习学"刍议[J].社会科学,1985(05):47-48.

"学习"走出"黑胡同"。这正是教育学丢失的另一半:学习不光是学习学科知识和技能,也要研究学习本身,这在学习型社会尤其重要。本研究聚焦于高中生学习力发展指导课程构建,属于学习学课程研究范畴。本研究形成一套学习学课程构建流程,形成一门课程样例:"学习力发展指导"的课程纲要和学材样例。为其他学习学课程的探索和开发,提供了理论参考和课程样例。对我国学生学习研究和学校课程体系内容拓展,都有一定的理论创新意义。

2. 实践意义

(1) 开发高中生学习力体系,为学习评价提供抓手

开发的高中生学习力体系,一方面,填补了当前学习力理论研究中,高中生学习力体系研究的缺失,丰富了中小学生学习力理论研究内容;另一方面,对于学习评价的体系研究,完善了高中生综合素质评价的内容。2014年前的各地高中综合素质评价方案,主要只强调"学习态度"和"学习能力"两个维度;2014年《教育部关于加强和改进普通高中学生综合素质评价的意见》颁布后,高中综合素质评价方案中,缺失关于学习的评价。高中生学习力体系研究,可为高中综合素质评价中的"学习评价"提供抓手。

(2) 研制高中生学习力发展指导现状调查工具

本研究基于高中生学习力体系,开发了高中生学习力发展指导现状调查工具,包括:高中生问卷和专家、校长、教师的访谈提纲。可用作各地高中学校调查高中生学习力发展指导现状的工具,也可以为其他学段学生学习力相关的各类调查或工具设计提供借鉴。

(3) 开发"学习力发展指导"校本课程

开发出的"学习力发展指导"校本课程,搭建了学习力理论研究迈向实践应用的桥梁,使高中生学习力发展系统指导有纲可依、有课程可借鉴。以课程形态强化了高中生学习力发展指导,相较于零星、分散的指导方式,必将引起各方对学习力的理论和课程研究的重视。研制的课程样例,为学生学习力发展指导和学习学的相关研究,提供课程范例。

(三) 研究目标

1. 总目标

构建系统指导高中生学习力发展的指导课程。

2. 分目标

① 通过文献综述,了解国内外中小学生学习力发展指导研究现状;

② 通过高中生问卷调查,课程专家、校长、教师访谈等形式,调查高中生学习力现状、发展指导现状以及对"学习力发展指导"课程的需求;

③ 立足高中生学习和身心特点,构建高中生学习力体系,作为高中生学习力发展指导课程的内核;

④ 确立高中生学习力发展指导课程构建思路;

⑤ 基于文献综述、现状调查、学习力体系和课程构建思路,开发出高中生学习力发展指导课程样例,包括:"学习力发展指导"课程纲要和学材样例。

(四) 研究内容

1. 高中生学习力发展指导现状研究

包括研究现状和现状调查两方面内容。研究综述方面:因为明确研究高中生学习力及其发展指导的研究资料很少,本研究将高中生学习力发展指导研究综述范畴扩大为中小学生所有研究资料。一方面,期望全面了解国内外关于基础教育阶段学生学习力的研究成果,从理论层面论证构建高中生学习力发展指导课程的必要性;另一方面,为本研究高中生学习力体系和发展指导课程构建提供更全面、更有意义的借鉴。现状调查研究方面:编制高中生学习力发展指导现状调查的高中生调查问卷,校长、课程专家、教师的访谈提纲,对高中生学习力现状、发展指导现状和学习力发展指导课程需求等进行调查及结果统计分析,以了解高中生学习力发展指导的实际情况。从现实层面说明高中生学习力发展指导课程构建的必要性,提供课程内容构建的参考。两方面结合,验证"高中生学习力发展指导现状不如人意"的研究假设。

2. 高中生学习力发展指导课程内核研究

即高中生学习力体系构建研究。借鉴经典学习理论发展历程、整体主义学习观、学习维度理论等理论依据;借鉴"学会学习"的内涵、高中综合素质评价方案中关于学习的评价要素、高中生学习叙事等,开展高中生学习力发展指导课程内核,即学习力体系的构建研究;采用专家咨询法,论证并修改完善学习力体系。以上流程构建的高中生学习力体系,是高中生学习力发展指导现状调查的高中生问卷中"学习力现状"部分的内容设计来源,是高中生学习力发展指导课程构建的内容核心。学习力体系与现状调查结果,一起构成了高中生学习力发展指导课程构建的基础。将通过全国各地调查数据的稳定性,以学习力体系为内核的课程构建的最终可行性,验证"学习力体系是合理的"研究假设。

3. 高中生学习力发展指导课程构建思路研究

确定高中生学习力体系为高中生学习力发展指导课程的内核，就如同建筑房屋有了最重要的钢筋框架，但是房屋的具体建筑还得有设计理念、内部结构、建筑方法等等。这些就是学习力发展指导课程的构建思路。因此，确定高中生学习力发展指导课程构建的思路，包括：明确课程定位、确定课程理念、构建课程要素、编制课程文本。构建思路，与高中生学习力体系一起，为高中生学习力发展指导课程的样例编制提供理论保障和方案规划。将验证"高中生学习力发展指导课程构建思路是可行的"研究假设。

4. 高中生学习力发展指导课程构建样例研究

立足学习力体系，根据课程构建思路，本研究开发了高中生学习力发展指导课程样例，即"学习力发展指导"校本课程的课程纲要和学材样例。首先，编制了课程纲要文本，包括：课程概述、学习目标、学习内容、学习方式、学习评价、学时安排等板块。其次，依据"学习力发展指导"课程纲要，编制了该校本课程的学材。主要根据学习力体系开展课程内容构建课程，以学生参与、反思和自我发展为主。课程样例，既是本研究高中生学习力发展指导课程构建研究的结果，也验证"能根据发展指导课程的构建思路开发出课程样例"的研究假设。

四、研究思路、方法和技术路线

研究思路、研究方法和技术路线，是一项研究实施的具体规划，能清晰地反映出研究将如何展开。

（一）研究思路

按照高中生学习力发展指导课程"为什么构建—基于什么构建—如何构建—构建出什么"的逻辑开展研究：

"为什么构建"，通过三方面回答：绪论部分，对研究的背景、问题、假设、目的、意义、目标和内容的分析；研究综述部分，对研究现状、成就与薄弱之处和发展趋势的分析；现状调查部分，对高中生学习力发展指导调查结果的分析。

"基于什么构建"，通过三方面回答：主要是研究综述和现状调查的内容，作为课程构建的参考；构建高中生学习力体系，作为发展指导课程的内核。

"如何构建"，通过高中生学习力发展指导课程构建思路回答，包括：明确课程定位、确定课程理念、构建课程要素、编制课程文本。

"构建出什么",通过高中生学习力发展指导课程的课程样例回答,即"学习力发展指导"课程纲要和学材样例。

(二) 研究方法

研究方法的恰当使用,与研究的质量和创新息息相关,是研究成果的科学性、合理性和创新性的保证。本研究主要采用以下研究方法:

1. 文献研究法

文献能反映某一主题的研究进展,是继续开展研究的基础。文献的形式,包括著作、期刊等。文献研究法,也称历史文献研究法,是对研究主题已有文献的查找、阅读、分析和整理的过程与方法的统称,从而了解研究历史与现状,寻找研究新的生长点、立足点。本研究的"研究综述"部分,搜集国内外中小学生学习力发展指导的相关研究文献若干篇;梳理国内外学习力研究现状,总结其研究内容、成就与薄弱之处,展望学习力发展指导研究的趋势,作为本研究的基础。在论文后续写作和论证过程中,也根据需要不断查阅相关文献。如学习力体系构建部分,参阅了很多学习学、教育学、心理学的文献资料,辅助学习力体系各要素的论证;高中生学习力发展指导课程构建思路部分,也参阅了很多课程理论方面的文献资料。

2. 调查研究法

调查法,是在一定的理论指导下,通过观察、问卷、访谈等方法对某一领域的相关问题进行现实调查,通过对调查结果的分析,厘清现状,以便于探寻现象的原因和对策等。教育领域常用的调查法,包括:问卷调查法和访谈法。

(1) 问卷调查法

问卷调查法,是以研究者设计书面问题,通过被调查者的回答来搜集资料的一种研究方法。调查开展以邮寄方式、有组织发放、当面作答等方式填答。问卷调查法能便捷地收集大量研究数据,便于量化分析。本研究编制了《高中生学习力发展指导调查(高中生问卷)》,主要包括学习力现状、学习力发展指导现状、"学习力发展指导"课程需求现状三部分的调查内容。经试测修订问卷后,对全国多个省(直辖市)的地区抽样实施调查,调查对象是高中生,调查方式是采用当面作答的形式,即当面发放和回收,共计回收 1 000 份以上的有效问卷。然后运用电子表格和 SPSS 22.0 软件输入问卷数据,并统计结果,通过具体数据有力说明当前高中生学习力发展指导现状。

(2)访谈法

访谈法,常作为问卷调查的补充,是通过研究者与被调查对象直接交谈的方式收集研究资料。访谈形式分为正式访谈和非正式访谈;个别访谈和集体访谈;结构式访谈和半结构式访谈等,具有较好的灵活性和适应性。访谈法能够获得深度可靠的一手调查资料,但是访谈法需要大量的人力、物力和时间成本,实施过程中会受到一定的限制。本研究针对课程专家、校长和教师的各自身份,分别设计《高中生学习力发展指导访谈提纲》。提纲内容主要围绕:高中生学习力现状、发展策略、"学习力发展指导"校本课程开发的必要性和具体方法等三个方面。三份提纲的表述和问题细节稍有不同。经访谈试测后,实施正式的访谈调查,采用邮件访谈和面谈方式,回收多位专家、校长、教师的有效访谈提纲。然后对各份提纲的回答内容进行整理和对比分析,与高中生的问卷调查结果联合阐述,以全面了解高中生学习力发展指导现状。

3. 专家咨询法

专家咨询法,又称德尔菲法,是在 20 世纪 40 年代由赫尔默(Helmer)和戈登(Gordon)首创。该方法的大致流程是:根据所要咨询的问题,设计咨询工具;组建相关专业领域的专家小组,用书面或者电子邮件等形式进行咨询,利用专家的专业经验和知识而获得咨询问题的相关信息;对专家意见进行整理、归纳,根据专家意见是否趋于一致等情况,判断是否需要多轮意见征询。专家咨询法能发挥专家的专业知识,集思广益,取各家之长,并避免相互影响。本研究依据学习力体系,编制《高中生"学习力体系"专家咨询问卷》,组建来自研究机构、高校和高中教学一线的专家咨询团队。通过电子邮件形式对专家组进行咨询,然后对回收的咨询问卷进行结果分析,归纳专家们的意见并予以采纳和修改学习力体系。经过专家咨询论证过的学习力体系定稿更科学、合理,从而保障了依据学习力体系设计的学习力现状调查工具和"学习力发展指导"课程框架更合理。

4. 个案研究法

个案研究法,就是对单一的研究对象进行深入而具体研究的方法。一方面,本研究本质上是对高中生学习力发展指导校本课程构建的研究,提供了一个流程案例:从研究背景、问题需求、国内外现状等方面分析,确立校本课程研制的必要性;对高中生学习力发展指导现状进行大面积调查,了解学生学习力水平、发展指导和课程需求现状,验证研究假设,再次说明课程研制的必要性;根据文献综述、理论依据、现实借鉴等确立课程构建的框架;转入课程构建研究,确定构建思路,编制课程纲要和学材样例。这一研究流程,相互勾连,有理有据,使校本课程开发更规范、可借鉴。开发的"学习力发展指导"课程纲要和学材样例,也只是高中生学习力发展指导课程的一个个案。

(三) 技术路线

为了简明扼要地呈现研究构思,将本研究的逻辑思路、研究内容和研究方法三方面的具体内容和关系,通过文本框和连接符号进行整合,直观地呈现在技术路线图中,如图1-1所示:

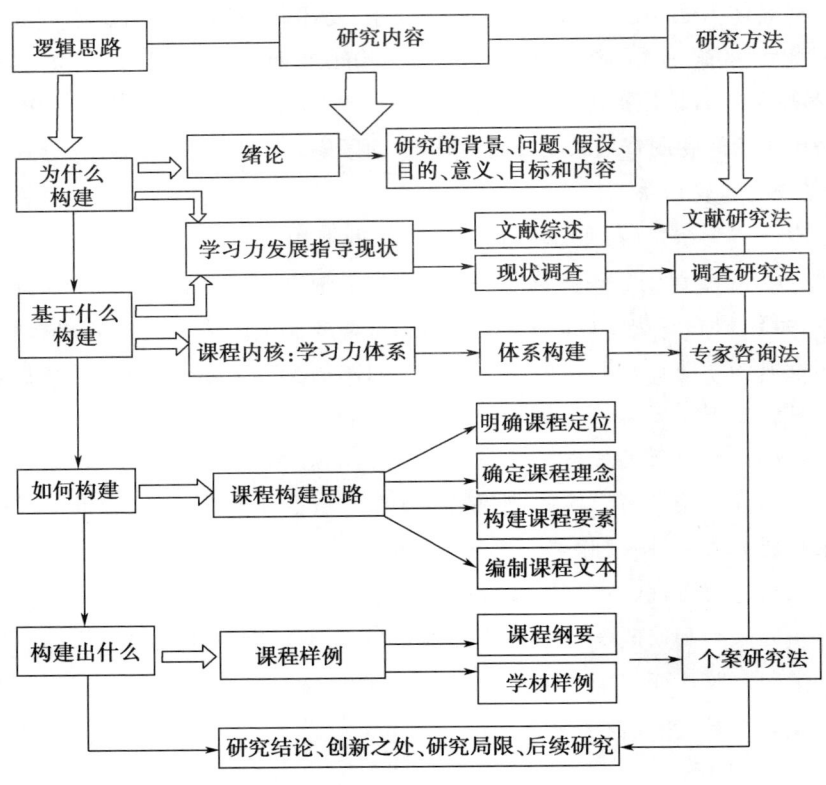

图 1-1 技术路线

综上,本章如同建筑房屋的图纸设计阶段:研究背景,确定了房屋的大体方位;研究问题和假设,实现了具体选址;核心概念,解释了建筑精髓;研究目的、意义、目标和内容,初步虚构了房屋模样;研究思路、方法和技术路线,完成了技术分析。之后的第二至六章,正是按"图纸"展开,实现规划的过程。

第二章 国内外中小学生学习力发展指导研究综述

"学习力"的概念,来源于美国管理学大师彼得·圣吉(Peter M. Senge,1990)的"学习型组织"思想。彼得·圣吉提出学习型组织的"五项修炼",即:建立共同愿景、改善心智模式、团体学习、自我超越、系统思考;"自我超越"的修炼是学习型组织的精神基础;真正的学习,涉及人之所以为人此一意义的核心;透过学习,人重新创造自我、认识世界、创造未来,活出生命的意义,这是"学习型组织"的真谛。[1] 在学习型组织中,个体和组织都通过学习在五项修炼中不断发展,获得新思维,带来新行为,学习的整合力量就是个体和组织的学习力。随着 21 世纪终身学习和学习型社会理念的大力倡扬,学习力概念由组织管理学范畴推演到教育学、政治学等领域,尤其是教育领域的中小学生的学习力发展研究受到广泛关注。高中生的学习力水平,代表基础教育阶段学生学习力发展的最高水平,也将直接影响未来人口的学习力素养及学习型社会的发展。对中小学生学习力研究的文献查阅发现:很多文献的主体对象只统称"学生"或"中学生",明确高中生或高中阶段的研究较少;学习力发展指导研究的也较少。因此,本着深入了解国内外中小学生学习力发展指导研究的现状,为高中生学习力发展指导研究提供广泛借鉴的原则,本章将研究综述的资料检索和分析范畴,扩大为国内外中小学生的学习力发展研究文献。

一、研 究 现 状

教育领域的学习力研究的主体对象包括:成人、教师、研究生、中小学生等,本研究主要关注中小学生的学习力发展指导研究情况。

---

[1] [美]彼得·圣吉.第五项修炼——学习型组织的艺术与实务[M].郭进隆,译.上海:上海三联书店,1994:3-7.

(一) 总体情况

在21世纪,随着学生学习研究逐渐成为教育领域的显学之一,学生学习力研究也在国内外得到重视。

1. 国外总体情况

在中文学习力相关文献的英文摘要中,对"学习力"的翻译有很多种,如:Learning Power; the Ability of Learning; Learning Capacity; Academic Attainment; Learning Ability等。《第五项修炼——学习型组织的艺术与实践》英文原版使用的是"Learning Capabilities"。哈佛大学柯比(W. C. Kirby)教授著作《学习力》使用的是"the Power of Learning"。英国的学习力研究采用的是"Learning Power"。Capacity和Ability主要指能力,Academic Attainment主要指学术或学业上的成绩。"Power"在《牛津高阶英汉双解词典》的众多解释中有三种:一种能够持续产生的"能量";做某事的"能力";对某事的"影响力"。① 本研究认为"Learning Power",更符合终身学习理念中持续发展的学习能量,更贴切学习型社会语境中人们对学习力的期待。以"Learning Power"进行外文文献查找,其他翻译方式检索为补充,通过题目、摘要和全文研读以及文献注释进一步寻找重要的文献,以了解国外学习力研究现状。排除"Power"指"权利、权力"意义的条目,综合EBSCO教育专题库的学习力相关文献、维基百科英文版"Learning Power"词条解释、英国学习力发展研究项目的网站资料、超星"读秀"知识库英文检索结果等,共同把握国外学习力发展研究现状。国外学习力研究,主要是英国两个重大并相互关联的学习力发展研究项目,内容涉及学习力定义、要素、发展策略、指导课程、学校改革等;有重大的理论框架,也有深入的实践探索。

其一,英国布里斯托尔大学的教授克莱斯托(Guy Claxton)和帕特里夏·布罗德富特(Patricia Broadfoot)于2002年发起的"构建学习力"项目(Building Learning Power,以下简称"BLP项目")将"学习力"概念引入教育领域,并基于"学会学习"的文献和实践展开研究。② 克莱斯托教授出版著作《构建学习力:使青年人成为更好的学习者》(Building Learning Power:

---

① [英]霍恩比(A. S. Hornby). 牛津高阶英汉双解词典(第7版)[Z]. 北京:商务印书馆,2012:1549-1550.

② 任凯,[英]鲁思·迪肯·克瑞克. 探索有效终身学习之指标:"学习能量"及其动态测评[J]. 教育学报,2011(06):84.

Helping Young People Become Better Learners,2002),提出"4R"理论,认为学习力是四种行为所表现出来的四种力量:顺应/顺应力(resilient/resilience)、策应/策应力(resourceful/Resourcefulness)、反省/反省力(Reflective/Reflection)、互惠/互惠力(reciprocal/Relationships)。① "4R"理论,突出强调学习者自我内视视角的学习力认知。通过 BLP 项目的官网,可以了解该项目情况,包括发布和推广学习力发展的在线课程②,详细情况将在后文学习力发展策略部分论述。

其二,英国的有效终身学习编目(Effective Lifelong Learning Inventory,以下简称"ELLI项目")。该项目理论根基是 BLP 项目,是布里斯托尔大学的柯尼卡(Ruth Deakin Crick,2002)博士领衔的。ELLI 项目具有鲜明的实践取向,开发了在学习者真实情境中探究和评估学习力的工具。该项目相关情况,将在后文详细介绍。柯尼卡博士著作《实践中的学习力:给教师的引导》(Learning Power in Practice: A Guide for Teachers,2006),是 ELLI 理念在英国 35 所中小学以及其他领域共 85 个实践项目的总结,系统介绍了该项目的理论体系和评估方法等。③ BLP 项目和 ELLI 项目是继承与发展的关系,是目前世界中小学生学习力研究领域为数不多的较深入、系统的研究,它们将学习力研究与课程开发、学科课堂实践、学习改革等结合,使学习力理论具有科学性、系统性和操作性。

2. 国内总体情况

笔者尝试对国内学习力发展研究的期刊文献数量、发展历程、著作、项目、学校改革等方面,进行总体情况说明。

(1) 中国知网学习力发展研究文献数量曲线

截至 2016 年 12 月底在中国知网以篇名方式检索"学习力",分三类范畴筛选文献④:一是,全部各领域研究学习力的文献总数,有 1 420 篇相关文献,都是在 2000 年之后的,说明我国各领域学习力发展研究主要是 21 世纪兴起

---

① Building Learning Power framework [EB\OL]. [2015-12-28]. http://mkx20bvs5a2cy6u43bq2jqtp.wpengine.netdna-cdn.com/wp-content/uploads/2015/03/SG_Perseverance.pdf.

② OnlineLearning[EB\OL]. [2015-12-28]. http://www.buildinglearningpower.com/product-category/online-learning/.

③ Ruth Deakin Crick. Learning Power in Practice: A Guide for Teachers[M]. The Cromwell Press,Trowbridge,Wiltshire,2006:xi-xii.

④ 为了确保研究逻辑的前后一致,本书出版时未对研究文献及后文的调查数据更新。

的。研究领域包括企业管理、政治学、人力资源、教育学等,各年总文献数量和走势如图 2-1 中最上方的"篇数 1"曲线所示;二是,筛选出教育领域的学习力发展研究文献,共 629 篇,包括成人、教师、研究生、大学生、中职生、中小学等主体的学习力研究,各年文献数量和走势如图 2-1 中中间的"篇数 2"曲线所示;三是,筛选出中小学生学习力研究的期刊和学位论文文献,共 434 篇,各年文献数量和走势如图 2-1 中最下方的"篇数 3"曲线所示。

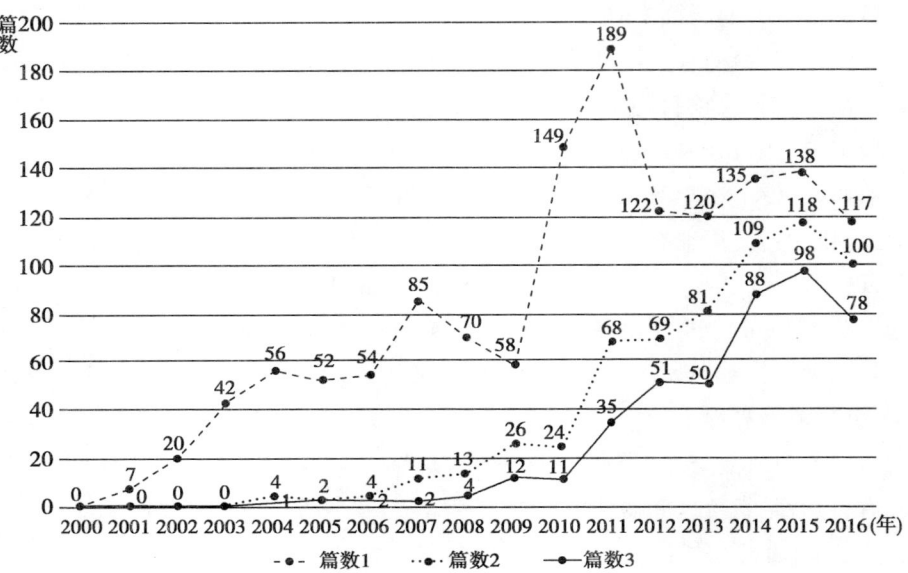

图 2-1 2000—2016 年各类学习力文献数量和走势

图 2-1 中三条曲线的上扬趋势表明:各个范畴的学习力发展研究都受到持续关注和追捧,尤其是教育领域的学习力研究,逐渐成为整个学习力发展研究的主流领域;另外,教育领域的学习力研究相对起步晚,但是增幅很快,逐渐成为主流研究范畴;而在教育领域中,中小学学生学习力发展研究起步晚,增幅明显,在总数上占教育领域学习力发展研究的 69%。

(2) 中小学学生学习力研究历程

根据图 2-1 中"篇数 3"曲线,可将中小学学生学习力发展研究历程分为几个阶段:

① 萌芽阶段:2000—2008 年

这一阶段八年时间内文献总篇数才 11 篇,是随着学习力概念往教育领域迁移而引发的中小学学生学习力发展研究的萌芽。中国知网最早出现的中小学生学习力发展研究文献,是《在探究性学习中提升少年儿童的学习力》,认为学习力是少年儿童最可贵的生命力、活跃的创新力和核心竞争力。[①] 最早在权威期刊出现中小学领域学习力发展研究文献是《课堂文化重建的研究重心:学习力生成的探索》[②],希望建立智慧型课堂文化,促进师生学习力共生。这一阶段中小学生学习力研究,包括:论学习力理念从管理学向教育学领域的迁移,学习力的概念辨析,初中语文教学中培养学生学习力的途径,信息技术对终身学习力的构筑等内容。

② 兴起阶段:2009—2010年

这一阶段两年时间内文献总篇数达23篇,兴起态势明显。研究界已经认识到学习力发展研究对教育事业发展的意义重大,乃至提出"提升学习力是当前推进素质教育的解决方案"[③]。这一阶段的研究视角多样,包括:以课程标准为理论基础,从学科视角,探索培养学生语文、数学、物理等学科学习力的策略;强调学生的自我学习力、自主学习力培养;强调信息技术对学习力发展的作用;开始有对国外学习力发展研究的评介,如《英国ELLI项目学习力理论解读及启示》,比较全面地介绍了该项目的情况,对我国学习力发展研究有启发意义;也开始涉及有实践和实证意味的学习力研究,如《初一学生学习力特征例举及影响因素分析》,通过对初一学生学习力的现场观察,对初一学生自主学习动机不强、目标宽泛、学习力表现特点不一等学习力发展特征进行例证,并分析其影响因素包括个人情感、原有学科知识积累、外在评价等因素,得出观点:"中学生学习力的发展是有规律可循的,促进中学生学习力的发展是有路可走的"[④]。2010年研究群体开始扩大,有2篇学习力相关的硕士论文,选题为:《数字化学习情境下终身学习力的构建研究》《生物探究式教学提升高中生学习力的研究》。

③ 发展阶段:2011—2016年

这一阶段六年时间内文献总篇数达400篇,呈现蓬勃发展态势,但是部分文献质量一般,甚至没有真正论及学习力。总体来说,上述各视角的研究都有所增长,特别值得概括的内容如下:对学习力的认知研究更多,提出了

---

① 黄云龙.在探究性学习中提升少年儿童的学习力[J].小学教育科研论坛,2004(10):7-9.
② 吴也显,刁培萼.课堂文化重建的研究重心:学习力生成的探索[J].课程·教材·教法,2005(01):19-24.
③ 刘永和.提升学习力:当前推进素质教育的解决方案[J].上海教育科研,2009(05):65-67.
④ 姚慧.初一学生学习力特征例举及影响因素分析[J].上海教育科研,2009(02):59-61.

语言学习力、内生学习力、全脑学习力等；研究联系课堂改革，如以学案导学提升学生学习力，探索在学习过程中发展学生学习力，学习力的课堂提升策略等；基于脑科学知识研究学习力是这一阶段出现的新研究视角，文献有《提升中小学生学习力：基于脑科学的实践探索》《基于全脑开发的校本课程：架构提升学生学习力的桥梁》《儿童学习力提升的脑科学依据》，但是这些研究主要还只是强调学生的全面发展，真正的脑科学与学习力发展的相关研究还未有。

"学习力"的所有文献中，只有组织管理学视角的博士论文2篇；中国社会科学引文索引（CSSCI）检索，只有33篇论文，大多数是关于组织管理学视角的研究，说明学习力整体研究水平有待提高，中小学生学习力发展指导研究层次更有待提升。

（3）国内高中生学习力研究现状

在中国知网检索，明确"高中（生）"的学习力研究，仅有5篇硕士论文，十余篇刊发在普通刊物的文献，基本都是对学科学习力的研究。可见，高中生学习力研究总体数量不多；学术影响力不大；研究主要是从学科视角出发，涉及思想政治课、武术、数学、英语、物理、历史等科目论文各一篇；发文时间都是近5年内的，说明对高中阶段学习力的研究关注较晚。

文献质量，除了硕士论文研究相对成熟些，很多存在逻辑混乱、论述不深入等问题，研究质量参差不齐。比如对"如何促进高中生学习力发展"，只是蜻蜓点水式论述。《开发学习力在高中历史课堂教学中的体现》[1]甚至只是标题中出现了"学习力"，全文则跟高中生学习力无关，主要论述的是教师教学问题，简要涉及"启发指导，使学生养成良好的思维习惯"；一篇物理教学论文则用"阅读能力、观察能力、思维能力"的培养，来回答"在高中物理教学中培养学生的'学习力'"[2]，也是存在学习力的内容和论证逻辑方面的明显不足。说明高中生学习力研究，在整个学生学习力研究中受重视不够，研究广度和深度及整体水平都亟待提高。

总体来说，我国教育领域的学习力研究，还处于积极探索中，虽然在各方面取得了一些成就，但是确实还存在学习力理论混乱、体系化研究不充分、对学习力发展指导研究不重视等问题。

---

[1] 张晓平.开发学习力在高中历史课堂教学中的体现[N].学知报,2011-04-25(I08).
[2] 郝建海.在高中物理教学中培养学生的"学习力"[J].成才之路,2014(24):25.

(二) 内容系统研究

国内外对中小学生学习力内容系统的研究,主要涉及学习力的内涵、要素、体系等方面。

1. 内涵研究

研究界对"学习力"的内涵界定众说纷纭。陈维维和杨欢(2010)认为有能量观、品性观、素质观、能力观四类[1];叶瑞祥等人认为有潜能论、要素理论、总和论、生产力论、信息论、资源论、能力论、泛能力论、核心论[2]。笔者根据研究者们的整体式或要素解构式两种不同的学习力内涵界定方式,来综述学习力内涵研究。

(1) 内涵整体式研究

国外学习力内涵研究的整体式界定,如:苏格兰格拉斯哥大学教授迈克杰屈克(McGettrick,2002)以分子的DNA结构模型为参照,提出了学习力的"双螺旋结构"理论。他认为学习力由两条链组成:一条链包括学习的态度、情感、意向、动机、价值观等,反映学习者的意愿;另一条链包括所学的知识、理解和技能等,反映学习试图达成的结果,两条链通过相互联系、相互补充,可以促进学习者的学习力。[3] ELLI项目的柯尼卡(Ruth Deakin Crick.2006)博士界定学习力:"是一种意识,具有性情、价值和态度的特征,通过我们的生活故事和我们与周围人以及世界的关联中表达出来";她认为学习力是维持由个人发展链和做事的知识、技能和理解能力链组成的DNA结构的中间链接。[4] 维基百科(2010)认为学习力是使一个人能有效地从事各种学习挑战的心理学的特性和技能的集合。[5]

我国学者对学习力内涵的整体式界定,如:学习力是在有目的的学习过程中,通过实践、体验、反思、环境影响等途径进行学习提升,达到产生新思

---

[1] 陈维维,杨欢.教育领域学习力研究的现状和发展趋势[J].开放教育研究,2010(02):40-46.

[2] 叶瑞祥,鲁澄南,徐志生,柯炳嘉.论学习力:学生学习力理论与实践研究[M].哈尔滨:哈尔滨工程大学出版社,2011:2.

[3] McGettrick. Emerging conceptions of scholarship,service and teaching[Z]. Toronto: Canadian Society for the Study of Education,2002.

[4] Ruth Deakin Crick. Learning Power in Practice: A Guide for Teachers[M]. The Cromwell Press,Trowbridge,Wiltshire,2006:4-5.

[5] Wikipedia, the free encyclopedia. Learning Power[EB\OL]. (2010-08)[2015-12-10]. https://en.wikipedia.org/wiki/Learning_power#cite_ref-Learning_to_Learn_9-0.

维、新行为的学习效果为目的的动态能力系统(瞿静,2008)[①];学习力是人在学习和实践过程中形成和不断发展的以理解力为核心的,发现问题、分析问题和解决问题的能力……学习力是一种动态运转的系统力,是最可贵的生命力,是最活跃的创造力,也是未来最本质的竞争力(刘磊,2011)[②];学习力是在人一生中,在任何形式的学习过程中,促进学习意愿与学习结果相互作用的能力,学习者通过实践、体验、反思、环境影响等途径进行学习提升,达到新思维、新行为的产生(杨洋,2014)[③]。

综合整体式学习力界定,大都强调学习力是人在学习中基于多种能力或因素,通过多种途径发展的整体素质,通过学习表现或对事情的处理而彰显其存在。这种内涵界定抓住了学习力的特征,只是对学习力的本质,研究者们见仁见智。

(2)内涵解构式研究

美国哈佛大学柯比(W. C. Kirby,2005)教授认为学习力是包括学习动力、学习态度、学习方法、学习效率、创新思维和创造力的一个综合体。[④]

我国较早推广组织学习力理念的张声雄教授(1999)认为,"所谓学习力就是学习动力、学习毅力和学习能力三要素"[⑤]。如:学习力是学习主体资源发展力、综合素质提升力和学习能力的函数变化,公式是 $L = f(W \cdot Q \cdot A)$,L 代表学习力,W 代表资源力,Q 代表综合素质力,A 代表学习能力,f 表示 $W \cdot Q \cdot A$ 三者之间的函数变化关系(黄云龙,2004)[⑥]。如:学习力是一个人学习动力、学习能力、学习毅力、学习创造力的总和,是人们获取知识、分享知识、运用知识和创造知识的能力,是动态衡量一个人综合素质的尺子(朱唤民,2011)[⑦]。学习力是人的大脑特有的一种潜能,是学习动力、学习能力、学习方法效力、学习毅力、学习创新活力和学习潜力等方面的综合表现,是人发展的基本动力和重要标志(叶瑞祥等,2011)[⑧]。

要素解构式定义,是目前中文文献研究中对学习力界定使用较频繁的,

---

① 瞿静.论学习力理念从管理学向教育学领域的迁移[J].教育与职业,2008(03):64-66.
② 刘磊.对学习力概念的反思[J].丝绸之路,2011(06):117-119.
③ 杨洋.夜大学成人学习者学习力研究[D].昆明:云南师范大学,2014:20.
④ [美]柯比.学习力[M].金粒,译.海口:南方出版社,2005:1.
⑤ 张声雄.企业管理新模式——学习型组织与五项修炼[J].现代企业管理,1999(08):4-8.
⑥ 黄云龙.在探究性学习中提升少年儿童的学习力[J].小学教育科研论坛,2004(10):8.
⑦ 朱唤民.发展学习力:教学管理应有之义[J].中国教育学刊,2011(01):88-89.
⑧ 叶瑞祥,鲁澄南,徐志生,柯炳嘉.论学习力:学生学习力理论与实践研究[M].哈尔滨:哈尔滨工程大学出版社,2011:2.

只是要素内容因研究者而异。但是一般都包括学习动力和学习能力维度,也说明这两者是学习力的重要要素,但是对其进行下一层级要素划分却又有很多不同,有些甚至明显划分不合理。

维基百科总结"学习力"时认为:学习力类似一种能量,很难像物质形态那样可视可感,便于理解;只能通过一些要素理解其存在。但是"要素不是学习力本身",就像看到亮着的灯泡就知道电流存在,但是我们并没有看到电流本身;学习力就是这样。[1] 因此,应该以整体、内在、综合等为基准,来理解学习力的内涵。

2. 要素研究

学习力的组成要素,研究者们的见解各有不同。限于篇幅,简要列举如下:

"三要素说"。分为学习的动力、毅力、能力,认为学习动力是目标,毅力反映学习意志,能力是达成学习力的保障(张声雄,1999)[2];还有人认为分为目标、经验、意志力三要素,三者构成三角模型[3]。

"四要素说"。克莱斯托(Guy Claxton,2002)教授认为学习力是通过四种行为表现出的四种力量,简称"4R":顺应/顺应力(Resilient/Resilience)、策应/策应力(Resourceful/Resourcefulness)、反省/反省力(Reflective/Reflection)、互惠/互惠力(Reciprocal/Relationships)。[4]

"五因素说"。将中小学生学习力结构分为五个方面:学习创造力、动力、能力、毅力、转化力。[5] 或者概括为:学习动力、毅力、能力、效率和转化力等。[6]

"六要素说"。裴娣娜教授(2013)提出学习力的六要素,分三层次:知识与经验、策略与反思、意志与进取为第一层次,是人的基本素质;实践与活动、协作与交往是第二层次,是实现人的发展的两个基本途径;批判与创新是第

---

[1] Ruth Deakin Crick. Learning Power in Practice: A Guide for Teachers[M]. The Cromwell Press,Trowbridge,Wiltshire,2006:1.

[2] 张声雄.企业管理新模式——学习型组织与五项修炼[J].现代企业管理,1999(08):4-8.

[3] 刘斌祥,邹亚建.学习力结构释义[J].科技创新月刊,2007(06):131.

[4] Building Learning Power framework [EB\OL]. [2015-12-28]. http://mkx20bvs5a2cy6u43bq2jqtp.wpengine.netdna-cdn.com/wp-content/uploads/2015/03/SG_Perseverance.pdf.

[5] 田玲.中小学生学习力结构及其发展特点[D].沈阳:沈阳师范大学,2012:40-41.

[6] 陈满林,曹卫秋.关于提升学习力的几点思考[J].唯实,2003(11):61-63.

三层次，是人发展的最高境界。① 杨洋（2014）研究的学习力体系则将其中"学习行为理解力"置换成了"学习互惠力"，并建立了触发、推进、完成的三阶段模型。② 柯比（W.C.Kirby，2005）教授提出学习力六要素：学习动力、学习态度、学习方法、学习效率、创新思维和创造力。③ 高志敏（2002）教授提出人力资源开发中的学习力六要素包括：学习行为总动力、学习需求识别力、学习潜能评价力、学习行为理解力、学习活动的激活力、学习能力。④

"七要素说"。柯尼卡博士（2002）将BLP项目的"4R"理论在实践研究的基础上发展为ELLI项目学习力的7个要素维度及其对立面，分别是：变化和学习——静止或固定；关键好奇心——被动性；意义形成——知识孤立；创造性——墨守陈规；学习互惠——孤立或依赖；策略意识——固化行为；顺应力——依赖和脆弱。该项目认为七个要素是相互依赖、相互促进的关系。⑤

"十要素说"。瞿静（2008）将学习力分为十个要素：学习行为的总动力、学习需求的识别力、学习潜能的评价力、学习行为的理解力、学习活动的激活力、学习能力、学习行为的合作力、创新力、竞争力、社会适应力。并将上述要素归为学习力的触发、推进、有效完成、转化提升四个递进的阶段。⑥

上述多种学习力要素研究，提供了审视学习力内在结构的多个视角，为本研究学习力体系构建提供了借鉴。但是有些要素是否真的属于学习力，还值得推敲，如学习方法、学习行为的理解力等，其根本在于研究者们对学习力的内涵理解不同。有些要素划分存在混乱，比如高志敏与瞿静的要素研究中"学习行为的理解力"，学习行为的主体是学生本身，而对自我学习行为的理解力，逻辑上讲有些别扭。

3. 体系研究

中外从各自对学习力内涵理解的区别出发，学习力体系也有所不同。这里列举中外学习力体系研究框架各一例。英国ELLI项目建立的7个要素及

---

① 裴娣娜.学科课程建设与学生学习力提升的思考.(2013-12-23)[2016-01-05].http://www.doc88.com/p-0052023510892.html.ppt.
② 杨洋.夜大学成人学习者学习力研究[D].昆明：云南师范大学.2014：25.
③ [美]柯比.学习力[M].金粒，译.海口：南方出版社，2005：1.
④ 高志敏.人力资源开发中的学习力架构研究[J].河北师范大学学报，2002(06)：24-29.
⑤ Ruth Deakin Crick. Learning Power in Practice：A Guide for Teachers[M]. The Cromwell Press，Trowbridge，Wiltshire，2006：8-12.
⑥ 瞿静.论学习力理念从管理学向教育学领域的迁移[J].教育与职业，2008(03)：65-66.

其含义[①]内容如表 2-1 所示：

表 2-1 英国 ELLI 项目要素及其含义

要素	要素的含义
变化和学习	作为学习者自身的变化和成长之感
关键好奇心	乐于质疑，能够抓住事物的本质并且得出自己的结论
意义形成	通过将所学内容和已有知识之间建立联系，构建个人的学习意义
创造性	在学习过程中敢于冒险探求知识、把握知识、横向思维和运用想象力以及直觉
学习互惠	具有和他人一起学习、向他人学习以及独自学习的能力
策略意识	能够有意识地积极规划自己的学习过程，控制学习情绪，及时调整学习进程和策略
顺应力	在面对挫折、未知和失败时，不屈不饶地坚持

我国叶瑞祥(2011)等人构建了中小学生"个人学习力"指标体系[②]，具体内容如表 2-2 所示：

表 2-2 叶瑞祥等人构建的中小学生"个人学习力"指标体系

一级指标	二级指标
学习动力	学习目标、学习动机、学习兴趣
学习能力	基本学习能力、运用现代信息技术能力、分科学习能力
学习方法效力	基本学习方法、现代学习方法、分科学习方法
学习毅力	自觉学习、自制学习、坚持学习等毅力
学习创新活力	创新意识、创新思维、创新方法、创新能力
学习潜力	语言、音乐、数理逻辑、空间、身体运动、人际交往、自我认识、自然观察等能力

上述两个要素体系对比，可以看出：ELLI 项目的学习力体系，更强调把学习力作为内在力量，从学习者内视视角确立观测点，主要是从学习者自身对学习活动的感知来设计和解释要素。笔者以为 ELLI 项目的学习力体系，

---

① Ruth Deakin Crick. Learning Power in Practice: A Guide for Teachers[M]. The Cromwell Press, Trowbridge, Wiltshire, 2006:8-12.

② 叶瑞祥,鲁澄南,徐志生,柯炳嘉.论学习力：学生学习力理论与实践研究[M].哈尔滨:哈尔滨工程大学出版社,2011:4-5.

对学习力发展的"能学习"重视不够,对学习习惯不重视,体系的内在逻辑不够清晰。而我国很多学习力发展研究,都是类似叶瑞祥的研究,以外显的学习能力为主,体系本质上主要是无所不包的学习综合能力系统。且叶瑞祥的体系中,包括学习方法效力也是不恰当的。因为学习方法只是基于学习力,达成学习效果的手段,不属于学习力体系。

笔者以为学习力体系应该包括关于"学习能力"的基础系统,也包括学习者理解和认知自我学习的要素以及学习的习惯。根据要素体系建立的学习力模型研究,如 BLP 项目(2002)学习力的"4R"模型①、高志敏(2002)的学习力"E"字模型②、数学学习力模型③等,这里就不再详细评述了。

(三) 评价研究

ELLI 项目认为学习力的评价,具有三大意义:一是向学习者反馈个人的学习力信息;二是向教师反馈学生个体和群体的学习力数据,这些数据能帮助教师诊断学生学习过程中的自我意识、所有权和责任的发展情况,并帮助教师确认学生真正要提高的内容;三是为学生学习正规课程内容提供学习支架。④

关于学习力的评价研究,国内研究涉及较少。用"学习力"并含"评价"检索知网,教育领域文献只有 4 篇:《高校教师个体学习力评价与提升策略研究》《本科生学习力评价体系研究浅探》《初中生科学学科学习力评价研究》《高中生学习力评价指标体系的评价研究》。研究不够深入,如:《高中生学习力评价指标体系的构建研究》,将高中生学习力的评价指标确定为:动力系统(学习需求力、学习理解力),辅助系统(学习规划力、资源利用力、调控适应力),执行系统(知识与经验、批判探究力、合作互惠力、实践应用力)。⑤ 该指标体系包括了学习的内在、外在和方法等多个层面,划分的逻辑有待商榷;若投入实践,评价指标的可操作性、可检测性和清晰度还不够。可见,我国中

---

① Building Learning Power framework [EB\OL].[2015 - 12 - 28]. http://mkx20bvs5a2cy6u43bq2jqtp.wpengine.netdna-cdn.com/wp-content/uploads/2015/03/SG_Perseverance.pdf.
② 高志敏.人力资源开发中的学习力架构研究[J].河北师范大学学报,2002(06):24 - 29.
③ 刘墅.数学学习力的模型构建与提升[D].金华:浙江师范大学,2014:37 - 38.
④ Ruth Deakin Crick. Learning how to learn: the dynamic assessment of learning power[J]. The Curriculum Journal,2007(02):135.
⑤ 王冠楠.高中生学习力评价指标体系的构建研究[D].天津:天津师范大学,2016:34.

小学学生学习力的评价研究,还有待研究界关注。

而 ELLI 项目的学习力动态评估蜘蛛图①的评价方式,简明、易操作,如图 2-2 所示:

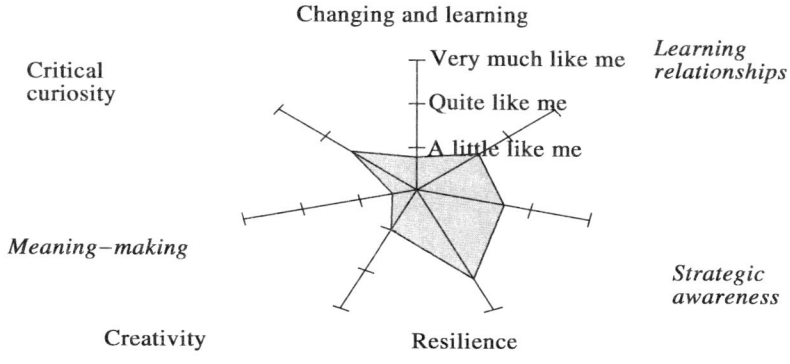

图 2-2 ELLI 项目的学习力动态评估蜘蛛图

将 ELLI 项目学习力的七个维度:变化和学习、关键好奇心、意义形成、创造性、顺应力、策略意识、学习互惠,划分为大部分不符合、大部分符合、非常符合的这样由中心向外的三个层次,进行学生自我报告式评估,根据蜘蛛图各维度得分连线围成的面积大小,可直观判断学生的学习力水平,面积越大水平越高;也很容易看出学习力的各维度水平差异。教师和学生可以看到个体的学习力状态,也可以了解学生群体的学习力和各维度的水平状况。因此,已经过实践检验的 ELLI 项目的学习力评估蜘蛛图评价模式,对本研究的学习力评价有很好的借鉴意义。

(四) 发展策略研究

研究者从综合提升、要素发展、系统改革等不同视角,提出学习力发展策略。

1. 以综合策略发展学习力

这类研究希望通过一些策略,整体提升学生学习力水平。ELLI 项目提出帮助教师创建学习者中心的课堂氛围,提升学生学习力的十个策略:"教师以学习者中心的价值观和愿望作专业判断;形成信任、肯定和挑战的积极关

---

① Ruth Deakin Crick. Learning how to learn: the dynamic assessment of learning power[J]. The Curriculum Journal, 2007(02):143.

系;发展一种关于学习的语言;使用暗喻和明喻;榜样和模仿;学习对话;反思时间;学生自我评估;给学生选择机会;通过对内容的创新排序创造挑战"。①学生学习力的发展也需要多方面力量共同努力。《学习力 我第一》一书,介绍日本秋田小学学习力第一的秘密,强调小学生学习力培养需要学校、地方和家庭的共同努力,认为"学习力=学习能力+学习动力+学习毅力"。②

我国也有研究者认为应该重建课堂智慧型文化,从认知和情意两个方面,促进学生学习力发展:学习者的自我心理调节与引导;信息的吸取、加工过程及其引导;总结学习过程,反省自控的学习及其引导。课堂文化重建的研究重心在于学习力生成的探索。③ 有研究者从学习文化观视角,认为应使学生脱离"苦楚"学习文化观和苦学带来的枯燥、痛苦,释放我国乐学思想生命力,构筑以儿童兴趣取向的课程教学观,借助教师专业引领形成卓越学习力,促进学生建立协同性的学习方式。④《学习突破:提升学习力的38个途径》(张雪松,2006)一书中,从提升准备、注入活力、转变态度、提高学习效率、克服学习误区等八个方面论述了提高学习力的策略。⑤《学习力是练出来的》(潘玉峰,2012)一书,认为提高学习力有六大要素:树立正确的目标、让学习变得快乐、激发人的内在潜能、掌握知识的认知结构、设法进入宁静专注的状态、学会自我调节;具体的实践方法有:自觉学习、流通学习、快乐学习、改造学习、国际学习、自主学习。⑥

总之,从综合视角研究学习力的发展策略,可取之处在于:学习力也是综合因素的结果。但了解学生学习力总体及各要素的水平情况,制定的综合策略才能更有针对性和有效性。

2. 以要素发展来提升学习力

既然学习力包括多要素,因此也有研究从各个要素的发展视角出发,以期"各个击破"后,能带来学习力的飞跃。

《学习力》一书的中文编译本封面写着一行字:"哈佛大学对学习能力的

---

① Ruth Deakin Crick. Learning Power in Practice:A Guide for Teachers[M]. The Cromwell Press,Trowbridge,Wiltshire,2006:38-48.
② [日]阿部昇.学习力 我第一[M].曹文智,译.北京:电子工业出版社,2013:封面.
③ 吴也显,刁培萼.课堂文化重建的研究中心:学习力生成的探索[J].课程·教材·教法,2005(01):19-24.
④ 王洪席.学习文化观转换与学生学习力提升[J].教育发展研究,2015(08):19-20.
⑤ 张雪松.学习突破:提升学习力的38个途径[M].北京:金城出版社,2006:目录.
⑥ 潘玉峰.学习力是练出来的[M].吉林:吉林出版集团有限公司,2012:12-14.

最终解决方案"。书中柯比教授结合哈佛大学教育理念和学生学习案例，围绕学习力的学习动力、态度、能力、效率、求真和创造力等六个方面，提出促进学生学习力要素发展的策略：① 学校为学生创造学习环境，激发学生的好奇心、兴趣、动力等；② 强调持续的、终身的学习态度，强调哈佛定律：W＝X＋Y＋Z(成功＝勤奋学习＋正确的方法＋少说废话)；③ 形成用自己喜欢的方式、多听、多阅读、质疑等掌握获取知识的途径和方法的能力，成为"学会学习的人"；④ 学会取舍，利用时间，"书内学习"和"书外生活"结合等，提高学习效率，使自己成为高效能的学习者；⑤ 求真就是不断更新知识、转换视角、创新思维，在"变"中提升学习力；⑥ 发展创造力，成为被新世纪接受的"人才"。[①]

我国有研究者认为学习力的本质包括：观察力、联想力、创造力、逻辑力、专注力等，并分别探讨上述能力的发展。[②] 有研究者构建了：学习行为总动力、学习需求识别力、学习潜能评价力、学习活动的激活力、学习能力、学习互惠力等六要素，并分析这六要素的提升策略。[③]

但是单纯探究学习力的各要素发展策略，难免会给人松散之感，质疑最终能否产生学习力发展的整合力量。所以，应该寻找学习力体系整体发展和各要素提升结合的综合策略。

3. 以学校系统改革发展学习力

将学习力发展置于学校改革发展系统中研究，以期获得整体大于局部的效益。如建立学习力发展系统的 BLP 项目"学习力旅行地图"[④]：三年发展周期中，学校、教师、学生各自目标对应学习力发展的三个层次。具体如下表 2－3 所示：

表 2－3　BLP 项目学习力旅行地图

第一年	第二年	第三年
学校支持关于质疑和价值观对话的共同体	学校注重持续地发展他们教室里的学习行为的数据（范围和深度）	学校加强品质——引导

[①] [美]柯比.学习力[M].金粒,译.海口:南方出版社,2005.
[②] 胡雅茹.学习力超强训练法[M].天津:新蕾出版社.2008:60-178.
[③] 杨洋.夜大学成人学习者学习力研究[D].昆明:云南师范大学.2014:50-57.
[④] BLP 项目"学习力旅行地图"[EB/OL].[2015-12-25]. http://www.buildinglearningpower.com/learning-journey/.

续表

第一年	第二年	第三年
教师逐步加深对课堂文化的影响,加强关键学习行为的锻炼	教师高效总结大范围的学习行为,并使这些行为处于监管下	教师巧妙实施课程,关注学习行为,强调内容习得和学习品质的提高
学生建立语言习得感和实施关键学习行为	学生理解各种学习行为对课程学习进步的影响	学生培养学习习惯,加强学习连贯性,培养终身独立和自信的学习者

学习力旅行地图,有利于学校、教师和学生自我对照所处的学习力发展阶段要求,并清楚下一阶段的目标。课程内容,分别对应学习力水平的三个层次,每一个内容又是三年贯穿纵向发展的。BLP项目从理论构建到课程的开发,使学习力体系和用以发展学习力的内容体系纵横勾连,形成网络。跟ELLI项目在课堂实施领域的深入探索一样,对我国的学习力在课程和课堂领域的研究,具有重要启发意义。

我国也有少量学习力的研究与学校改革相关。浙江大学附属中学2014年开展学习力研究,将"学习力"与"健康力、人格力、学科力、规划力"一起,确立为该校高中生核心素养内涵;认为"学习力是学生学习的生长力",内涵包括:知识与经验、策略与反思、意志与进取、实践与活动、协作与交往、批判与创新等。该校还制定了基于学习力提升的12门学科课程纲要,制定"学生核心素养评价表",将"学习力素养"分为知识维度(了解学习力的组成要素以及各要素之间的关系)、能力维度(有较强的认识、分析、解决问题的能力,有较强的实践能力和创新精神)、态度维度(有强烈的学习意识和顽强的学习意志力)。① 此学习力维度划分,有待商榷,评价也简单化了。沈阳市沈河区文艺路第二小学明确提出"促进学生全脑开发,提升学生的学习力"的理念构建校本课程体系。② 这两所学校的改革都未有专门的学习力发展指导课程。

将学习力内涵和发展纳入学校改革系统,显示了对学生学习力发展的重视,我国这种情况还只是少数个案。如果能有专门的学习力发展指导课程,加深各方对学习力的认识,会更好地发展学生的学习力等素养并发挥其在学校改革中的作用。

---

① 申屠永庆,缪仁票."五力"相成 评育结合:高中生核心素养培育的校本探索[J].中小学管理,2015(09):15-18.
② 田冬,姜颖.基于全脑开发的校本课程:架构提升学生学习力的桥梁[J].中小学管理,2011(09):11-12.

（五）发展指导课程研究

专门的校本课程是学习力发展指导的系统方略。课程改革为学习力发展指导课程研究提供了契机，目前国内外学习力发展指导课程研究情况差异很大。

1. 国外有系列课程

笔者所见资料中，BLP项目的学习力研究，是最有成就、最具有系统性的。该项目确立了如下12种关键学习行为习惯，包括学习情感方面：坚持不懈和专注；学习认知方面：质疑、建立联系、想象、推理、善用学习资源；学习社会学方面：合作和倾听；学习策略方面：规划、调节和元学习。① 围绕关键学习行为，该项目官方网站有系列在线课程，包括："学习习惯概况：面向全员的在线项目""学习习惯：卡片图解""垫脚石第1阶段：关键学习行为介绍""BLP活动银行双软件包""BLP活动银行的基础：关键的第1阶段""BLP活动银行的基础：关键的第2—3阶段（转变）""激发：建构学习力（在线评估工具）"等。②

BLP项目从体系到在线课程的系列研究，使学习力的研究与学校教育、教师教学与学生的学习行为和学习习惯等紧密相关，对我国的学生学习力发展指导研究具有很大启发意义。

2. 我国缺少发展指导课程

笔者目力所及，我国教育领域相对较成熟、体系化的学习力著作，是叶瑞祥等人的《论学习力：学生学习力理论与实践研究》③。该著作是中国高等教育学会学习科学研究分会"十一五"规划重点课题"学生学习力理论与实践研究"的成果。全书有关于学习力的理论层面阐释：认识篇、策略篇、课程篇；也有侧重实践探究的实践篇和个案篇。具体内容探讨了学习力的概念、理论基础、课堂策略和评价系统等，值得借鉴，但是存在理论基础与实践案例脱节现象。研究思路类似的著作还有《增强初中生学习力策略研究》④。其它著

---

① learning-habits[EB/OL].[2015-12-25]. https://www.buildinglearningpower.com/shop/online-learning/learning-habits-in-a-nutshell-a-self-coaching-online-programme-for-staff/

② online-learning [EB/OL]. [2015-12-25]. https://www.buildinglearningpower.com/shop/online-learning/.

③ 叶瑞祥,鲁澄南,徐志生,柯炳嘉.论学习力：学生学习力理论与实践研究[M].哈尔滨：哈尔滨工程大学出版社,2011.

④ 林国平.增强初中生学习力策略研究[M].广州：广东经济出版社,2013.

作如《学习力超强修炼法》《学习力是练出来的》,主要是关于跟学习力相关的记忆力、专注力、观察力、逻辑力、创造力等训练方法。

我国目前学习力相关研究项目,主要有:北京师范大学裴娣娜教授主持的2010年度国家社科基金"十一五"教育学重点课题"我国基础教育未来发展新特征研究",将学生学习力与区域决策力、校长领导力并称为"三力"组成基础教育未来发展模型,研究内容包括"学生学习力与学科建设""学科学习力及课程建设方案"等;王东主持的中国教育学会"十一五"科研规划课题"中小学生学习力培养的研究",课题组在沈阳20余所中小学共1 100名学生进行实验研究,研究方法包括:问卷调查、访谈、现场观察等。构建了包括学习动力、学习毅力、学习能力、学习转化力、学习创造力的五个一级和15个二级维度的学习力体系。① 但都对学习力作为学生内在的学习力量,即从学生内在视角研究重视不够。

总之,笔者目力所及,未发现我国有系统化、深入的学习力发展指导课程研究和实践。

二、成就与薄弱之处

国外对学习力的整体研究数量不多,但是质量较高,有理论也有深入的实践;我国的研究现状则有很多不足。

(一) 国外研究有系统性,国别不广泛

国外研究的成就,主要是英国的BLP和ELLI两大项目,都有理论体系;BLP项目有专门的网站和网络课程;ELLI有深入的35所中小学实践和85个实践项目研究。详细情况已经在前文研究综述中介绍过了,这里不再赘述。

没有检索到其他国家关于中小学生学习力发展指导的系统研究资料,可见研究的不足在于:国别不广泛、总体数量不多、不普及。国外的其他研究主要关注学习力的一些要素,如学习动机、学习能力、学习态度等方面,实质是属于广泛的学习研究的范畴。简而言之,国外中小学生学习力研究,有系

---

① 郭黎岩,王东,田玲.提升中小学生学习力:基于脑科学的实践探索[J].中小学管理,2011(09):4-7.

统性,但是国别不广泛。

(二) 我国研究关注度高,系统不完整

我国中小学生学习力研究虽然历时不算太长,但是文献数量多,取得了一些成就,也有很多薄弱之处。

1. 成就

(1) 研究视角多元化

研究者们从多个视角研究学生的学习力发展,其中最主要的研究视角是学科学习力发展。涉及的学科有:语文、数学、生物、物理、化学、信息技术等等。涉及的学段是小学、初中较多,高中较少。即使研究的学科相同,不同年段、不同的研究者也提出了不同的学习力发展指导策略。如数学学科,有研究者从学生的学和教师的教两个视角提出策略(刘曌,2014)[①];还有提出小学数学(王永清,2012)[②]和中学数学的课堂学习力提高策略(王昕,2011)[③]。这些研究对提升数学学科学习力的理论与实践具有一定借鉴意义。其他研究视角,如从课堂文化重建、学习者中心、自主学习等方面研究学习力提升策略。多元化的研究视角推动了学习力发展指导研究的发展。

(2) 理论研究丰富

当前我国学习力理论体系研究,丰富多样。正如前文所论述的:内涵的不同界定、要素的多样概括、发展策略各有不同等,都表明我国的学习力研究的理论体系尚处于积极探索中,已经取得了一定的成果。在上文都有相关论述,这里不赘述。

(3) 初步涉及实践领域

学习力研究也初步涉及实践领域,有少量关于学习力的一线调研,如基于学科视角的高中生学习力调研和实验研究,如:《课堂教学提高高中生物理学习力的研究》[④]和《生物探究式教学提升高中生学习力的研究》(冀庆涛,2010)[⑤]的研究,都编制问卷了解学习力情况,然后选取实验班,进行学习力发展提升实验。包括上文的调查和学习力发展指导实验,也只是初步涉及学

[①] 刘曌.数学学习力的模型构建与提升[D].金华:浙江师范大学,2014.
[②] 王永清.在小学数学课堂教学中提升学生的学习力[J].中小学电教,2012(05):59.
[③] 王昕.数学课堂上如何提高学生的学习力[J].理化教学,2011(05):40.
[④] 齐德冲.课堂教学提高高中生物理学习力的研究[D].扬州:扬州大学,2013.
[⑤] 冀庆涛.生物探究式教学提升高中生学习力的研究[D].济南:山东师范大学,2010.

校实践领域。

2. 薄弱之处

有研究者总结我国学习力研究的现状,认为存在基本理论含糊、现状策略与评估薄弱、不适合中国国情、缺乏专业性、理论玄虚、与学科脱节等问题。① 笔者认为主要存在如下薄弱之处:

(1) 理论基础与研究脱节

BLP 和 ELLI 项目的相关中英文研究资料表明:学习力主要基于终身学习理念的"为了未来的生活而学习",但是未见有论述该理论与具体研究如何具体相关的。我国中小学生学习力研究中,有为数不多的研究专门论述学习力研究的理论基础,比如认为物理学习力研究的理论基础,包括教育学基础:终身教育理论、创新教育理论;心理学基础:行为主义学习理论、认知学习理论、建构主义学习理论、人本主义心理学理论(齐德冲,2013)②;认为中小学生学习力研究的理论基础,包括:脑神经激活理论、布鲁纳的"认知—发现"学习理论、建构主义学习理论、终身学习的教育观(田玲,2012)③。认为大学生学习力研究的相关理论基础,包括:知识建构理论、需要/驱动理论、归因理论、元认知学习理论、自我效能理论(肖靓莎,2011)。④ 但是一般都是概述某些理论的主要内容,只能是与研究有内在关联,却未能在研究中表明如何相关的,因此存在理论与研究两张皮。同时,由于我国很多学习力研究文章的层次不高,所以从文献中根本看不出研究的理论依据。本研究认为,不需要单独列出研究的理论基础,而应该使其融合在研究过程中,随时随处引证相关理论。

(2) 学习力研究系统不完整

我国当前学习力研究主要是学习力的内涵、要素、发展策略等研究,研究系统不完整。对以下内容关注不够:一是,评价研究不足。对我国整个基础教育阶段学生学习力的现状评价、各学段的评价指标乃至整个中小学生学习力评价体系等研究,当前严重不足。二是,理论研究与实践研究衔接不紧密。当前研究多是理论探讨,未有深入而广泛的现状调查、学校改革实践等,研究与基础教育课程改革实践联系不紧密。三是,未与学校课程相关。现有课程

---

① 光霞. 我国学习力研究十年[J]. 课程教学研究,2013(11):17-22.
② 齐德冲. 课堂教学提高高中生物理学习力的研究[D]. 扬州:扬州大学,2013:16-18.
③ 田玲. 中小学生学习力结构及其发展特点[D]. 沈阳:沈阳师范大学,2012:5-6.
④ 肖靓莎. 大学生学习力培养途径研究[D]. 长沙:湖南农业大学,2011:19-22.

体系对学习力关照不够,现有研究对学习力在学校课程中体现或渗透的研究关注不够。

(3) 发展策略多为外在普适性

现有对学生学习力发展指导策略的研究,多是以学生群体为潜在对象,从研究者们构建的学习力体系的各要素维度出发,或者从学习力整体提升的角度提出整体性发展策略。这些发展策略多是外在和普适性的,未能真正触动学习者内部力量,不能促进学生对自我学习力的认知和自主发展,也就最终影响学生终身学习力的形成与发展。因此,将学习力发展指导研究由外在视角,转为外在和内在结合视角,才是更有意义的发展策略。笔者还发现,教师也欠缺对学生学习力发展的深入而影响久远的指导。一个佐证:扬州中学20位优秀毕业生在名校读博或海外学习的阶段,写下的学习经验总结,基本都是学习的自我摸索,无一人提及教师或者学校在学习方面的指导。[1]

(4) 发展指导课程研究缺乏

我国对学生学习力发展指导课程研究,几乎未有开展。以课程形式指导学生的学习力发展,优势在于可以以课程理论和学习理论为依据,编制学习力发展指导的系统内容,使学习力发展指导更有抓手,也更深入。课程一旦实施,也就有了具体的学生对象,基于学生个体的学习力发展现状调查或者评价就可以了解其学习力水平的真实情况,找到学习力发展障碍的症结所在,设计具体的指导策略,引导学生在日常学习过程中反思和提升自己的学习力,从而使学习力发展指导落到实处,使学习力发展可测可感。叶瑞祥等人主编的《论学习力:学生学习力理论与实践研究》[2]一书,分为认识篇、策略篇、课程篇,但其"课程篇"其实还只是对中小学各科学习力发展策略的普适性分析。

三、发 展 趋 势

有研究者总结 ELLI 项目对我国学习力发展研究的启示有:学习力理论与学科教学的结合;知识传授与学习力提升的结合;教师对学习力的理解与

---

[1] 卫刚.学会学习:给高中生的建议[M].南京:东南大学出版社,2010.
[2] 叶瑞祥,鲁澄南,徐志生,柯炳嘉.论学习力:学生学习力理论与实践研究[M].哈尔滨:哈尔滨工程大学出版社,2011.

自身的学习力水平是提升其学生学习力的关键。① 也有研究者总结我国学习力发展趋势：一是学习力理论研究要科学化，包括学习力基本理论问题要厘清，要构建中国特色学习力理论；二是学习力实践研究要本土化，包括：学习力研究要教育学化；学习力理论研究与实证研究要结合；从学科中来，到学科中去。② 结合上述分析，笔者以为中小学生学习力发展指导研究发展趋势，包括以下几点：

（一）理论研究与实践探索、实证研究紧密结合

当前的中小学生学习力研究，虽然理论研究和实践研究都取得了一些成就，但是一线教师的学习力研究，往往是对实践表层的泛泛而谈；而一些理论研究者的研究，对实践却又只是浮光掠影。ELLI项目的研究，正是柯尼卡博士与中小学一线教师合作，基于数年的学校实践基础上取得的成就。"行动研究是教育理论与实践相结合的能动的实践性中介。"③ 只有学习力发展指导研究置于学校改革大背景中，置于学生学习实践中，才能检验和发展学习力理论研究，反馈学生学习力的发展。所以，立足中小学生学习力发展指导的现状调查，使学习力理论研究与现实需求结合；再将理论研究的成果以校本课程之类的学习力发展指导形式，运用于学校改革和学生学习力发展；在实践中实现研究价值，提升理论研究水平，从而实现研究的良性循环。因此，促进理论研究与实践探索、实证研究相结合，促进理论研究者和一线教师的合作，是学习力发展指导研究的趋势之一。

（二）实践研究与学校改革紧密结合

学习力的研究，最终目的是为了发展学生的学习力，使之不仅具有应对当前学校学习的能力，更具备未来终身学习的能力。学习力是在学习情境中发展的，学校学习是学生学习力发展的训练场，也是学习力水平的衡量标杆。因此学习力的实践研究必须跟学习、课堂教与学、学科教与学乃至学校改革等紧密相关。学习力的实践研究，要具有跨学科的普适性，也跟学科教与学紧密相关；既要考虑学校和学生的共性，也要立足具体学校和个体学生。当

---

① 杨欢,沈书生,赵慧臣.英国ELLI项目学习力理论解读及启示[J].外国中小学教育,2009(09):44-48.
② 光霞.我国学习力研究十年[J].课程教学研究,2013(11):17-22.
③ 宋秋前.行动研究：教育理论与实践相结合的实践性中介[J].教育研究,2000(07):43.

前国家、地方和学校的三级课程管理,赋予学校课程权力。校本课程符合学习力发展指导的实践特性,可以兼顾共性和个性。学校课程改革是学习力发展指导研究的契机,学习力发展指导研究的理论和实践也可以带动学校课程的改变和发展。因此,实践研究与学校改革紧密结合,是学习力发展指导研究的趋势之一。

(三)学生自主提升和教师指导紧密结合

学生的学习力发展有很多影响因素,如:先天智力水平、家庭成长环境、学习经验等。但是最紧密相关的两个方面是:学生的自主提升和教师的指导。因为学习力是在学习情境中发展的;学生的学,往往与教师的教是相辅相成的两个方面。学习力是关于学习的内在素质,需要学生在学习情境中提升、反思、总结并凝结为自身素质。所以,学生在学习历程中有意识地自主提升是第一重要的。但是学生的学习离不开教师各个方面的指导,包括指导学生认知自我学习力、学会使用学习力发展策略等。换言之,学生的学习,包括学习力发展,都是自我生成的;而不是教师创造或灌输的,教师只是学习过程的指导者、帮助者、促进者等。因此,学生自主提升和教师指导的紧密结合,是学习力发展指导研究的趋势之一。

(四)发展策略研究与课程研究紧密结合

当前学习力发展研究成果,很多未能与学校实践紧密相关,因此提出的发展策略也难免空洞。未来趋势,首先,应该基于实践,探索学习力体系,并用实证印证理论研究,在此基础上提出的学习力发展策略必然更加"接地气"。其次,学习力发展策略也应该跟学校的课程设置结合:一方面应该有专门的学习力发展指导课程,帮助学生认知和发展自己的学习力;另一方面就像前文部分学校改革所做的,应该将学生的学习力培养贯穿于学校的课程体系。另外,为了了解和督促学生学习力发展,应该把学习力发展评价作为学生综合素质评价的重要内容,而不仅仅像当前很多地区高中生综合素质评价那样缺少系统性,多数用"学习能力"和"学习态度"的简单描述来评价学生的学习力。有研究者早就建议"学习指导课"列入大、中、小学校教学计划[①]。

---

① 林毓锜.学生学习素质论———一个有待重视、探讨与利用的范畴[J].高等教育研究,2011(09):20-24.

当前,研制"学习力发展指导"课程已是急迫的事。因此,发展策略研究与课程研究紧密结合,是学习力发展指导研究的趋势之一。

综上可见,国内外都越来越重视中小学生学习力发展研究。我国相关研究,学段区分不明显,尤其高中生学习力发展指导研究不充分;缺乏课程形式的系统指导研究。我国学习力发展研究的总体趋势:一方面要加强理论探索的深度和广度,建立本土化学习力理论体系;另一方面应该植根于当前课程改革时代背景,基于学校课程改革情境,了解各学段学生的学习力水平现状,寻求发展策略。高中生学习力发展指导研究,应该基于高中生学习经验丰富、自主学习能力相对较强的特点,构建学习力体系,研制学习力发展指导课程,使高中生学习力在校本课程的平台上得到适当、适合、有效的系统性指导。

第三章　高中生学习力发展指导现状调查

基础教育研究，如果不深入调研现实情况，都有可能陷入研究者一厢情愿的臆想。校本课程构建，更应该立足学校层面的相关现状展开。本研究设计调查工具，对高中生学习力发展指导现状进行全国抽样调查，以了解我国高中生学习力、学习力发展指导及对"学习力发展指导"校本课程需求等三个方面的现状。因此，本章主要论述高中生学习力发展指导现状的调查目的、工具编制、实施、结果分析、结论和发展建议。

一、调 查 目 的

对学习力现状、发展指导现状和课程需求的调查，有利于验证研究假设，也可以使研究在现实基础上深入。调查目的分析如下：

（一）了解高中生学习力现状

本研究认为：学习力是支持高中生学习的内在力量。了解在学习高压力下的高中生学习力现状，是调查的第一个目的。了解高中生学习力的实际情况，可以引起教育主管部门、学校、教师、家长，重视学习力发展，更好地开展高中生学习力发展指导；高中生自身也能做到心中有数，关注自我学习力发展，最终形成"学会学习"、终身学习的素养。

（二）了解学习力发展指导现状

高中生自身和教师、家长等都应该关注高中生的学习力发展，并能采取一定的策略促进高中生学习力发展，才能使高中生学习力持续提升。了解学习力发展指导现状，是调查的第二个目的。有利于了解当前高中生学习力现状的一些原因，反映当前学习力发展指导的不足之处，为课程内容构建的设计提供借鉴。

（三）了解"学习力发展指导"课程需求

欧盟委员会教学研究专家安德烈·焦尔当认为："对学习者的先有概念的考虑必须成为一切教育计划的出发点"，因此他认为上某一课程前教师要调查学生："关于这门课学习者想要学些什么？他们关心的是什么？他们脑袋里有些什么？他们对于这个现象或问题有什么看法？我可以借助什么让他们进步？"[①]课程教学如此，课程设计也应该基于对课程需求的了解。因此，了解高中生对"学习力发展指导"校本课程及其学习目标、学习内容、学习方式和学习评价等方面的需求，是调查的第三个目的。

二、调查工具编制

调查工具的编制，是调查实施的首要步骤，也是最重要的环节。高中生学习力发展指导现状调查，设计了两类调查工具：一是高中生调查问卷；二是以课程专家、校长、教师为访谈对象，分别编制了访谈提纲。

（一）调查工具的初步编制

因为笔者对学习力概念和体系进行了重新界定，所以，无法找到可以直接使用的现成的调查工具。因此，调查工具必须自行设计。调查工具内容的编制，主要基于本研究将在下一章详细论述构建过程的学习力体系、国内外中小学生学习力研究文献综述、高中生身心和学习特点、校本课程编制等内容的综合考量，经由理论思辨形成。

1. 高中生调查问卷编制

根据调查目的，高中生调查问卷内容，除了高中生背景信息调查外，主要分三个部分的内容：第一，学习力现状调查。主要是基于本研究构建的高中生学习力体系，设计调查问卷，答案采用五级制。通过若干问题的高中生自诉式回答，来反馈高中生对学习力的自评，以达到从高中生视角反馈其学习力现状，这就是高中生学习力水平真实现状。第二，学习力发展指导现状调查。学校情境中的学习离不开教师的指导，高中生感受到的教师对自己学习力的发展指导，和访谈调查中的教师认为自己对高中生学习力的发展指导，

---

① [法]安德烈·焦尔当.学习的本质[M].杭零,译.上海:华东师范大学出版社,2015:20.

两方面的结合就是我国当前高中生学习力发展指导的现实状况。第三,"学习力发展指导"课程需求现状调查。对"学习力发展指导"课程是否需求及其原因,该课程的学习目标、学习内容、学习方式、学习评价等方面展开调查。

高中生调查问卷的第一部分,采用五级制选项的单选题了解学习力现状。为了获得可信的调查数据,用正反向记分等方式来鉴别高中生是否按照自己真实的意愿做答。设计了三道负向表述题,以检测高中生是否用心阅读题目和认真作答。如将"有分析的学习技能"改为"缺少分析的学习技能"。第二、三部分是多选或单选题,答案是描述性的,不是五级制的。高中生调查问卷试测版,见"附录2"。

2. 专家、校长、教师访谈提纲编制

基础教育的课程专家对学校课程设置、实施等方面的研究,代表校本课程研究的理论指导层;校长是学校层次课程改革的领头人,是课程领导力的关键人物,代表校本课程研究和实施的理论联系实际的中间衔接层;教师对学校课程和高中生情况比较了解,代表校本课程设计和实施的实践层。就调查的三个目的,编制符合这三个层面访谈对象身份的访谈提纲,访谈结果可以相互补充。

访谈因访谈对象不同,问题表述稍有区别,包括三方面的内容:高中生的学习力是否重要、现状如何;高中生学习力发展指导策略有哪些;高中生"学习力发展指导"课程如何构建;在课程体系中如何安排;有什么建议。从课程专家、校长和教师三者不同的身份出发,落实这三个方面的核心思想内容,设计访谈的具体问题,形成课程专家、校长、教师三份访谈提纲的试测版,具体见"附录4"、"附录6"和"附录8"。

(二) 调查工具试测及结果分析

为了使调查工具更科学、合理,对调查工具进行了试测,并分析试测结果,以修正调查工具。

1. 高中生调查问卷试测结果分析

按照研究进度安排,本研究的试测在9月下旬开展,正式调查测试在10月底完成。试测调查对象选择高中二年级学生。主要因为高一学生才入学,对高中生活还不适应;高二学生经过高一的学习,对高中学习生活有深刻了解,而且还没进入高三的繁重复习状态,所以高二学生是最合适的高中生学习力发展指导试测对象。试测样本,是Y市高二年级两个班110名学生。

(1) 学习力现状试测的信度、效度和结果分析

回收的高中生问卷,首先通过特意设计的三道反向表述题进行人工筛查。如果被试有两道反向题都为极端数据、且回答都集中于一个方向,甚至这部分题目都有规律作答,则作为废卷删除;答题不完整的问卷也作废。筛查发现3份废卷,予以剔除,剩余的107份问卷是最终试测有效样本。数据输入和分析使用的是SPSS 22.0简体中文版。因为问卷三个部分内容设计方式不同,对学习力现状部分的调查结果,进行信度、效度检测;对发展指导和课程需求现状两个部分的调查结果进行逻辑分析。学习力现状的具体调查题目,见附录2"学习力现状"部分。

① 信度

信度是指根据测验工具所得到的结果的一致性或稳定性,反映被试特征的真实程度。本研究用内在信度和折半信度两个指标鉴定高中生学习力问卷的信度。内在信度,又称克朗巴赫(Cronbacha)α系数,即内部一致性信度;以随机方式把题目分为两半计分得出的相关系数,即折半信度。信度系数在0~1之间,数值越大,信度越高;若信度系数在0.9以上,则量表信度甚佳;若在0.8以上,信度也可以接受。① 本研究的数据统计的各阶因素信度系数,如表3-1所示:

表3-1 高中生学习力现状试测的信度系数

因素		题项与量表的相关	Cronbacha 系数	分半信度	项目数
一阶因素	学习兴趣	0.859—0.922	0.939	0.899	5
	学习动机	0.804—0.889	0.802	0.871	3
	学习态度	0.882—0.928	0.934	0.886	4
	学习认知	0.779—0.885	0.876	0.804	4
	学习技能	0.878—0.930	0.956	0.939	6
	学习能倾	0.851—0.925	0.880	0.828	3
	内在处理	0.917—0.940	0.919	0.915	3
	过程运行	0.929—0.953	0.785	0.802	3
	时间管理	0.927—0.947	0.928	0.920	3

---

① 朱星宇,陈勇强.SPSS多元统计分析方法及应用[M].北京:清华大学出版社,2011:335-341.

续表

因素		题项与量表的相关	Cronbach α 系数	分半信度	项目数
二阶因素	学习动力	0.868—0.950	0.885		3
	学习能力	0.914—0.973	0.879		3
	学习习惯	0.903—0.939	0.915		3
总量表		0.640—0.865	0.983	0.957	34

注：以上相关均达到极显著水平，$p<0.001$。

从表中可以看出，量表的内部一致性信度和折半信度系数，只有一个数值接近 0.8。其他都处于 0.8 以上，信度系数值较高，比较令人满意。另外，区分度指标表明，各个分量表对各个相应的特质也具有较高的区分度，项目也具有较好的区分度，所有项目在高分组和低分组上差异都极其显著。这些都说明量表具有良好的信度，以其作为测量高中生学习力现状的工具，是稳定可信的。

② 效度

效度检验从内容和结构两个方面来检验问卷的效度。本研究学习力现状问卷编制的题项，主要来源于下一章将论述的经过专家论证的学习力体系要素及其观测点。在正式量表形成的过程中，也多方征询教育学、心理学等专家意见；还请数名高中教师和高中生当面试测，并交流和反馈问卷意见。因此，量表具有较好的内容效度和结构效度。项目与学习力总分相关情况，如表 3-2 所示：

表 3-2 项目与学习力总分相关情况

项目	学习力	项目	学习力
01	0.779***	18	0.844***
02	0.779***	19	0.865***
03	0.783***	20	0.812***
04	0.738***	21	0.838***
05	0.801***	22	0.814***
06	0.733***	23	0.844***
07	0.640***	24	0.821***
08	0.750***	25	0.832***

续表

项目	学习力	项目	学习力
09	0.847***	26	0.836***
10	0.842***	27	0.853***
11	0.860***	28	0.829***
12	0.825***	29	0.826***
13	0.648***	30	0.817***
14	0.755***	31	0.821***
15	0.769***	32	0.820***
16	0.804***	33	0.815***
17	0.807***	34	0.834***

注：***：$p<0.001$

一共34个题项，各项目与学习力之间的相关系数较大，都通过了显著性检验，反映各项目与学习力总分之间存在较高的相关性，说明问卷的效度良好，能有效地测量出高中生学习力特性。

信、效度检测分析表明，问卷的学习力现状调查设计，可靠、可信，能投入正式使用，只需再次核查和完善问卷的文字表述。

③ 结果分析

既然学习力现状部分调查问卷的信度、效度可靠，那么分析试测的结果，一方面可以使研究者了解试测对象学习力的真实水平，做到心中有数；另一方面，数据也可以作为一组正式数据在大面积调查中使用。因此，对试测进行结果分析。

首先进行数据处理，包括：将数据输入过程中的数字代码，运用SPSS菜单栏中"转换——重新编码为相同变量（改变后在同一列）"的功能，将各选项转化为对应的分值。正向表述题的五级制选项：非常符合、大部分符合、不确定、大部分不符合、非常不符合，分别对应的分值是：5、4、3、2、1。第10、20、30题本身就是反向描述的数据，因此可直接使用样本选择的选项作为分值。

然后，使用SPSS的"computer"计算功能，把各维度题目选项对应的得分相加求和，再除以项目数，得到的平均数就是每个维度二级或一级指标的相应得分。所以，无论一级还是二级指标，得分都在0—5之间。为了便于解读学习力得分的水平状态,将 5 分制换算成等级制理解,即:3 分是及格线、3.5 分是中等线、4 分是良好线、4.5 分是优秀线。经统计,试测对象在各级指标的得分,如表 3-3 所示:

表 3-3 试测对象一级和二级要素得分

一级要素	得分	二级要素	得分
学习动力	3.81	学习兴趣	4.05
		学习动机	4.06
		学习态度	3.32
学习能力	3.92	学习认知	4.05
		学习技能	3.65
		学习能倾	4.07
学习习惯	3.75	内在处理	4.01
		过程运行	3.37
		时间管理	3.86

可见,试测对象在学习动力、学习能力和学习习惯三个指标上的得分都大于 3,说明试测对象学习力的总体状况良好;对一级要素进一步细分,可以发现试测对象在学习态度、学习技能和过程运行、时间管理几个维度的得分偏低,在这些方面需要进一步提高。

(2) 学习力发展指导现状的试测结果分析

学习力发展指导现状的具体调查题目,见附录 2"学习力发展指导现状"部分。

对"影响学习力发展"的最主要因素的单选中,71%的被试选择了"高中生的自主发展";影响因素的多项选择结果,由高到低依次是:"高中生的自主发展"(26.1%),"家庭教育"(21.9%),"个人学习经历"(20.7%),"教师的指导"(19.5%),"学校开设的相关发展指导课程"(11.2%),其他(0.6%)。可见,被试认为影响高中生的学习力发展的最主要因素是:高中生的自主发展;其次家庭教育、个人学习经历、教师的指导等;如果将教师的指导和学校相关指导课程影响结果相加,则是最主要的影响因素。对"学习中感受到自我学习力的变化",被试 34.6%"经常",32.7%"偶尔",15.9%"没注意到",10.3%"不经常",6.5%"没感觉到"。可见,只有 34.6%的高中生能经常感受到自我学习力的变化,大部分高中生对自己的学习力发展和变化关注不够。对"有意识发展自己某一方面学习力",35.5%的同学"经常",43%"偶尔",11.2%"很少",5.6%"没有",4.7%"从来没有"。可见,大部分高中生也缺少关注自我学习力发展的意识。

对"教师平时注意指导高中生的学习力发展",44.9%的高中生认为"经常指导",32.7%认为"偶尔指导",15.9%认为"没注意到",2.8%认为"不经常指导",3.7%认为"没指导"。可见,在日常教学中,教师对高中生的学习力有指导,只是可能缺少系统性,在教学中零散指导,因此有些同学没注意到;还有合计6.5%的同学认为"不经常指导"和"没指导"。因此,教师指导的系统性和有效性还有待提高。

总之,高中生的学习力现状调查反映在影响高中生学习力的众多因素中,自主发展是最主要的影响因素;高中生对自我学习关注不够;教师的指导也还待提高。

(3) 课程需求的试测结果分析

学习力课程需求现状的具体调查题目,见附录2"学习力发展指导"课程需求现状部分。

对"有无必要开设课程",被试的选择情况如下:27.1%认为"非常有必要",31.8%认为"有必要",26.2%认为"无所谓",3.7%认为"不太有必要",11.2%认为"没必要"。可见,合计58.9%的高中生认为有必要开设学习力发展指导课程,26.2%认为无所谓。一方面,与我国当前很多学校开设课程时,高中生选择权有限相关;另一方面,我国学校无此课程,高中生没有直观经验。仍然有14.9%的同学认为没有必要开设该课程,与我国当前以学科教学为主以及高中教育应试的实际情况相关,因为确实有同学在问卷卷面上写下"语文、数学、外语"字样。可见,在很多高中生心目中,最重要的还是主科课程。

"开设课程,对你的效果",被试的选择情况如下:28.1%认为"很有效果",24.3%认为"效果一般",35.5%认为"不一定",2.8%认为"无效果",9.3%认为"肯定无效果"。可见,高中生虽然没有真正学习过这门课程,但是52.4%的高中生认为该课程会有效果,可见高中生的课程需求强烈;而对课程效果怀疑的原因,可能与上文认为课程不必要的原因相似。

而对于该课程的目标、学习内容、学习方式和评价方式,试测被试也基本上给出了大部分赞同的多项选择,将用于后文该课程具体建构时作为参考。说明本研究课程需求部分的研究假设是完全合理、符合高中生实际情况的。

2. 访谈结果分析

三份访谈提纲都围绕不同的访谈对象,结合要调查访谈的三方面核心内容,设置三道大题目,每道大题目包括相关或递进的多个小题目。通过对Y市2名课程专家、3名校长和5名高中教师的访谈试测,发现访谈提纲基本涵盖了调查的内容范围,也只存在些微文字表述方面的不足。

试测结果显示:第一,都认为目前的学校教育中高中生的学习力现状不如人意,学校对此重视还不够,没有系统化的培养计划,只是教师在教学中基于个人理解的零散指导;第二,大部分访谈对象,即:2名课程专家、2名校长和4名教师,认为有必要开设"学习力发展指导"课程,并愿意进行该课程的编制和实施实验等。愿意开设该课程的原因有:高中生应该培养更强的学习力,以应对自主学习和终身学习需要;开设专门课程可以使教师重视学习力,也使高中生了解、关注和发展学习力。不愿意开设该课程的原因有:师资不够,教师不具备学习力的理论知识;高中生学业负担重,不会重视该课程;与现行评价体系无关等。总之,专家、校长、教师对高中生学习力现状的认识与高中生调查的结果基本一致,对"学习力发展指导"课程开设的态度,正反方面,都是合理的。但从总体趋势和长远眼光来看,课程开设是有必要的。

综上,试测表明,调查工具基本科学、合理,可修改完善表述后实施全国高中生学习力发展指导现状抽样调查。

(三)正式调查工具说明

经过试测及其结果分析,对调查工具进行修改并最终定稿。

1. 高中生调查问卷正式版说明

试测显示,问卷具有高信度和效度,因此只对问卷做一些细节完善。第一,在导语中加入学习力体系的要素,以帮助高中生了解学习力的内容指向。第二,修改完善了问卷的细节,如:将调查问卷"基本情况"中,父母学历中"硕士生""博士生"中的"生"字删除;将所有多选题的提示、排序和单选、多选之类的提示字体加粗。第三,最终的高中生调查问卷包括:基本情况(共4道题目,包括年级、父母职业、父母学历等);学习力现状(共34道单选或多选题);学习力发展指导现状(共7道单选或多选);学习力课程需求现状调查(共6道单选或多选题),总题量是52道测试题。正式版高中生调查问卷,见"附录3"。

2. 访谈提纲正式版说明

根据试测反馈,也对访谈提纲进行了调整和完善。一是,在访谈前的导语说明中,除了"学习力"的定义,增加了学习力体系的概括,便于专家、校长、教师在访谈中参考,提高了访谈效率。二是,在校长和教师访谈提纲前,增加了关于校长或教师个人背景的询问,以便于分析其对访谈问题认知的差异性。访谈的课程专家,筛选的依据是关注基础教育改革和高中生学习研究,因此不需要增加其他个人背景询问。三是,增加了"造成现状的原因有哪些"的询问;将问题"您对该课程的开发有什么具体建议",改为"您对该课程的目标、学习内容、学习方式和学习评价有哪些具体建议",使提问更加具体化和具有导向性。课程专家、校长、教师三类对象的正式版访谈提纲,分别见"附录5""附录7"和"附录9"。

三、调 查 实 施

笔者就职于某地方高师院校,从事语文课程与教学论方向的相关课程教学十余年。多次担任各级教师培训班班主任,也多次参加全国各地基础教育改革会议,因此与全国各地的教师朋友有较多联系。本研究调查实施因为得到培训班学员老师、学术会议朋友以及在高中任教的我校毕业生的无私帮助,才得以顺利完成。

(一) 高中生问卷调查实施

选择高中生期中考试前或考试后的半个月左右实施调查,这时高中生的学习心态比较稳定,能更好地反思自己的学习情况来答题,由教师发放并当场回收问卷。共调查12个省市,各地随机抽取两个高中班级实施调查,具体调查地点、对象、数量分布,如表3-4所示:

表3-4 高中生调查问卷分布及回收率

省(直辖市)	市(区)	年级	总回收数量	废卷数量	有效问卷数	有效率
1 江苏	盐城市	高二	110	3	107	97.3%
2 安徽	巢湖市	高一	109	4	105	96.3%
3 吉林	四平市	高一	109	5	104	95.4%

续表

省(直辖市)	市(区)	年级	总回收数量	废卷数量	有效问卷数	有效率
4 广东	揭阳市	高三	108	5	103	95.4%
5 湖南	益阳市	高一	122	1	121	99.2%
6 山西	吕梁市	高一	112	2	110	98.2%
7 宁夏	中卫市	高二	115	3	112	97.4%
8 河南	濮阳市	高三	98	9	89	90.8%
9 贵州	兴义市	高三	116	7	109	93.9%
10 重庆	璧山区	高一	104	3	101	97.1%
11 北京	丰台区	高一	95	6	89	93.7%
12(1) 上海	徐汇区A中学	高一	40	2	38	95%
12(2) 上海	徐汇区A中学	高二	41	2	39	95.1%
13(1) 上海	金山区C中学	高一	37	3	34	91.9%
13(2) 上海	金山区C中学	高二	39	4	35	89.7%
合计			1 355	59	1 296	95.6%

调查地区努力兼顾不同经济和教育水平,兼顾内地和沿海城市,兼顾西、中和东部不同地区。各调查地区都是发放到班级并现场完成的,因此回收率100%,共回收1 355份。上海市徐汇区的A中学,正是上文学习叙事调查的学校,该校高中生综合素质很高,教学资源优厚;上海市金山区C中学,是所在地区经济和教学资源相对较弱的学校。这两所学校分别调研了高一和高二各一个班,其他地区调研的都是相同年级。各地区的问卷有效率都很高,达到调查和科学统计的要求。合计剔除废卷59份,有效问卷1 296份,平均有效率95.6%。可见,此次调查,问卷答题情况真实,可信度、回收率、有效率都比较高。按照调查问卷回收的先后顺序,对调查地区进行数字编码,便于统计操作和结果分析。

(二) 访谈调查实施

采用当面或电子邮件式访谈。三类访谈对象来源如下：

课程专家访谈对象来源有三种：一是，笔者读博所在学校和工作所在学校的课程研究领域、关注基础教育的专家；二是，学习力体系论证咨询过的部分专家；三是，来国培班讲座的部分专家。共访谈课程专家10人。

校长访谈对象来源有三种：一是，笔者之前在带师范生实习、参加学术会议、做培训工作等途径认识的高中校长；二是，国培班学员教师们介绍相识的校长；三是，我校师范毕业生工作所在单位的校长。共访谈校长13人。

教师访谈对象来源有四种：一是，帮忙做高中生调查的全国各省市高中教师；二是笔者之前做过班主任的高中教师培训班的老师们，主要采用QQ群发布信息和问卷，请教师们填写，并回收电子访谈记录；三是，国培项目中，来自全国各地的初中语文教师，在培训结束后，回到当地帮忙找高中教师做的纸质稿的访谈；四是，师范毕业生中承担高中教学任务的教师们访谈。共访谈教师86人。

上述被访谈对象，无论何种形式，大部分都能根据自己的理解，三大题目都认真作答。只有5份教师访谈，可能对课程构建的理论不是太了解，对最后一大题中关于课程具体构建的部分问题没有回答，因此作为废卷剔除。最终回收10份课程专家访谈、13份校长访谈和81份教师访谈。这些访谈调查，虽然不能完全代表所有相关人员对高中生学习力发展指导的看法，但是访谈对象分布在不同层次、不同方面，这些真实的访谈结果已能一定程度说明所调查内容的真实情况。

四、调查结果分析

限于笔者个体研究力量单薄，虽然花费了大量的时间、物力才完成了这个样本量的调查，收集了真实的一手数据。但是毫无疑问，调查学校和调查的班级，不完全能代表该地区甚至该省市的整体教育和学习力水平。调查结果主要受被试学校和班级选择影响，但也绝对能反映出本研究调查的初衷：了解高中生学习力发展指导真实现状。1 296份有效问卷的答题结果，经过SPSS 22.0简体中文版程序输入；学习力现状部分，将五级制选项转化、赋分后，进行数据统计和整合分析；问卷其他两个部分主要通过选择频次百分比分析;并结合 10 位课程专家、13 位校长和 81 位教师访谈的质性结果分析,一起阐述。

(一) 学习力现状调查结果分析

本研究首先对各省的样本数据进行各级要素得分情况的单独分析;然后将各省数据合并为全国大样本数据,分析全国在各维度要素的平均得分情况,并以全国数值为分析参照。下文,将整合各省和全国数据的统计结果,比较分析全国 12 个省市高中生学习力现状的各级要素得分,以了解全国高中生学习力水平状况和差异;比较上海两所学校四个班级的一级和二级要素得分,以分析地区内和学校内的学习力水平和差异。

1. 一级要素得分对比

各地区及全国的学习力一级得分,整理如下页表 3-5 所示。各数字代码对应的地区或学校见表格下方的注解。

总体而言,高中生的学习力的各省得分和全国均分大部分处于及格以上、良好以下的水平;高分只有上海市徐汇区 A 中学的学习动力维度得分达到 4 分,处于良好状态;低分只有重庆市璧山区学习习惯维度的得分只有 2.77 分,处于及格线以下;全国差异不明显;学习动力维度得分最高,其次是学习能力维度,学习习惯维度得分最低;学习动力和学习能力维度全国均分水平处于中等状态,学习习惯维度全国均分处于及格水平状态;学习力综合水平排在第一位的是上海 A 中学,其次是江苏;学习力综合水平排名最后的是重庆。

学习动力维度,得分低于全国平均值 3.53 分的省份,依次是:重庆(3.33)、广东(3.33)、山西(3.40)、河南(3.43)、安徽(3.44)、上海 C 中学(3.44)、北京(3.50);高于全国平均值,由低到高依次是:湖南(3.54)、吉林(3.59)、宁夏(3.69)、贵州(3.73)、江苏(3.81)、上海 A 中学(4.00)。可见,学习动力维度全国均分处于中等水平;低于均分的省份,除了北京刚好是中等线,其他都是及格以上、中等以下的水平;高于均分的省份,除了上海 A 中学达到良好线,其他都是中等以上、良好以下水平;低于全国均分的省份有 7 个,即过半省份低于全国均分。

学习能力维度,得分低于全国平均值 3.41 分的省份,依次是:山西(3.11)、安徽(3.23)、重庆(3.25)、广东(3.34)、湖南(3.34)、吉林(3.39);高于全国平均值,由低到高依次是:上海 C 中学(3.42)、贵州(3.50)、北京(3.52)、

表 3-5 所调查的各地区学习力一级要素得分对比

要素\地区得分	1	2	3	4	5	6	7	8	9	10	11	12	13	全国均分
学习动力	3.81	3.44	3.59	3.33	3.54	3.40	3.69	3.43	3.73	3.33	3.50	4.00	3.44	3.53
学习能力	3.92	3.23	3.39	3.34	3.34	3.11	3.53	3.56	3.50	3.25	3.52	3.91	3.42	3.41
学习习惯	3.75	3.15	3.26	3.18	3.18	3.19	3.12	3.02	3.19	2.77	3.29	3.86	3.26	3.28

注：上表中的地区数字代号对应如下：1 江苏省盐城市，2 安徽省巢湖市，3 吉林省四平市，4 广东省揭阳市，5 湖南省益阳市，6 山西省吕梁市，7 宁夏回族自治区中卫市，8 河南省濮阳市，9 贵州省兴义市，10 重庆市璧山区，11 北京市丰台区，12 上海市徐汇区 A 中学，13 上海市金山区 C 中学。

宁夏(3.53)、河南(3.56)、上海 A 中学(3.91)、江苏(3.92)。可见,学习能力维度的全国均分处于及格以上、中等以下的水平,没有学习动力维度得分高的。所有各省得分,都处于及格线以上、良好线以下,无等级差异;上海 A 中学和江苏有明显得分优势,山西和安徽得分相对较低;低于全国均分的省份有 6 个,即大部分省份得分高于全国均分。

学习习惯维度,得分低于全国平均值 3.28 分的省份为:重庆(2.77)、河南(3.02)、宁夏(3.12)、安徽(3.15)、广东(3.18)、湖南(3.18)、山西(3.19)、贵州(3.19)、吉林(3.26)、上海 C 中学(3.26);高于全国平均值,由低到高依次是:北京(3.29)、江苏(3.75)、上海 A 中学(3.86)。可见,学习习惯维度,全国均分低于其他两个一级要素的均分,水平相对较低;全国的水平状态也都处于良好线以下,包括上海 A 中学;其中重庆得分低于 3 分,处于及格线以下水平;低于全国均分的省份达到 10 个。因此,全国高中生在学习习惯维度的得分都有很大不足和发展空间。

2. 二级要素得分对比

学习力的一级要素得分与二级要素得分情况相关,但是二级要素得分比较分析,可从更细化、具体的视角反映高中生学习力情况。因此,将各省学习力二级要素得分,对比整理如下页表 3-6 所示。

总体而言,各二级要素得分分布在及格以上、中等上下和良好三个层次上;只有上海 A 中学和江苏在一些维度得分较高,状态达到良好。上海 A 中学在学习兴趣、学习能倾、内在处理维度得分超过 4 分,处于良好以上水平;江苏在学习兴趣、学习动机、学习认知、学习能倾、内在处理维度得分超过 4 分,处于良好以上水平。二级要素全国均分分别为:学习兴趣(3.69)、学习动机(3.63)、学习态度(3.36);学习认知(3.6)、学习技能(3.33)、学习能倾(3.46);内在处理(3.46)、过程运行(3.14)、时间管理(3.41)。可见,总体而言,都处于及格以上水平,中等上下的水平;高中生的学习兴趣和学习动机的状况相对较好;而学习态度、学习技能和过程运行习惯相对较弱。

具体各维度的各省得分排序分析如下:

学习兴趣维度,全国均分 3.69 分,各省得分为:广东(3.32)、河南(3.48)、重庆(3.50)、安徽(3.59)、山西(3.60)、上海 C 中学(3.62)、湖南(3.64)、北京(3.67)、吉林(3.69)、贵州(3.74)、宁夏(3.88)、江苏(4.05)、上海 A 中学(4.14)。学习兴趣维度全国均分,在二级要素中最高,处于中等以上水平;8 个省的得分,低于全国均分;只有广东和河南两个省份低于中等水

表 3-6 所调查的各地区学习力二级要素得分对比

要素 \ 地区得分	1	2	3	4	5	6	7	8	9	10	11	12	13	全国均分
学习兴趣	4.05	3.59	3.69	3.32	3.64	3.60	3.88	3.48	3.74	3.50	3.67	4.14	3.62	3.69
学习动机	4.06	3.43	3.66	3.46	3.63	3.40	3.71	3.57	3.86	3.43	3.53	3.94	3.48	3.63
学习态度	3.32	3.30	3.41	3.22	3.36	3.22	3.48	3.22	3.60	3.06	3.32	3.91	3.23	3.36
学习认知	4.05	3.60	3.56	3.50	3.57	3.08	3.76	3.56	3.82	3.46	3.58	3.77	3.49	3.6
学习技能	3.65	3.00	3.28	3.17	3.20	3.06	3.37	3.52	3.34	3.06	3.41	3.89	3.33	3.33
学习能倾	4.07	3.10	3.32	3.35	3.25	3.20	3.47	3.60	3.36	3.23	3.58	4.07	3.44	3.46
内在处理	4.01	3.14	3.32	3.28	3.23	3.20	3.48	3.53	3.56	3.17	3.48	4.25	3.29	3.46
过程运行	3.37	3.03	3.06	2.96	3.03	3.26	3.22	3.12	3.24	2.78	3.04	3.56	3.14	3.14
时间管理	3.86	3.28	3.39	3.29	3.28	3.11	3.56	3.22	3.71	3.14	3.35	3.75	3.36	3.41

注：上表中的地区数字代号对应如下：1 江苏省盐城市，2 安徽省巢湖市，3 吉林省四平市，4 广东省揭阳市，5 湖南省益阳市，6 山西省吕梁市，7 宁夏回族自治区中卫市，8 河南省濮阳市，9 贵州省兴义市，10 重庆市璧山区，11 北京市丰台区，12 上海市徐汇区 A 中学，13 上海市金山区 C 中学。

平；只有江苏和上海 A 中学达到良好水平。

学习动机维度，全国均分 3.63 分，各省得分为：山西（3.40）、安徽（3.43）、重庆（3.43）、广东（3.46）、上海 C 中学（3.48）、北京（3.53）、河南（3.57）、湖南（3.63）、吉林（3.66）、宁夏（3.71）、贵州（3.86）、上海 A 中学（3.94）、江苏（4.06）。学习动机维度全国均分，在二级要素中排名第 2，处于中等以上水平，也是学习力二级要素中，高中生得分比较好的维度；有 7 个省的得分未达到全国均分；山西、安徽、重庆、广东和上海 C 中学低于中等水平；江苏达到良好水平。

学习态度维度，全国均分 3.36 分，各省得分为：重庆（3.06）、广东（3.22）、河南（3.22）、山西（3.22）、上海 C 中学（3.23）、安徽（3.30）、江苏（3.32）、北京（3.32）、湖南（3.36）、吉林（3.41）、宁夏（3.48）、贵州（3.60）、上海 A 中学（3.91）。学习态度维度全国均分，在二级要素中排名第 6，处于中等以下水平，是学习力排名较靠后的要素；有 8 个省的得分未达到全国均分，学习态度全国水平不高；只有贵州和上海 A 中学达到了中等水平，其他地区都只是及格以上水平。可见，学习态度维度现状不容乐观。

学习认知维度，全国均分3.6分，各省得分为：山西（3.08）、重庆（3.46）、上海 C 中学（3.49）、广东（3.50）、河南（3.56）、吉林（3.56）、湖南（3.57）、北京（3.58）；安徽（3.60）、宁夏（3.76）、上海 A 中学（3.77）、贵州（3.82）、江苏（4.05）。学习认知维度全国均分，在二级要素中排名第 3，处于中等以上水平，是学习力要素中得分较高的维度；有 8 个省的得分未达到全国均分；只有山西、重庆、上海 C 中学接近但是未达到中等水平；只有江苏达到了良好状态。

学习技能维度，全国均分 3.33 分，各省得分为：安徽（3.00）、山西（3.06）、重庆（3.06）、广东（3.17）、湖南（3.20）、吉林（3.28）；上海 C 中学（3.33）、贵州（3.34）、宁夏（3.37）、北京（3.41）、河南（3.52）、江苏（3.65）、上海 A 中学（3.89）。学习技能维度全国均分，在二级要素中排名第 7，处于中等以下水平，是学习力倒数第 3 的要素；有 6 个省的得分未达到全国均分；只有河南、江苏、上海 A 中学三个地区达到了中等水平。可见，学习技能维度相对而言，也需要大力加强。

学习能倾维度，全国均分 3.46 分，各省得分为：安徽（3.10）、山西（3.20）、重庆（3.23）、湖南（3.25）、吉林（3.32）、广东（3.35）、贵州（3.36）、上海 C 中学（3.44）、宁夏（3.47）、北京（3.58）、河南（3.60）、江苏（4.07）、上海 A

中学(4.07)。学习能倾和内在处理两个维度的全国均分并列,在二级要素中排名第 4,处于中等以下,接近中等水平;有 8 个省的得分未达到全国均分;有 9 个省的得分未达到中等水平,只有北京、河南、江苏、上海 A 中学的得分达到中等以上水平,且江苏和上海 A 中学分值相同,达到了良好水平。

内在处理维度,全国均分 3.46 分,各省得分为:安徽(3.14)、重庆(3.17)、山西(3.20)、湖南(3.23)、广东(3.28)、上海 C 中学(3.29)、吉林(3.32)、宁夏(3.48)、北京(3.48)、河南(3.53)、贵州(3.56)、江苏(4.01)、上海 A 中学(4.25)。内在处理和学习能倾两个维度的全国均分并列,在二级要素中排名第 4,处于中等以下,接近中等水平;有 7 个省的得分未达到全国均分;有 9 个省的得分未达到中等水平线,只有河南、贵州、江苏、上海 A 中学这 4 个地方达到了中等以上;江苏、上海 A 中学达到良好以上。

过程运行维度,全国均分 3.14 分,各省得分为:重庆(2.78)、广东(2.96)、安徽(3.03)、湖南(3.03)、北京(3.04)、吉林(3.06)、河南(3.12)、上海 C 中学(3.14)、宁夏(3.22)、贵州(3.24)、山西(3.26)、江苏(3.37)、上海 A 中学(3.56)。过程运行维度的全国均分,在二级要素中排名第 8,处于及格线以上水平,是学习力要素中排名倒数第 1 的要素;有 7 个省的得分未达到全国均分;只有上海 A 中学达到中等水平,其他 11 个地区都没有达到;重庆和广东甚至没有达到及格水平;其他达到及格水平线的地区,得分也较低。

时间管理维度,全国均分 3.41 分,各省得分为:山西(3.11)、重庆(3.14)、河南(3.22)、湖南(3.28)、安徽(3.28)、广东(3.29)、北京(3.35)、上海 C 中学(3.36)、吉林(3.39)、宁夏(3.56)、贵州(3.71)、上海 A 中学(3.75)、江苏(3.86)。时间管理维度的全国均分,在二级要素中排名第 5,处于中等以下水平;9 个省的得分未达到全国均分;只有宁夏、贵州、上海 A 中学和江苏 4 个省的得分,达到了中等水平以上,但都没有达到良好状态。

3. 上海市两所学校学习力对比

上文分析可见,由于教育资源分配不均衡等原因,上海 A 中学和 C 中学的学习力水平差异明显:A 中学在很多要素上的得分,在全国优势明显,都领先于 C 中学;C 中学总体处于全国中等水平。为了进一步分析同一地区、不同学校、不同年级的差异情况,下文将对这两所学校的高一和高二学生学习力得分的班级均分、最高分、最低分一一统计整理,如表 3-7 所示:

表 3-7 上海市两所学校学习力对比

地区	要素 得分	学习动力	学习兴趣	学习动机	学习态度	学习能力	学习认知	学习技能	学习能倾	学习习惯	内在处理	过程运行	时间管理
12(1)	最高分	4.28	5	5	5	4.35	5	5	5	4.25	5	5	5
	均分	4.17	4.28	4.11	4.10	4.16	3.96	4.16	4.35	4.01	4.25	3.87	3.92
	最低分	4.10	2.25	2.75	2	3.96	1.67	3.17	3.33	3.87	2.67	2.33	2
12(2)	最高分	4.01	5	5	5	3.8	5	5	5	3.59	5	5	5
	均分	3.84	4.01	3.78	3.73	3.67	3.59	3.62	3.80	3.46	3.51	3.26	3.59
	最低分	3.73	2.5	2	2	3.59	2	2	1	3.26	1	1	1
13(1)	最高分	3.66	4.5	4.75	4.67	3.42	4.5	5	5	3.32	4.33	4.33	5
	均分	3.50	3.66	3.52	3.30	3.37	3.42	3.37	3.31	3.23	3.32	3.08	3.29
	最低分	3.30	2.42	2	1.67	3.31	2.33	1.67	2	3.08	2.33	1.33	1
13(2)	最高分	3.57	5	5	4.67	3.56	4.5	4.33	4.67	3.42	4.67	4.33	5
	均分	3.39	3.57	3.44	3.16	3.47	3.56	3.29	3.56	3.30	3.27	3.2	3.42
	最低分	3.16	1.5	1	1.67	3.29	2	2.17	2	3.2	1.67	2	2

注：上表中的地区数字代号对应如下：12(1)上海市徐汇区 A 中学(高一)、12(2)上海市徐汇区 A 中学(高二)、13(1)上海市金山区 C 中学(高一)、13(2)上海市金山区 C 中学(高二)。

首先，一级和二级要素的得分差异情况，与前文对全国情况的分析一致；其次，上海 A 中学在最高分、均分、最低分三个方面，都明显优于上海 C 中学；第三，上海 A 中学高一学生学习力均分基本处于良好状态上下；高二学生只有学习兴趣维度刚好达到良好状态，其他都是及格以上、中等上下水平。上海 C 中学高一和高二学生的学习力都是及格以上、中等上下水平。第四，两所中学的全部高中生，学习力最高分都有满分，最低分也都有 1 分或 1 分多点的情况。说明，两所学校同学的学习力最高分和最低分之间都有明显差异。

4．访谈反映的学习力现状

学习力问卷调查通过具体详细的数据，说明了高中生学习力现状；访谈对高中生学习力的了解，主要是通过相关人员的主观判断，两个方面相互补充。课程专家、校长和教师的三份访谈提纲，开放式系列问题组成的三条题目，分别指向高中生学习力现状、学习力发展指导现状以及课程需求情况。三类访谈提纲的第一题相同，指向学习力现状。具体问题和访谈对象的回答

结果,总结如下:

(1) 存在超越学科共通的学习力

对于第一个问题:"您觉得高中生除了具体学科的学习能力、学习喜好等学科学习素质以外,是否存在共通的内在学习力量(即学习力)?"

所有的被访谈课程专家、校长和教师都认为,除了学科学习的特殊要求外,存在共通的内在学习力量;同时有4位课程专家、6位校长和5位教师明确指出"教学实践中,对学习力重视不够"。

(2) 学习力现状不容乐观

对于第二个问题:"您认为高中生的学习力现状如何?"

所有的被访谈课程专家、校长和教师一致认为,当前高中生学习力现状存在很大问题,使用最多的词语是"不容乐观"。访谈对象对学习力现状的表述,包括:学习兴趣不浓、学习动机不足、学习态度不端正、缺少学习意志力、缺乏持之以恒的态度、学习能力不强、没有良好的学习习惯、没有规划性、缺少主动性、部分高中生认知能力不强、自控能力弱、普遍水平低、个体差异较大等。只有1位教师认为"大部分学生的学习动力、能力、习惯都还可以,少数个别高中生动力不足"。

(3) 学习力不足由多方面因素导致

对于第三个问题:"造成现状的原因有哪些?"

课程专家认为原因:一是,研究界对学习力研究不深入,对高中生学习力研究未结合实践;二是,学校以往局限于重视学科学习,现在虽然也有跨学科学习的内容,但是对高中生学习本身关注不够;三是,社会、家庭和教师对高中生的学习力重视不足。

校长认为原因:一是,当前的学习评价体系不重视高中生的内在力量考评,也没有给予宽松的培养氛围,学校教学压力大;二是,高中生的学习力发展不仅是学校的事,也是社会和家长的共同责任。

教师认为原因有:一是,学习力只是在理论上被重视,一线教师没有深入研究;二是,外在影响因素复杂,包括社会、学校、家庭因素,尤其社会诱惑多,特别是网络对学生的学习和学习力发展有太大的负面影响,使高中生不安心学习,学习力当然不好;三是,学校课程学习重视成绩,不疏导思想,大部分学生有学习障碍;教师对学生学习指导不足,影响高中生学习力发展;四是,家长素质不够,家庭教育中对学习力培养重视不够,尤其是留守儿童家庭;五是,社会注重分数,忽视学习力考查,也缺乏可行的检测体系;六是,高中生缺乏正确的人生观、价值观,人生规划模糊,缺乏科学的学习方法;七是,对学习的认知与培养没有得到充分重视,没有理性科学的训练和培养课程;教师和学校没有有效指导。

(二)学习力发展指导现状调查结果分析

从高中生视角和外在于高中生的课程专家、校长和教师的角度,分析学习力发展指导现状,两方面相互补充。

1. 问卷调查显示学习力发展指导不受重视

通过高中生问卷的单选或多选频次,了解高中生对学习力影响因素的认识、感受到的自我学习力发展变化和指导。

(1)学习力水平与多因素相关

对家庭教育、高中生自主发展、个人学习经历、教师指导、学校开设发展指导课程、其他等五方面影响因素的多项选择,各地区各项选择频次,整理如表3-8所示:

表3-8 学习力发展影响因素

地区 百分比 选项	地区或学校代码												
	1	2	3	4	5	6	7	8	9	10	11	12	13
A. 家庭教育	21.9	20.1	21.0	19.1	21.6	17.6	23.0	23.7	17.8	16.7	17.2	20.4	21.0
B. 高中生自主发展	26.1	27.6	29.2	26.0	24.0	25.5	26.1	29.9	26.2	24.0	29.0	24.1	26.6
C. 个人学习经历	20.7	18.8	17.4	22.3	20.1	21.7	20.0	22.4	23.1	18.6	17.6	20.4	17.7
D. 教师指导	19.5	21.4	20.0	20.4	21.4	21.8	21.5	17.4	20.2	21.8	24.0	20.5	22.6
E. 学校开设发展指导课程	11.2	10.9	12.1	10.2	12.6	13.4	9.4	6.2	7.2	12.9	10.7	14.6	11.3
F. 其他	0.6	1.2	0.3	2.0	0.2	0	0	0.4	5.5	6.0	1.5	0	0.8

注:上表中的地区数字代号对应如下:1江苏省盐城市、2安徽省巢湖市、3吉林省四平市、4广东省揭阳市、5湖南省益阳市、6山西省吕梁市、7宁夏回族自治区中卫市、8河南省濮阳市、9贵州省兴义市、10重庆市璧山区、11北京市丰台区、12上海市徐汇区A中学、13上海市金山区C中学。

首先,与影响学习力发展最主要因素的单选题调查结果一致,各地区高中生都认为高中生的自主发展是学习力发展的第一影响因素。其次,家庭教育和教师指导,被认为是对学习力影响不相上下,仅次于高中生的自主发展。

第三,高中生认识到"个人学习经历"的重要性,其处于影响因素的第四位。而对"学校开设发展指导课程"影响,却排在影响因素的第五位。这与后文对课程需求的调查中,高中生对课程的强烈需求相矛盾,笔者以为也是由于我国当前缺少学习力发展指导课程,高中生缺少直观经验。值得关注的是,学习力水平状况最好的上海 A 中学的高中生认为:高中生的自主发展最重要;家庭教育、个人学习经历和教师指导同样重要;发展指导课程虽然也没有其他因素重要,但是选择频次却是所有地区中最高的。可见,A 中学同学对学习力影响因素的判断与别的地区有差异。另外,教师的指导和学校相关指导课程这两项影响因素也有一定的相关,都是学校对高中生学习力的影响。

(2) 高中生自我学习力发展关注不够

对于自身学习力发展变化的感受,"经常、偶尔、没注意到、不经常、没感觉到"五级选项中,选择频次最高的是"偶尔",13 个地区的学校中,最低是江苏省 32.7%,最高是湖南省 66%,其他地区都是 50% 左右比例的高中生"偶尔"能感受到自身学习力的变化;"经常"能感受到自我学习力变化的比例大部分处于 15% 左右到 35% 之间,最低的是上海市金山区 C 中学 8.8%,最高的是广东省 34%,上海市 A 中学也只有 26.3%。所有地区,"没注意到、不经常、没感觉到"自身学习力发展变化的比例之和都是 30% 左右。这里列举几个地区的具体频次统计,如表 3-9 所示:

表 3-9 高中生对自我学习力感受

选项 \ 地区 百分比	上海 A 中学	上海 C 中学	湖南省	吉林省	北京市
A. 经常	26.3	8.8	20.7	17.3	23.6
B. 偶尔	39.5	50.0	54.5	55.8	55.1
C. 没注意到	28.9	35.3	16.5	17.3	14.6
D. 不经常	5.3	5.9	3.3	5.8	4.5
E. 没感觉到	0	0	5.0	3.8	2.2

可见,地区之间对各频次的选择梯度是近似的。总体而言,高中生在日常学习中不太关注自己学习力的发展,这也与试测结果一致。对于高中生"会有意识发展自己上述某一方面的学习力"的调查,各地区各选项的选择频次与学习力自我感受的情况一致,即:绝大多数高中生只"偶尔"会有意识发

展自己的某一方面学习力,"经常"的不多,"没注意到、不经常、没感觉到"的比例之和达到或超过"经常"的比例。

（3）高中生感受到的发展指导不充分

对于"教师平时指导高中生的学习力发展"调查,"经常指导、偶尔指导、没注意到、不经常指导、没指导"这五级选项,各地区选择频次梯度相似。首先,频次较高的是:"经常指导"和"偶尔指导"。其中,江苏、吉林、湖南、山西、宁夏、贵州和上海市 A 中学等地区的调查结果是"经常指导"排名在前;安徽、广东、河南、北京、上海市 C 中学等地区的调查结果是"偶尔指导"排名在前。其次,其他三个选项的选择频次排名由高到低是:"没注意到、不经常指导和没指导",三者的频次百分比之和处于 20% 到 40% 左右。只有重庆市是"没注意到"教师的指导频次最高达到 34.7%。列举几个地区为例,如表 3 - 10 所示:

表 3 - 10 高中生感受到的教师指导

地区 百分比 选项	上海 A 中学	上海 C 中学	湖南省	吉林省	北京市	重庆市
A. 经常指导	52.6	20.6	33.9	50.0	34.8	21.7
B. 偶尔指导	28.9	46.1	31.4	32.7	44.9	32.7
C. 没注意到	10.5	32.2	22.3	15.4	13.5	34.7
D. 不经常指导	2.7	1.1	7.4	1.9	3.4	6.9
E. 没指导	5.3	0	5.0	0	3.4	4.0

总体而言,除了上海 A 中学和吉林地区,也仅有过半比例的高中生认为教师是"经常指导"的,大部分地区的调查结果显示,绝大比例是"偶尔指导、没注意到、不经常指导和没指导",说明教师对高中生的学习力发展指导不够重视。

对于高中生感受到的学习力发展指导来自哪个方面,"同学的学习经验分享、学科教师的指导、班主任的指导、家长的指导"四个可单选或多选的选项中,各地区同学的选择频次结果一致,40% 左右都认为主要来自"学科教师的指导",其次是"同学的学习经验分享"或"班主任的指导",相应比例最少的是"家长的指导"。可见,教师是最主要的高中生学习力发展指导力量,包括学科教师和班主任。另外,同学的相互影响也很重要,而对于高中生而言,因高中生在家庭和学校的时间分配以及家长素养等原因,家长对高中生学习力影响力度不大,仅15%左右。

能"经常"感受到自己学习力提升的同学非常少,仅占6%到20%左右的比例;30%到50%左右的同学"偶尔"感受到学习力提升;"没注意到、不经常、没感觉到"学习力提升的同学比例之和大概处于30%到50%左右。可见,高中生对自我学习力发展提升也关注不够。

2. 访谈显示发展指导欠缺不成体系

在课程专家、校长和教师的访谈中,也都涉及学习力发展指导现状的内容。具体问题设计和访谈结果分析如下:

首先,对课程专家的访谈问题设计为:"您认为可以采取哪些策略发展高中生的学习力?"分析访谈结果发现,课程专家们的建议比较周全、系统和理论化。概括来说,包括:对高中生学习力理论展开研究;对现状展开调研;对学习力发展的整体策略和个别因素的提升策略开展深入系统研究;探索校本课程建设等。专家们的建议,不是短时间内、个体力量所能完成的,需要一定的时间和汇聚各方研究力量、理论与实践研究结合等。

其次,对校长的访谈问题设计为:"您在学校管理中,采用了哪些策略发展高中生的学习力?"分析校长们的访谈结果发现,校长们虽然自认为重视高中生学习力的提升,但是都没有系统性或计划性实践这些发展策略。校长们提及的发展策略有:发展学习力的潜在课程,如利用学校的橱窗展示学习习惯培养;学科教学中,对高中生开展随机指导;开展一些学习指导类的主题班会等。

最后,对教师的访谈问题设计为:"在您的日常教学与管理中,您关注高中生的学习力发展吗?您采取了哪些策略,如何指导或激发高中生的学习力发展的?"分析教师的访谈结果发现:第一,总体而言,教师们都认识到学习力对于高中生学习和终身学习的意义,也都认为自己对高中生学习力发展指导是关注的,但关注程度不一,有部分关注、关注但不成体系、较少关注、未有系统研究、实践中重视不够等表述。第二,教师们或多或少都已采用了发展策略指导高中生学习力发展,但很多策略却只是一般教学策略:比如有教师回答用了阅读教学和写作教学的一些策略。很多教师涉及个别谈话、主题班会等学习和高中生管理的策略。也有教师谈及发展学习力因素的一些策略。如有位教师的回答是:设定合理可实现的目标,激励高中生;多加赞赏肯定;让其传授其他高中生知识,帮助其学习深入;帮助高中生正确认识自身学科学习存在的弱点,如忽视数字,缺乏比较辨识能力等;让高中生发现自我优势,合理表扬,制定方案辅助实施。可见,总体而言,一线教师对学习力发展策略的认识比较浮泛、不深入。

(三) 课程需求现状调查结果分析

课程需求调查,是为了解"学习力发展指导"校本课程构建的现实必要性,与前文理论分析该课程的必要性相互验证;也是为了解高中生对该课程的学习目标、学习方式、学习内容、评价方式等方面的需求情况。

1. 问卷调查显示课程需求强烈

以问题"你觉得有必要开设专门的课程指导你认识和发展自己的学习力吗"调查课程需求,五级制的答题选项,对各地区的选择频次整理,如表 3–11 所示:

表 3–11　高中生"学习力发展指导"课程需求统计

地区 百分比 选项	地区或学校代码												
	1	2	3	4	5	6	7	8	9	10	11	12	13
A. 非常有必要	28.0	21.0	21.2	32.0	20.7	11.8	21.4	19.1	28.4	30.7	24.7	34.2	14.7
B. 有必要	30.9	52.4	46.2	33.1	49.6	46.4	55.4	24.8	38.6	44.6	40.5	26.3	47.1
C. 无所谓	26.2	19.0	20.2	20.4	15.7	20.9	14.3	25.8	22.9	13.8	25.8	26.3	26.5
D. 不太有必要	3.7	6.6	9.6	8.7	9.9	14.5	8.0	15.7	8.3	7.9	4.5	7.9	8.8
E. 没必要	11.2	1.0	2.8	5.8	4.1	6.4	0.9	14.6	1.8	3.0	4.5	5.3	2.9

注:上表中的地区数字代号对应如下:1 江苏省盐城市、2 安徽省巢湖市、3 吉林省四平市、4 广东省揭阳市、5 湖南省益阳市、6 山西省吕梁市、7 宁夏回族自治区中卫市、8 河南省濮阳市、9 贵州省兴义市、10 重庆市璧山区、11 北京市丰台区、12 上海市徐汇区 A 中学、13 上海市金山区 C 中学。

由上表可见,所有地区选择频次最高的都是"有必要"构建"学习力发展指导"课程,百分比最低为河南的 24.8%,最高是宁夏的 55.4%;除了山西、河南、河南和上海的"无所谓"百分比处于五级选项的第二位,其他地区百分比第二位都是"非常有必要"。"非常有必要"和"有必要"两项的百分比之和,所有地区相较于其他三个选项之和都是明显突出,排除"无所谓",比较于"不太有必要"和"没必要",优势更是明显。"非常有必要"和"有必要"两项的百分比之和,各地区由高到低及其具体百分比为:宁夏76.8%,重庆75.1%,安徽 73.4%,湖南 70.3%,吉林 67.4%,贵州 67%,北京 65.2%,广东 65.1%,上海 C 中学 61.8%,上海 A 中学 60.5%,江苏 58.9%,山西 58.2%,河南 43.9%。可见,所有地区,无论学习力现状相对好差,都对"学习力发展指导"需求强烈。当然,百分比之和仍然有 10% 到 30% 左右的高中生认为该课程"不太有必要"和"没必要",其中因素有教师访谈中涉及的学科学习压力大、时间紧迫、不了解该课程等原因。但是,就整体需求而言,课程很有开发的必要。

对开设该课程对高中生的效果调查,"很有效果"的选择频次处于 20% 到 50% 之间,"效果一般"处于 10% 到 30% 之间,两项选择百分比之和都高于 50%;也是明显高于对效果质疑的"不一定"和"无效果"和"肯定无效果"百分比之和。

2. 问卷调查反馈课程要素需求清晰

问卷调查对课程的学习目标、学习内容、学习方式和学习评价,也设计了具体问题,以了解高中生对该课程要素内容的具体需求。

（1）学习目标需求

对课程学习目标的高中生需求多选题,设计了五个选项,选择几个地区的调查结果,整理如表 3-12 所示：

表 3-12 高中生"学习力发展指导"课程的学习目标需求

地区 百分比 选项	上海 A 中学	上海 C 中学	安徽省	山西省	宁夏市	重庆市
A. 了解自己的学习力现状	30.3	24.6	21.1	23.4	24.8	23.2
B. 帮助提升学习成绩	26.3	38.6	36.3	32.6	33.9	35.1
C. 提升学习力,使自己更加会学习	39.5	28.1	33.2	32.6	36.8	33.6
D. 只是为了得到学分或者课程成绩	3.9	8.7	8.9	11.4	4.1	6.2
E. 其他	0	0	0.5	0	0.4	1.9

总体而言,A、B、C 三项选择频次不相上下,都处于 30% 左右。"了解自

己的学习力现状;帮助提升学习成绩;提升学习力,使自己更加会学习"三者,是高中生对"学习力发展指导"课程最主要的学习目标需求。高中生希望通过这门课,了解自我的学习力,进而通过改进学习力发展现状,提升成绩,更会学习。这样的目标需求倾向,显示高中生对该课程的目标需求较成熟、长远。而"为了得到学分或者课程成绩"的选择频次不高,处于10%左右,甚至更低。可见,高中生对这门课程的目标期待,超越了最简单的功利目的;也可能是因为我国很多高中学分制形同虚设。"其他"项的选择频次很低,即使选择了该项的同学,也并没有列举出具体的内容。可见,本调查研究对学习目标的设想,符合高中生对该课程的内在需求。

(2) 学习内容需求

问卷对"学习力发展指导"课程的学习内容需求了解,设计了六个选项,选择几个地区的调查结果,整理如表 3-13 所示:

表 3-13　高中生"学习力发展指导"课程学习内容需求

百分比 选项	上海 A 中学	上海 C 中学	广东省	贵州省	宁夏市	北京市
A. 了解学习力的相关内容	19.8	22.5	13.0	18.8	15.0	20.9
B. 了解自己的学习力情况	23.4	26.8	24.7	20.7	25.0	22.6
C. 掌握学习力发展的一般策略	19.8	15.5	22.9	23.2	21.9	20.9
D. 掌握发展自己学习力发展的策略	26.2	22.6	29.4	25.8	32.7	25.4
E. 了解同学的学习力状态	8.1	7.0	7.4	7.2	5.0	6.2
F. 无所谓	2.7	5.6	2.6	4.3	0.4	4.0

可见,各地区选择频次最高的是"掌握发展自己学习力发展的策略",其次是"了解自己的学习力情况"。也就是说,高中生对该课程的学习内容,最关注的首先是了解自己的学习力状况,找到适合自己的发展策略。因此,这门课不能像学科学习那样,有太多的知识体系或讲解,而是应以高中生自主学习为主。"掌握学习力发展的一般策略"和"了解学习力的相关内容",是选

择频次的第二梯队,说明高中生对该课程的一般性知识也有了解的需求。"了解同学的学习力状态"的选择频次是第三梯队,这与我国历来班集体意识强烈,高中生也常关注同学的学习情况相符合。选择"无所谓"的频次不高,且选择此项的被试,也没有列出具体的其他学习内容。上述选择的梯队结构,非常符合高中生及其学习力的实际情况;也说明本题关于学习内容的研究设计非常符合高中生的需求。

(3)学习方式需求

问卷对"学习力发展指导"课程的学习方式需求了解,设计了七个选项,选择几个地区的调查结果,整理如表3-14所示:

表3-14 高中生"学习力发展指导"课程学习方式需求

地区 百分比 选项	上海 A中学	上海 C中学	吉林省	山西省	贵州市	北京市
A. 融入具体学科课堂,教师结合学科教学内容指导学习力发展	25.3	18.2	22.6	18.7	27.3	29.0
B. 高中生为主,高中生在教师引导下了解自己的学习力,寻找针对性发展策略	22.0	28.8	22.6	23.6	23.3	24.5
C. 学习力发展指导系列讲座形式	16.5	16.7	15.9	14.3	10.3	11.6
D. 设计具体任务开展课内外学习,实现学习力发展	13.2	18.2	20.2	21.7	17.8	16.2
E. 独立课程形式,根据学生具体学习力情况寻找策略,不是知识性说教	14.3	13.6	17.3	13.8	15.4	17.4
F. 无所谓,随便学校或教师安排	8.7	4.5	1.0	7.9	1.6	1.3
G. 其他	0	0	0.4	0	4.3	0

整体而言,该课程的学习方式,选择频次第一的是"高中生为主,高中生在教师引导下了解自己的学习力,寻找针对性发展策略";第二是"融入具体学科课堂,教师结合学科教学内容指导学习力发展";第三是"设计具体任务开展课内外学习,实现学习力发展";第四是"独立课程形式,根据学生具体学习力情况寻找策略,不是知识性说教";第五是"学习力发展指导系列讲座形

式";第六是"无所谓,随便学校或教师安排";第七是"其他",此项选择频次很低,被试也没列出具体内容,可以忽略。可见,高中生突出要求学习力发展中的自主学习权利和适应个性化发展;而对高中生熟悉的学科学习,被试也都希望能关注到学习力发展,并且能联系课内外,促进学习力发展;对于独立课程形式,选择频次没有前几项高,与前文对课程的强烈需求不太对应。其原因,可能还是学生一直以来没有接受到系统的课程形式的学习力指导,缺少直观印象;对系列讲座学习方式的选择,因为讲座形式便于理解;无所谓的态度,与当前我国教育体制下高中生的课程权利意识不强相关。总之,选项的频次分布,可以看出高中生的学习力发展学习需求,需要在课程设计以及今后的教育教学中关注。开发校本课程,也应该考虑高中生的上述学习方式意向,尽量融入校本课程设计中。

(4) 学习评价需求

问卷对"学习力发展指导"课程的学习评价需求了解,设计了六个选项,选择几个地区的调查结果,整理如表 3-15 所示:

表 3-15 高中生"学习力发展指导"课程学习评价需求

地区 百分比 选项	上海 A 中学	上海 C 中学	安徽省	吉林省	河南市	北京市
A. 课堂表现	21.7	29.5	26.2	25.9	25.0	18.3
B. 课程相关的作业、作品	15.0	23.0	23.0	28.6	16.4	29.0
C. 课堂自我汇报	21.7	27.9	17.5	20.1	18.1	15.1
D. 学习力提升的证据,如测评或考试成绩提高	25.0	16.4	29.0	24.9	31.0	28.5
E. 随便教师安排	16.6	3.2	4.3	0.5	6.9	7.5
F. 其他	0	0	0	0	2.6	1.6

该课程的学习评价,选择频次第一梯队是"学习力提升的证据,如测评或考试成绩提高"和"课堂表现"。可见,高中生希望的学习评价,首先是关注学习力的显性发展。第二梯队是"课程相关的作业、作品"和"课堂自我汇报",可见高中生也重视形成性评价和自主评价。第三梯队是"随便教师安排",选择频次明显低于前几个选项,显示了高中生对学习力课程的独立想法,一定

程度上反映高中生课程意识的觉醒;最后"其他",被试没有列出具体建议,可忽略不计。

总之,上述各项课程设想调查,学习力水平较高的上海 A 中学与随机选择的其他地区的选择梯度没有明显差异。正式调查结果各方面与试测结果总体一致,选择也符合高中生学习力现状,从另一方面证明本研究对高中生课程内容的设想符合高中生现实情况。

3. 访谈反映的课程需求客观理性

关于课程需求,对课程专家、校长和教师的访谈设计,稍有区别。相同点是:都问及是否有必要开发"学习力发展指导"校本课程以及具体原因;不同点是:对课程专家和校长,还访谈了在学校的课程体系中,该课程如何安排比较合理?而对教师访谈了是否愿意参与该课程开发或实践。

(1) 课程专家都赞同该课程开发

课程专家都赞同该课程开发,认为是对我国课程体系空白的填补,对高中生的终身学习非常有意义。专家们认为校本课程是恰当的形式,有利于结合学校和高中生的差异需求,与实际情况联系更贴切。对于课程的目标、学习内容、学习方式和学习评价的一些建议,与问卷调查中高中生选择的趋势一致。总体而言,专家们赞成立足高中生发展,注重学生参与和实践,评价多元化等。专家们还指出要在研制、实践和修订的循环中,不断完善该课程建设。

(2) 绝大多数校长支持该课程开发

校长中,除了 1 位质疑课程的效果,认为需要谨慎对待该课程,其他校长们都认为以校本课程的形式探索该课程很有意义,也相信会对高中生的学习有积极意义。对课程的具体需求建议也是在问卷涉及的范围内,这里不再赘述。也有校长提出该课程的开发、实施等需要借助外在理论力量,指导学校和教师们开展研究和实践。校长们积极支持的原因之一,也与当前我国高中校本课程开发比较普遍相关。

(3) 绝大多数教师支持该课程开发

教师的访谈结果,分为支持和反对开设"学习力发展指导"课程两种情况:

第一,绝大多数教师认为有必要开设该课程,理由有:学习力对高中生自主发展非常重要;当前学校教育偏重于知识、技能培养而对学生能力培养偏弱;当前学习力发展指导,主要渗透在平时教育教学中,零散不集中,效果不明显;开发校本课程能使学习力的培养,有方法可循,收到事半功倍的效果;新高考改革不同科目学习以及应对未来学习,更需要学习力支撑等。他们也对该课程开发提出一些值得思考的建议,包括:探索高中学习力与初中、小学阶段的衔接;学习力培养应该形成体系,应开发从幼儿园到高中各阶段学生的学习力发展指导课程;学习方式可以是讲座式培训指导,也可以是优秀毕业生现身说法、榜样指导等;多元化的评价方式,为每个高中生建立成长档案;符合不同地域、不同校情、不同学情等。也有些建议,只是关乎学科教学或其他内容校本课程开发的,这里忽略。这部分教师都愿意参与课程开发与实践,认为只要有助于高中生发展,都愿意抱着学习的态度参加,尽力而为。

第二,有 7 位被访谈的教师认为没有必要开设该课程,理由是:课程可能偏理论化,对高中生来说,太枯燥晦涩;高中学习压力大、时间紧,有浪费时间的嫌疑;可能加重高中教师的负担;专业教师缺乏,教师的理论水平不够;高中生厌学等学习现状,不容许进行此类课程等。这部分教师反对"学习力发展指导"课程开设,是考虑到高中师资现状、高中生课程时间紧、学习压力等现实困难,有一定的合理性,也是该课程实践时应该关注的一些方面。但是,他们对待课程改革的态度是保守的,没有尝试和挑战的勇气。当前课程专家与一线教师合作开展校本课程研制和实践的模式,可以相互取长补短。还是应该以高中生发展的长远眼光,来看待该课程,而不是局限于应试视角看待高中教育。

五、调查结论

通过上文对我国高中生学习力、发展指导和"学习力发展指导"课程需求这三方面现状调查的详细分析,调查结论总结如下:

(一)高中生学习力水平中等,有待提升

调查量性描述了高中生学习力情况,总体水平中等左右。首先,学习动力、学习能力、学习习惯三个一级要素现状:学习习惯维度得分低于及格线;上海 A 中学的学习动力维度达到良好,重庆学习习惯维度得分处于及格线以下,其他都处于及格以上、良好以下的水平;全国差异不明显;学习力综合水平排前两位的是上海 A 中学和江苏;学习力综合水平排名最末的是重庆。其

次,二级要素的排名和具体得分是:① 学习兴趣(3.69);② 学习动机(3.63);③ 学习认知(3.6);④ 学习能倾(3.46)和内在处理(3.46);⑤ 时间管理(3.41);⑥ 学习态度(3.36);⑦ 学习技能(3.33);⑧ 过程运行(3.14)。只有学习兴趣、学习动机和学习认知三个二级要素达到了中等以上水平;学习态度、学习技能和过程运行维度的现状存在很大不足,需要在今后大力关注高中生学习过程运行维度的发展。每个二级维度,都有 6—9 个不等的省份得分达不到全国平均分。第三,上海的情况说明,相同省份或地区内部也存在明显差异,而班级内部、年级之间也可能存在明显差异。第四,访谈情况,质性描述了高中生学习力"不容乐观",存在很多不足,与调查的量性结果一致。通过访谈可以看出造成学习力现状的原因有很多,包括社会、学校、教师、家长和高中生个体等多个方面。总之,高中生的学习力有待大力提升。

(二) 学习力发展指导重视不够,有待加强

学习力发展指导的高中生问卷调查和课程专家、校长、教师的访谈,都显示高中生学习力有很多不足,而当前各方,包括学生自己,对学习力发展及其指导重视不够。教师对学习力缺少系统了解,没有系统指导的意识和策略;高中生自己也没有形成学习力自我发展的意识和策略系统。教育界各方都已认识到学习力的重要性,但是行之有效的、与实践紧密结合的发展策略,还有待课程专家等理论研究者、校长等教育领导者、教师等高中生学习引导者、高中生自身等多方面力量通力合作,共同探索和实践多种学习力发展策略。教育主管部门和学校,也应该积极为学习力发展改革提供支持。

(三) "学习力发展指导"课程需求强烈,有待研制

高中生调查问卷的量化数据,从高中生自身视角,毫无质疑地说明了该课程开设的强烈需求;课程内容的调查,显示了高中生对该课程的学习目标、学习内容、学习方式和学习评价方式的需求。课程专家、校长和教师的访谈结果,从外在于高中生的视角验证了课程需求。访谈中,虽然有基于现实困难的反对声音,但是绝大多数是积极支持该课程开设的,并提出了很多建议。所以,"学习力发展指导"课程的研制,是顺应课程改革需要和教育界各方需求的,填补我国课程体系中学习力发展指导课程的空白,也是对学习学校本课程的前驱性探索。

六、发展建议

针对上述高中生学习力发展指导现状,提出如下建议:

(一) 努力提升高中生学习力水平

高中生学习力是影响其高中学习和终身学习的重要素养,当前的学习力水平不理想,必须多因素促进高中生学习力提升。

首先,形成师生重视学习力发展的意识。要使教师和高中生理解学习力的重要性及其体系内容,使学校、教师、高中生都具有关注和促进学习力发展的意识。其次,了解高中生学习力现状。通过学习力测评、高中生的自我报告、学习叙事等形式,使教师了解班级群体和高中生个体学习力现状;也使高中生了解自己和同伴的学习力优势和不足,在学习中,才能扬长补短,使学习力得到提升。第三,开展学习力发展的策略系统研究。包括:学校课程改革要重视学习力,使之成为教育理念和培养高中生素养的目标之一;学校环境文化要创设学习力发展的氛围,如利用公告栏、板报等宣传学习力的知识和发展策略;教师要引导高中生了解学习力体系少而精的必要知识、一般策略,引导高中生找到和适用自我学习力发展的个性化策略。高中生的学习力提升,有外显和潜在的过程,需要时间和学习实践的历练。

(二) 教师为主指导高中生学习力发展

高中生学习力的现状是由社会、学校、家庭、教师和高中生多重原因造成的,其发展也应该是多种因素合力作用的结果。其中,教师、高中生是主要力量;学校是主要战场;课程指导是系统形式。无论哪种角度,教师都是其中的重要力量,高中生学习力发展,应该是以教师为主指导下的自主发展。首先,高中生学习时间基本是在教师的陪伴下,教师对高中生学习和学习力情况比较了解,便于指导。其次,学校只能提供学习力发展的氛围,具体的落实仍然需要教师的促动。第三,家长的指导能力不足,即使有所指导,也需要教师对家长的推动和指导。第四,高中生学习力的发展现状诊断、策略找寻、进步鼓励等都需要教师发挥作用。总之,教师是促进高中生学习力发展的最主要力量。

杜威认为:"教育即指导";"指导"是中性词,表明被指引的人主动被引导到一条连续的道路,而不是无目的地分散注意力;指导刺激、引起或挑起并指导着活动走向下一个目标;指导既是同时的,也是相继的;等等。① 学习力发展指导,主要是针对学习力体系的内容,依据校本课程设计的策略和学习活动,展开课堂学习,培养高中生学习力。学习过程中,教师开展随机自然指导、有计划的指导或指导小组活动。另外,指导形式还包括:"元学习"辅导谈话②,即:教师以学习力体系为指导框架,在课堂内外,就高中生的个性特点等个人情况、学习体验和学习成果等,开展"学会如何学习"的个体或团队对话。学习同伴之间也有显性或隐性的指导存在,因此,要有意识培养高中生学习自我指导和群体相互指导的能力等。为了更好地指导高中生学习力发展,教师责无旁贷,必须关注和研究高中生学习和学习力,思想上重视,并有意识地发展自己这方面的知识和能力,提升自我素养。

(三)研制高中生学习力发展指导校本课程

"课程是学校教育的核心。"③校本课程开发,是国家课程、地方课程的有益补充,促进高中生个性化发展、教师专业发展和学校特色形成。"学习力发展指导"校本课程构建,符合高中生学习力发展指导的理论和现实需求。

首先,本研究前文的文献综述,比较国内外情况,梳理了英国学习力发展指导课程建设情况,发现我国尚无该类课程,从理论论证的视角说明有必要建构高中生"学习力发展指导"。其次,本章的高中生问卷调查证明,我国各地区高中生学习力都还有很大的发展空间,有待课程形式的系统发展。问卷调查也显示高中生确实对该课程有强烈需求,对课程内容体系也有明确需求。课程专家、校长、教师的访谈,也佐证了问卷调查的一些情况,绝大部分被访谈者也积极支持该课程开发。第三,当前我国三级课程管理制度以及校本课程开发的理论与实践,也为学习力发展指导类校本课程开发,奠定了基础。

在知识、技能和态度这三个课程学习要素中,现在倡扬"态度高于技能、技能甚于知识(ASK)",而不是传统的"知识甚于技能、技能甚于态度

---

① [美]约翰·杜威.民主主义与教育[M].王承绪,译.北京:人民教育出版社,2001:30-32.
② 任凯,鲁思·迪肯·克瑞克.探索有效终身学习之指标:"学习能量"及其动态测评[J].教育学报,2011(06):88.
③ 施良方.课程理论:课程的基础、原理与问题[M].北京:教育科学出版社.1996:83.

(KSA)"。① ASK课程更适合学习型社会的需要。但是放眼我国的课程体系,很大程度仍然是 KSA 课程。学习力发展指导课程,强调学习者内在力量,本质理念上符合 ASK 课程模式。"为了满足未来一代代人的利益,迫切需要开展超学科教育,使得未来超学科研究成为可能。"②学习力发展指导,也毫无疑问具有跨学科的特性,同时具有促进各学科学习的意义。

综上,高中生问卷调查的定量分析与课程专家、校长、教师访谈的质性描述,总体结果倾向一致:我国高中生学习力水平还有很大提升空间,有待发展;当前高中生学习力发展指导受重视程度不够;对"学习力发展指导"课程需求强烈。现状调查,从现实层面说明了开展高中生学习力发展指导课程构建研究的必要性;与研究综述的理论分析相佐证;也验证了"绪论"部分对高中生学习力和课程需求现状的研究假设。调查还了解了高中生对课程开发的学习目标、学习内容、学习方式和评价方式等方面的实际需求,使校本课程开发更具有针对性。因此,本研究下文将聚焦于:如何构建作为高中生学习力发展指导系统方略的"学习力发展指导"校本课程?具体研究内容包括:构建高中生学习力体系,作为发展指导课程的内核;研究构建发展指导课程的思路和具体样例。

---

① 经济合作与发展组织编.理解脑:新的学习科学的诞生[M].北京:教育科学出版社,2006:17.
② Koizumi. H. A Practical Approach to Trans-Disciplinary Studies for the 21st Century-The Centennial of the Discovery of Radium by the Curies[J]. The Journal of Seizon and Life Science,1999(09):7.

第四章　高中生学习力发展指导课程内核：学习力体系

　　学习力是研究学习者学习的内在力量。学习是一门复杂的科学，"学习同时涉及神经生物学、生理学、生物化学、控制论、遗传心理学、社会心理学、社会学、人类行为学、族群学、认知科学、人工智能、教育学等学科"[①]。经典学习理论与学习力发展研究，有着千丝万缕的联系。如加涅的信息加工学习理论、苛勒的完形—顿悟说、布鲁纳的认知—结构学习理论、奥苏伯尔的有意义接受学习理论、班杜拉的社会学习理论、建构主义学习理论、人本主义学习理论等，都可以为学习力体系研究提供参考或借鉴。当代学习研究，如整体主义学习观，更凸显学习者的主体地位，强调学习者个体的主动构建等，在关注学习外在因素的同时，也关注学习者自身研究，对学习力体系研究也有重要的启发意义。本章立足本研究的学习力界定，构建高中生学习力发展指导课程的内核，即学习力体系；具体研究内容包括学习力体系构建的理论依据、现实依据和学习力体系构建。

一、构建学习力体系的理论依据

　　现有学习理论都主要突出强调某一(些)方面，不能全面解释学习力。学习力体系构建不能只以某一理论为根基，而是从众多学习理论研究中汲取适合的营养。

(一) 经典学习理论：逐渐发现学习者内在力量

　　学习理论是多领域研究视阈的融合，尤其与教育学和心理学紧密相关。简而言之，学习理论主要回答：学习的实质是什么？学习是如何发生的？学习受哪些因素影响等问题。对上述问题的不同回答，积淀成了不同的学习理

---

① [法]安德烈·焦尔当.学习的本质[M].杭零,译.上海:华东师范大学出版社,2015:7.

论流派。经典学习理论的发展脉络①,如图 4-1 所示:

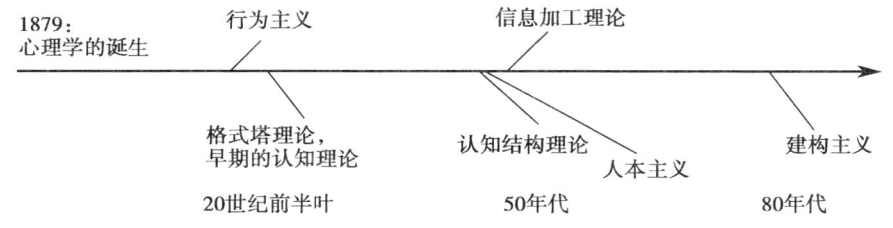

图 4-1 经典学习理论的发展脉络

最经典的学习理论是"三大主义"的发展:从行为主义到认知主义再到建构主义,这一历程也是发现学习者内在力量的过程。② 这三个学习理论流派对学习者的关注态度和研究内容,正是逐渐发现学习者的历程。

1. 行为主义学习理论关注动物学习行为

行为主义学习理论视野中的"学习"是个体对外部刺激的反应。桑代克(Edward Lee Thorndike,1874—1949)的"尝试—错误说",认为学习是在尝试错误的过程中建立的"刺激—反应"的联接;巴甫洛夫(Иван Петрович Павлов,1849—1936)的经典条件学习理论,认为学习是经典条件作用的结果;斯金纳(Burrhus Frederic Skinner,1904—1990)的操作条件学习理论,认为学习是对刺激情境中的自发性的学习反应不断强化的结果。行为主义学习理论研究的不足,主要有两点:一是,基于动物的简单学习,缺乏对人的高级学习活动研究;二是,只关注外显的学习行为,对学习者内心状态和互动研究不够重视。

2. 认知主义学习理论发现学习者主体

早期认知学习理论,仍然多以动物为对象。如苛勒(Wolfgang Kohler,1887—1967)的"顿悟说",否定试误说,认为学习是突然领悟的知觉的重新组织。苛勒关注到了动物学习的内在力量,但没有进一步研究出顿悟如何产生的。托尔曼(Edward Chace Tolman,1886—1959)的"认知—期待说",提出"刺激—反映"之间有"中介变量",即中介过程或心理过程。他主张学习包括外部、内部、身体、脑内等所有东西,主张研究有机体的整体行为。可见,托尔曼已经

---

① 张建伟,孙燕青.建构性学习:学习科学的整合性探索[M].上海教育出版社,2005:38.
② 关于三大经典学习理论对学习者的关注态度和研究内容,主要依据《学习心理学》(韦洪涛,艾振刚.学习心理学[M].南京:江苏人民出版社,2004:14-30.)、《学习心理学》(刘儒德.学习心理学[M].北京:高等教育出版社,2010:4-30.)等评述学习理论发展历程的文献,综合理解和分析得出。

将学习研究的视角扩大,认识到学习者的整体性,包括内部或心理力量。

现代认知学习理论研究人类学习,尤其是布鲁纳(Jerome Seymour Bruner,1915—2016)的研究关注学习者。布鲁纳认为学习是新知识的获得、转化和评价的过程,其中外在事物经过人类的知觉转化为内在心理事件的表征,分动作、形象、符号三个阶段。这三个认知阶段由具体到抽象,由简单到复杂,需要学习者的内部思维。因此,布鲁纳强调学习者主体性的"发现学习",包括探索学习的行为,也强调学习者的头脑、直觉、经验等智慧潜力。布鲁纳还提出学习动机论,主张要激发学习者的学习兴趣,调动内在学习动机,包括:好奇心、上进需要、自居作用(即憧憬理想人物)、伙伴间的相互作用。可见,布鲁纳的研究,使学习理论对学习者主体作用及其内部研究又向前迈进了一大步。

3. 建构主义学习理论强调学习者内在力量

布鲁纳也被认为是建构主义学习理论的早期代表之一,其研究已经考察到学习者内部了。建构主义是认知主义学习理论的发展,进一步倡扬学习者的主体性,认为学习者的内部力量是学习最重要的出发点和基础,发挥决定性作用。建构主义学习理论最早可追溯到皮亚杰(J. Piaget,1896—1980)的研究:学习是学习者的知识结构即图式的自主建构,是同化、顺应、平衡的动态过程。在皮亚杰理论基础上,斯腾伯格和卡茨等人则强调了个体的主动性在建构认知结构过程中的关键作用,并对认知过程中如何发挥个体的主动性作了认真的探索。总之,建构主义学习理论将学习者置于中心位置来研究学习,进而深入研究学习者学习的内部力量;认为知识只有经过主体基于原有知识结构或经验主动建构才有意义,学习者在学习中不断改造和重组自己的知识结构;学习的"情境"、与他人的"协作"和"会话"都是为了学习主体的"意义建构"服务的。

(二)整体主义学习观:在整体前提下关注学习者内部系统

整体主义学习理论追根溯源是 20 世纪 80 年代末的整体教育,以"培养整体的人"为教育目标,提倡"整体学习"和"全人活动"。整体教育认为:"学习"是发现自我的内部过程,同时也是在同他人的关系之中协作活动的过程;是自主的、自我控制的活动;是感撼、激励人类精神或是灵魂的活动。[1] 克努

---

[1] 钟启泉."整体教育"思潮的基本观点[J].全球教育展望,2001(09):17.

兹·伊列雷斯(Knud Illeris,2014)在其著作《我们如何学习：全视角学习理论》一书中"创造了一种整体性的理论"①，大力倡扬整体主义学习的观念，提出了自己的整体主义学习构建，并梳理了一些学习研究者的相关研究。笔者着重关注整体主义学习观在整体考察学习系统前提下，对学习者内部系统的研究。

1. 克努兹·伊列雷斯学习模型中的"动机"

克努兹·伊列雷斯绘制了"作为能力发展的学习"的三角图模型②，学习的内容、动机和互动分列三个角上，如图4-2所示：

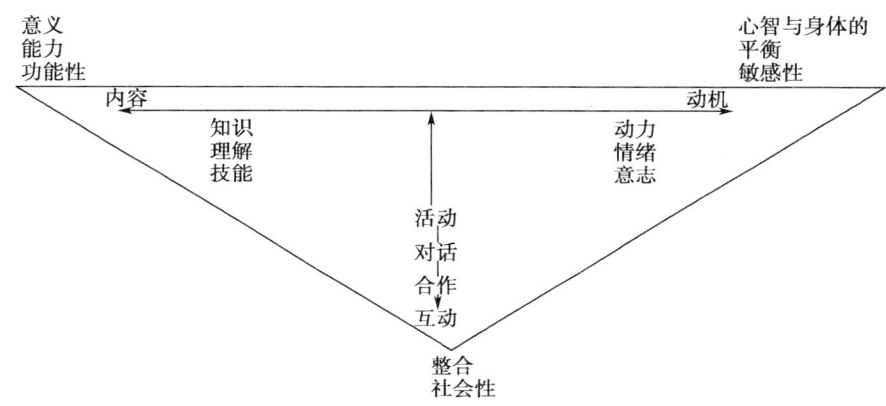

图4-2 克努兹·伊列雷斯"作为能力发展的学习"三角模型

内容维度，体现学习的意义、能力和功能性，其符号性词汇是知识、理解和技能，是关于学习什么；动机维度，体现学习者对自身和环境的敏感性，其符号性词汇是动力、情绪、意志，是为了维持学习者的心智与身体的平衡；互动维度是学习者在社会情境和共同体中的整合，其符号性词汇是活动、对话和合作，体现学习的社会性。

首先，克努兹·伊列雷斯将整个学习纳入能力发展的视野，学习具体的内容，只是能力发展的手段，从而赋予学习内容不同的意义，更切合终身学习的理念。其次，克努兹·伊列雷斯将学习动机作为学习三足鼎立的因素之一，给予学习动机高度重视，并分为动力、情绪、意志三个子因素，对学习力体

---

① ［丹］克努兹·伊列雷斯.我们如何学习：全视角学习理论[M].孙玫璐，译.北京：教育出版社，2014:英文版序.

② ［丹］克努兹·伊列雷斯.我们如何学习：全视角学习理论[M].孙玫璐，译.北京：教育出版社，2014:26-29.

系建构很有启发。在现实的高中生学习情况中,往往只强调内容维度,甚至将内容维度窄化为知识的记忆和技能的机械训练,而对动机和互动重视不够,使学习陷入应试化。

2. 彼得·贾维斯学习模型中的"整体的人"

克努兹·伊列雷斯认为彼得·贾维斯是"学习研究者中朝着整体性视角走得最近的一位"①。彼得·贾维斯(Peter Jarvis)1987年就提出趋向整体主义的学习模型,并于2005年修订形成存在主义学习理论结构图②,如图4-3所示:

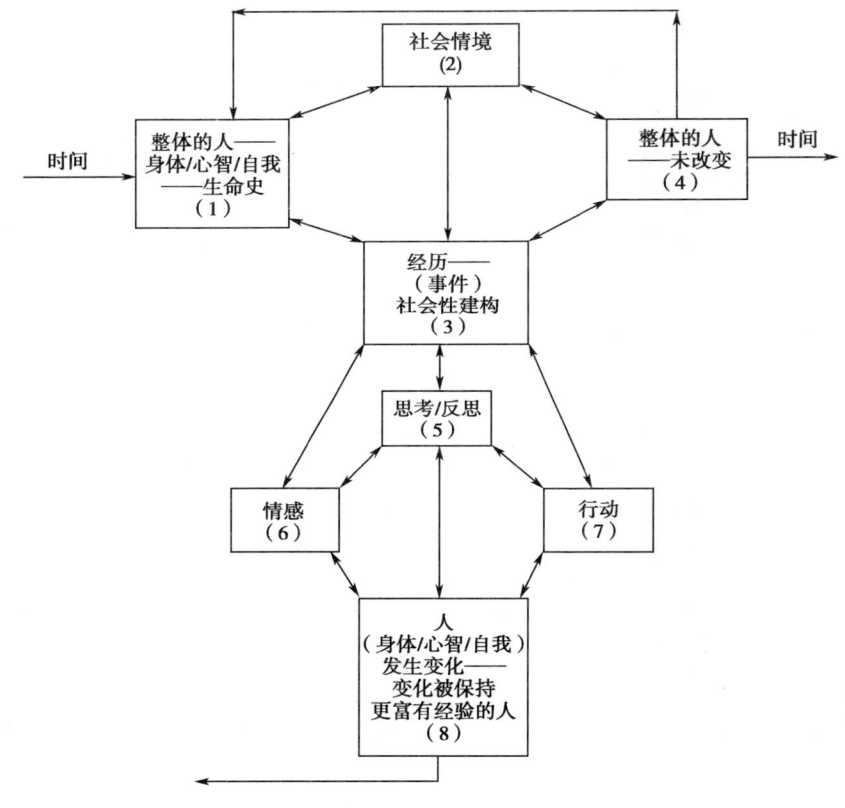

图4-3 彼得·贾维斯的学习理论结构图

彼得·贾维斯的学习结构模型,强调学习的内在过程的多种可能、路径

---

① [丹]克努兹·伊列雷斯.我们如何学习:全视角学习理论[M].孙玫璐,译.北京:教育出版社,2014:156.
② Peter Jarvis and Stella Parker. Human learning: A holistic approach[M]. London: Routledge, 2005.8.

和结果;呈现了学习的不同形式;强调情境、经历、反思、情感、行动等要素。"整体的人"包括身体、心智和自我三个方面的"生命史";明确人的发展就是"变化被保持"。"整体的人"视阈下的学习者内在系统包括:心智、自我、学习中内在的情感和反思、经验的增长和重组等内容。现实情况中很多高中生的学习,几乎只是纯粹为应试。教育界也对高中生的"身体/心智/自我"统整发展重视不够,尤其是学习者"自我"不受重视,对学生作为学习者的促进自我学习的研究和指导不多,使学生对学习这件天天忙碌的事情却了解不深入,因此往往使学习变得痛苦不堪。

3. 罗伯特·凯根学习图解中的"自我创造和转化着的心灵"

克努兹·伊列雷斯列举了哈佛大学教授罗伯特·凯根(Kegan,1994)的五步学习图解,反映了持续的贯穿整个生命历程的转换发展过程。其中,步骤四"自我创造着的心灵"和步骤五"自我转化着的心灵",是十几岁及成人的学习发展,高中生正处于这两个步骤和阶段。处于步骤四和步骤五的学习者的"潜在结构"①,如图4-4所示:

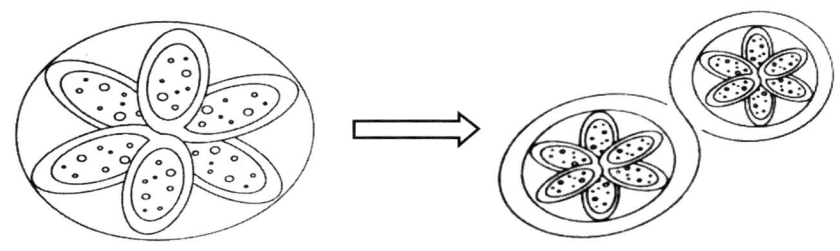

图4-4 罗伯特·凯根学习图解中的心灵潜在结构

拥有"自我创造着的心灵"的学习者,理性思维较成熟,具有一定的抽象思考能力,能控制抽象体系,如人际关系、内部状态、主体性、自我意识等;同时受如下因素控制:意识形态等抽象体系、关系规范等制度,自我规范、身份认同、自觉、个性等自我创造因素。这个阶段的心灵的潜在结构如图4-4的左侧,是多种类、跨种类的复合体,是一个体系。这个阶段的学习,尤其对高中生而言,应该增强其主体性和自我意识,促进学习的自我创造发展,使其内部结构更加联接和丰富。拥有"自我转化着的心灵"的学习者,是成人或更高级别学习者的内部状态,思维、心智、学习力等更强,能够自我创造、自我规

---

① [丹]克努兹·伊列雷斯.我们如何学习:全视角学习理论[M].孙玫璐,译.北京:教育出版社,2014:157-158.

范、自我塑造,受辩证意识、自我和他人的交互关系、自我转换等限制,形成跨体系、跨复合体的潜在结构,如图4-4的右侧。

"自我创造和转化着的心灵",反映符合高中生的年龄和心智水平状况的学习和追求。也可以认为步骤四是高中生培养的预定目标,而步骤五是高中生培养的远期目标或者终身发展目标。高中生学习应该努力达到步骤四,并争取向学习理想状态的步骤五迈进,这样才能胜任终身学习的需要。

整体主义学习理论以"整体论"为根基,将学习视作整体心灵的修炼,强调学习要素的多维互动。研究从不同程度、不同视角地关注到了学习者内部系统。

(三)学习维度理论:在主客体视角中关注学习者内在维度

学习维度理论,是美国著名的课程改革专家罗伯特·马扎诺(Robert J. Marzano)博士倡导。马扎诺将学习分为:态度与感受;获取与整合知识;扩展与精炼知识;有意义地运用知识;思维习惯等共五个维度。马扎诺的学习维度交互模型①,如图4-5所示:

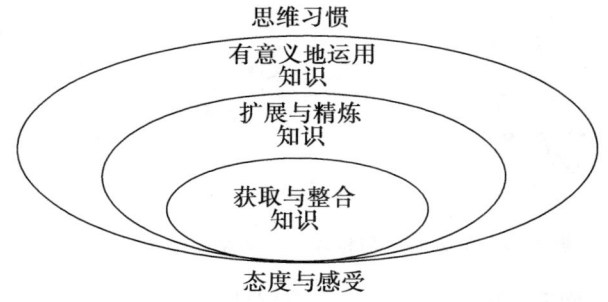

图4-5 马扎诺的学习维度交互模型

从模型图和学习维度的概括,可将五个维度分为三类:维度一"态度与感受",反映了学习所需的积极情感;维度二、三、四是知识的获取、内化和运用。维度五"思维习惯",表明了学习应具备的良好思维习惯,具体包括,批判性思维:准确精到、清晰明白、思想解放、抑制冲动、自由主见和移情理解;创造性思维:坚持不懈、竭尽全力、坚持已见和视野独特;调节性思维:自我监控、合理

---

① [美]罗伯特·J.马扎诺,[美]黛布拉·J.皮克林.培育智慧才能——学习的维度教师手册[M]盛群力,何晔,张慧,杭秀,译.福州:福建教育出版社,2015:7.

规划、调用资源、回应反馈和评估效能。① 可见,马扎诺关注学习者自身和知识的学习过程,可以认为是从学习的主客体两个视角来考察学习的。

相比较整体主义学习理论而言,马扎诺学习维度理论对学习的情境、历程等因素以及学习的多种可能性关注不够。值得借鉴的是重视学习者内在维度,并突出强调态度与感受、思维习惯两个维度;尤其对思维习惯维度的概括,对本研究有启发。

(四) 上述学习理论对学习力体系构建的启示

关于上述学习理论的论述,可简要概括为:经典学习理论发展历程,由关注学习行为到关注学习者,由关注学习者学习过程到关注学习者内部的学习开展,是发现学习者的过程;整体主义学习理论关注学习者内部系统;学习维度理论重视学习者内在维度。重视学习者及其内在力量的学习理论发展趋势,符合学习型社会、终身学习理念对学习者的要求。契合本研究认为学习力是学习者的内在力量,属于人的综合素质范畴,是人终身学习的底子。上述学习理论对学习力体系构建的启示有:

1. 应将学习者置于学习系统的中心

学习理论研究视角很多,学习者在各个学习理论中的位置也不一样。但是总体而言,学习者正从不被重视的历史向学习研究的中心位置靠近。如同彼得·贾维斯的学习结构模型,把"整体的人"的发展作为学习的出发点和归宿。学习型社会背景下,这样的认识已成共识:学习不仅是为了获得知识,而是为了通过少而精的知识学习,形成学习者的终身学习能力。围绕学习者发展这一中心,知识、资源、学习过程、学习策略、环境等都是辐射在周围,为学习者发展服务。当前,我国和世界各国关注的学生核心素养研究,正是以学习者的核心素养发展为中心,引导学生的学习方式、课程设计、教学实践、教育评价乃至教师的专业发展等。因此,学习者是学习系统的中心,学习者的内在学习力量——学习力尤其重要。

2. 应着眼于人的内在学习力量

现代认知主义、建构主义、整体主义等学习理论,都重视学习者内在系统研究。学习者的内在力量,是影响学习成效至关重要的因素,切合了终身学

---

① [美]罗伯特·J.马扎诺,[美]黛布拉·J.皮克林.培育智慧才能——学习的维度教师手册[M].盛群力,何晔,张慧,杭秀,译.福州:福建教育出版社,2015:6-7.

习理念对学习者的素质要求。学习力发展研究,是对学习综合素质的挖掘。学习力是学生学习的内在积淀。"只有学习者才能炼制出与自身相容的特有意义。换句话说,学习者不是单纯的学习'参与者',而是他所学东西的'创造者',别人永远不可能替代他去学。"①基于学习的内在力量,学生能应对未知的学习情境,能根据学习任务自主学习。所以学习力体系应该着眼于人的终身发展,从众多学习相关要素中,剔除学科知识学习技能,排除作为学习力发展手段的知识和媒介等,聚焦于学习者"学习"这件事本身及其需要的相对稳定的内在力量素养。

3. 应超越学科知识学习视野

学习理论研究基本都是超越学科视野的,将学习置于更广阔的视野下研究,这是非常合理的。首先,学科知识的获得只是学习的一小部分目的,只是学习发展的媒介和垫脚石;其次,信息社会的知识更新可谓"日新月异",学校的学科知识在人未来的发展中,很大一部分将很快被遗忘,学校教育能给予学生的是终身受用的学习力;最后,知识的整体性和学习实践的整体性以及从长远视角来看,学习都是超越被割裂的学科知识视野的。学习力发展研究也应该超越学科局限,站在人类学习一般意义上探索学习的内在力量因素,并构建学习力体系。

总之,上述学习理论中关于对学习者及其内部要素或系统的研究,为本研究的学习力体系构建提供了理论依据。

二、构建学习力体系的现实借鉴

首先,本书梳理了国内外"学会学习"和我国2003年版高中各科课程标准中学习素养的政策要求;其次,分析了高中综合素质评价对高中生学习评价的内容;再次,通过高中生学习的原点叙事,从学习者的学习反思中探析学习力要素;最后,概括现实借鉴对学习力体系构建的启示。

(一) 政策梳理:"学会学习"和学习素养要求

教育家叶圣陶说:"教是为了达到不需要教","达到不需要教,就是要

---

① [法]安德烈·焦尔当.学习的本质[M].杭零,译.上海:华东师范大学出版社,2015:8.

教学生自己学习的本领,让他们自己学习一辈子"。① 学生在校学习的最终目的就是要学会学习。"学会学习"的理念已得到世界认同,很多国家将之确立为学生核心素养的要求。有关政策文本中"学会学习"的内涵和我国高中课程相关文件中的学习素养要求,对探索学习力要素有现实借鉴意义。

1. "学会学习":重视学习者内在力量,遗漏学习习惯素养

"学会学习",是终身学习的精髓,已成为很多国家(地区)学生的核心素养之一。学习力是体现学习者学习的内在力量,包含在"学会学习"的要求中。因此,梳理和分析现有政策文本中的"学会学习"内涵,对学习力体系构建有借鉴意义。

(1) 国外学生"学会学习"核心素养内涵

欧盟是终身学习思想的发源地,引领世界"学会学习"方面的研究和实践。欧盟《终身学习关键能力:欧洲参考架构》提出公民终身学习的八项核心素养,包括"学会学习(learning to learn)",并阐述为:"'学会学习'是学习上的探求和坚持的能力,是个体和群体通过有效管理时间和信息来组织自我学习的能力。这种能力包括感知自己的学习过程和需求,识别可利用的机遇,克服障碍并成功学习的技能。这种能力意味着获得、处理和吸收新的知识与技能以及寻求和利用指导的能力。学会学习使学习者在家里、在工作中、在教育与培训中等各种语境下,能基于之前的学习和生活经验运用知识和技能。动机和自信对个体能力至关重要。"② 可以看出这个解释:强调学习者对自我学习的意义,包括情感和认知两个维度;强调技能的综合使用;强调在多种语境中学会学习。2008年欧盟将"学会学习"能力框架修订为三个维度:一是认知维度:识别命题,使用规则,检测规则和命题,使用心智工具;二是情感维度:学习动机、学习策略和面向变革的学习取向,学业上的自我概念和自我评价,学习环境;三是元认知维度:问题解决(元认知的)管理任务,元认知准确性,元认知信心。③ 修订后的"学会学习"框架更清晰,包括学习者的整体学习素质要求。总体而言,欧盟"学会学习"素养比较重视学习的内

---

① 叶圣陶.叶圣陶教育文集:第2卷[M].北京:人民教育出版社,1994:542-543.
② Bryony Hoskins and Ulf Fredriksson. learning to learn: what is it and can it be measured? [EB/OL].(2008)[2016-03-30]. http://publications.jrc.ec.europa.eu/repository/bitstream/JRC46532/learning%20to%20learn%20what%20is%20it%20and%20can%20it%20be%20measured%20final.pdf:17.
③ 鲍银霞.欧盟"学会学习"能力监测进展评介[J].上海教育科研,2014(03):16.

在力量,如:对学习的探求和坚持,学习的自我感知,学习经验的意义、动机和自信,使用心智工具,自我概念和评价等。

2013年2月,联合国教科文组织发布报告《走向终身学习——每位儿童应该学什么》提出七个维度的核心素养,之一是"学习方法与认知";美国"21世纪技能"的"学习技能"除强调评判性思维能力等能力外,还要求"自主学习能力(不断产生新的学习需求,寻找合适的资源,从一个领域的学习转移到另一个领域)";新加坡核心素养培养目的之一是"能主动学习的人"[①]等等。立陶宛将"学会学习"能力根据学习的过程,分为四要素:对待学习的态度和学习的意愿(为什么要学习),设定目标和计划活动(学习什么),组织与管理活动(如何学习),对学习活动和结果的反思及自我评价(对学习进展的反思)。[②] 这些要求,都充分体现世界各国对"学会学习"的高度重视,其中关乎学习者内在学习力量的表述和要求,都对本研究学习力体系构建有借鉴意义。

(2) 我国学生"学会学习"核心素养内涵

2016年9月,《中国学生发展核心素养》文件颁布,将我国学生核心素养划分为3大领域、6大核心素养、18个基本要点。"学会学习"是学生自主发展领域的核心素养之一。我国学生"学会学习"的核心素养内容[③],如表4-1所示:

表4-1 我国学生"学会学习"核心素养内容

基本内涵	学会学习	主要是学生在学习意识形成、学习方式方法选择、学习进程评估调控等方面的综合表现。具体包括乐学善学、勤于反思、信息意识等基本要点。
主要表现	乐学善学	重点是:能正确认识和理解学习的价值,具有积极的学习态度和浓厚的学习兴趣;能养成良好的学习习惯,掌握适合自身的学习方法;能自主学习,具有终身学习的意识和能力等。
	勤于反思	重点是:具有对自己的学习状态进行审视的意识和习惯,善于总结经验;能够根据不同情境和自身实际,选择或调整学习策略和方法等。
	信息意识	重点是:能自觉、有效地获取、评估、鉴别、使用信息;具有数字化生存能力,主动适应"互联网+"等社会信息化发展趋势;具有网络伦理道德与信息安全意识等。

---

① 左璜.基础教育课程改革的国际趋势:走向核心素养为本[J].课程·教材·教法,2016(02):40-42.

② 鲍银霞.欧盟"学会学习"能力监测进展评介[J].上海教育科研,2014(03):18.

③ 中国学生发展核心素养基本要点[N].中国教育报,2016-09-14(9).

表 4-1 强调的"学会学习"内容,除了"信息意识"外,其他要点可以从三个角度进行归纳、整理:(1) 学习的内在要素:态度、兴趣、习惯、学习意识、终身学习的能力等;(2) 学习的操作:学习方式方法选择、学习进程评估调控、自主学习、调整学习策略和方法等;(3) 学习的认知:学习意识形成,认识和理解学习的价值、反思、对自己的学习状态进行审视的意识和习惯,善于总结经验。其中"学习的内在要素"和"学习的认知"两类内容,跟学生的学习力相关。简而言之,"学会学习",强调学习者的自我学习主体意识,引导学生"乐学善学"、"勤于反思"等。

由上述中外"学会学习"的政策文本分析可见,学习者的诸多内在力量因素是"学会学习"必不可少的要求。但是当前的"学会学习"表述中的学习者内在力量,不重视学习者的学习习惯。虽然中国的"学会学习"一句带过"有良好的学习习惯",但并未点明需要哪些学习习惯;其他国家(地区)的表述都没有涉及学习者学习习惯素养要求。总之,上述"学会学习"政策梳理,对学习力体系的构建很有启发意义。"学会学习"与学习力的联系与区别体现在:"学会学习"是对知识社会学习本质追求的全面要求,而学习力是对学习者学会学习的内在力量要求,前者涵盖范围更广。学习力是"学会学习"内涵的一个方面,是"学会学习"的根基。

2. 2003 年版高中各科课程标准①:重视学习要求,轻视高中生学习素养

作为政策文本的 2003 年版高中各科课程标准是高中教与学的理念依据,其中也有关于高中生学习的要求。下文对该课程标准中的学习要求进行梳理,以期对学习力体系构建有借鉴意义。

梳理发现高中各科标准文件,"学习"都是出现一两百次的高频词,关于"学习"的编排或表述,评述如下:① 编排上,各科课程标准都没有独立板块言明"学习素养"共性或学科特定要求,分散在文本表述中,不够突出,也不利于师生对照;② 属性上,"学习"往往被作为动词使用,如《普通高中语文课程标准(实验)》指出:"学习认识自然、认识社会、认识自我、规划人生""主动学习"等;或者被当作定语,如学习方式、学习策略、学习条件、学习空间等;而不是把

---

① 中华人民共和国教育部.高中各科课程标准(实验)[EB\OL].(2003-03-31)[2016-03-15].http://www.moe.gov.cn/srcsite/A26/s8001/200303/t20030331_167349.html. 2017 年版高中各科课程标准,相较于 2003 年版,"学习"一词出现得不多,更少有关于"学习这件事"层面上的表述。如《普通高中语文课程标准(2017 年版)》中的"学习"表述,多是"学习语文"之意,少有"终身学习""学习习惯"等义。

"学习"作为名词,把高中生学习本身的发展也纳为要求;③ 层次上,没有高中生要达到的学习素养层次的明确要求,即使是《普通高中英语课程标准(实验)》对课程目标、语言技能、语言知识、情感态度、学习策略、文化意识都分 6—9 级表述,但是也都没有对学习素养要求对应分级的表述,只是笼统而谈;其实支撑各级发展差异之一,就是学生内在学习素养要求不同;④ 内容上,一是有些句子的语意虽关于学习的表述,却重点不突出,如《普通高中语文课程标准(实验)》:"必须顾及学生在原有基础、自我发展方向和学习需求等方面的差异,激发学生的兴趣和潜能,增强课程的选择性,为每一个学生创设更好的学习条件和更广阔的成长空间,促进学生特长和个性的发展";二是主要强调高中生的学习方式、方法、策略、计划等显性要求,如:积极倡导自主、合作、探究的学习方式等,但是对学习习惯、兴趣、态度等只是一带而过;三是对学生自我学习的认知和调控涉及较少,较合理的两处表述是:《普通高中语文课程标准(实验)》要求:"自觉调整学习心态和策略,探寻适合自己的学习方法和途径",《普通高中英语课程标准(实验)》要求:"高中学生应该形成适合自己学习特点的学习策略,并能根据自己的学习需要不断地调整学习策略"。

总之,作为最直接的可参考的政策文本的高中各科课程标准,对高中生学习素养的定位和表述,都还有很多不尽如人意之处。主要倾向是重视各科知识内容的学习要求,而对高中生学习素养本身的发展关注不够;对高中生学习的内在力量,也只是浮光掠影地涉及一些,如学习习惯、学习兴趣、学习心态、自我学习特点等。

4. 高中综合素质评价:体系混乱,学习素养要求浅表化

学习力是高中生综合素质的一个方面,理应纳入综合素质评价的范畴。已有综合素质评价中学习素养评价内容有哪些?对高中生学习的内在力量关注现状如何?本研究通过高中生综合素质评价方案的梳理,试图回答上述问题,以期为学习力体系构建提供借鉴。

(1)高中综合素质评价文件中的学习评价回顾

高中综合素质评价有两个关键性文件,其对学习评价的态度和处理方式差异很大。第一份文件是 2002 年《教育部关于积极推进中小学评价与考试制度改革的通知》①,提出六个"基础性发展目标",具体为:道

---

① 中华人民共和国教育部.教育部关于积极推进中小学评价与考试制度改革的通知[EB\OL].(2002-12-27)[2016-03-15]. http://www.moe.gov.cn/srcsite/A26/s7054/200212/t20021227_166074.html.

德品质、公民素养、学习能力、交流与合作能力、运动与健康、审美与表现。"学习能力"具体表述为:"有学习的愿望与兴趣,能运用各种学习方式来提高学习水平,有对自己的学习过程和学习结果进行反思的习惯;能够结合所学不同学科的知识,运用已有的经验和技能,独立分析并解决问题;具有初步的研究与创新能力。"可以看出,对"学习能力"考察内容定位还是很准确的,也比较重视学习者的内在学习力量。第二份文件是2014年颁布的高中综合素质评价指导性文件《教育部关于加强和改进普通高中学生综合素质评价的意见》[①],将学生综合素质评价内容分为:思想品德、学业水平、身心健康、艺术素养、社会实践五个方面。"学业水平"评价内容,主要关注的是学科学习能力和结果,不关注学生学习素养评价。此后很多个省市皆以此文件的五个板块修订综合素质评价方案,内容大同小异,也基本缺少学习素养评价。

高中生的学习素养,代表十余年学校学习生涯形成的学习素养最高水平,也代表未来公民的学习素养基础。因此,考察高中生的学习素养,包括内在学习力量,是综合素质评价应该纳入的内容。

(2) 2014年前的各省市综合素质评价方案中的学习评价

2014年教育部颁布统一的指导性文件之前的各省市综合素质评价方案,基本都依据2002年的文件精神,各省都有一些对高中学习素养的评价要点。笔者搜集并整理了24个省(直辖市)综合素质评价方案,将学习评价相关的要素及其出现频次进行了整理,如表4-2所示:

表4-2 高中各综合素质评价方案中的学习评价要素

学习评价要素	学习态度	学习方法	学业表现	学习能力	学业情感	学习兴趣	学习习惯	创新意识	探究意识	学习能力和创新能力	自学能力	学习动机	学习方法与效果	学习目的和求知欲	意志品质	合作学习能力	学习效果
频次	11	11	3	8	2	16	8	8	3	2	2	1	1	4	4	1	1	1

---

① 中华人民共和国教育部. 教育部关于加强和改进普通高中学生综合素质评价的意见[EB\OL]. (2014-12-10)[2016-03-17]. http://www.moe.cn/publicfiles/business/html-files/moe/s4559/201412/181667.html.

由表4-2中学习评价要素的文字表述和频次,可以看出,这些评价方案中涉及的学习评价,存在如下不足:一是,学习维度划分混乱,如"学习能力"和"学习态度"有并列关系,也有以"学习能力"包括"学习态度"的关系;二是,要素层级不清晰,将"学习态度与能力"作一级指标,再分学习态度、学习能力二级指标,没有意义,缺少上位概念;三是,要素归纳不合理,如"学业表现"、"学习效果"等是对学习结果的要求,而不是对学习素养的一般要求;四是,要素不全面:要素类别中最强调的是"学习兴趣"、"学习态度"、"学习方法"和"学习能力",没有学习者自我学习感知、学习经验等内容;五是,指标要求表浅化,未体现高中生的水平高度,表述以外在学习要求为主,对学习者内在力量关注不够。

大胆设想,高中生综合素质评价中的学习素养评价,可以包括:第一,学习者学习的内在力量,即本研究的学习力,包括表格中的学习态度、学习兴趣、学习动机、学习习惯、学习能力等内容;第二,学习活动开展的过程素养,如学习方法和策略调用、学习综合能力、合作学习能力等。上述两部分内容,合为"学习素养",可以设置在"学业水平"之前。学业水平,作为学习和学习力的发展结果来理解和评价。因此,本研究构建的学习力体系,可以为高中生综合素质评价中的"学习评价"提供参考。

(二) 原点考察:高中生学习叙事

也许回到高中生学习和学习力研究的原点——高中生自身,通过学习主体对自我学习的反思式叙事,能够隔离外界烦躁,了解他们学习的感悟和困境,安静而理性地考察高中生学习主要跟哪些要素相关。

1. 高中生学习叙事抽样

笔者抽样选取了发达城市上海市的百年高中名校(代称"A中学")高一学生218名;经济水平一般的江苏省盐城市教学水平一般的高中(代称"B中学")高二学生224名,作为两个层次的高中生群体代表,进行了一次高中生学习叙事写作。采用导语,引导高中生尽量超越学科,从个人学习发展史的视角,反思自己的学习历程,总结自己的学习动力、学习能力、学习习惯等方面的情况。以期能引导高中生整体反思自我学习及其影响因素,而不仅仅局限于学科视野。

(1) 上海市A中学高中生学习叙事

A中学224份学习叙事,总体反映该校高中生综合素质高,学习非常自信,富有活力,具体来说:能紧扣自我学习叙事,语言表述流畅;学习积极性高;对学习有深刻的认识;能从浓厚的学习氛围和同学的竞争中获得学习动力;学习兴趣广泛等。该校高中生在叙事中使用的反映学习力量的词或短语有:好胜心切、动力十足、有自信心;能自学;自我管理和时间管理非常重要;学习规划很重要;学习习惯、坚持、心态调整、学习兴趣、学习投入等。个别同学认为学习的不足之处:自我规划不够好、职业理想会变化等。

通过 A 校高中生的学习叙事和官方网站了解到,该校有"自我认知与人际交往"等特色课程;也是按高中生的优势学科编班,高中生大部分都参加过国家级竞赛;不少高中生参加学校与知名大学联合的双导师指导下的项目研究;常开设知名大学导师主讲的系列讲座;也注重高中生职业兴趣培养等。这样的教学资源是很多学校难以企及的。在这样的领先、优势和综合培养模式下,高中生的学习力已经有了长足的发展。

(2) 盐城市 B 中学高中生学习叙事

B 中学 218 名高中生的学习叙事,反映该校高中生学习的整体水平不高,语言表述能力欠缺。透过学习叙事的内容分析,该校高中生学习有三种状况:其一,大部分同学是消极学习的观点。他们的学习是非常困苦和不快乐的,甚至有同学直接写明:内心无比悲伤;有说不出的惆怅与悔意;道理都懂,就是学不好;学习没有意义等。表面最直观的原因,绝大部分是纠结学科考试不如意;并将影响自己学业成就的原因归纳为:态度不端正、学习不努力、方法不正确、没有制定学习计划、意志不坚定、没有奋斗目标、学习积极性不高、效率低、半途而废、少学习兴趣、不够持之以恒、学习没意义、缺少自觉性等。其二,一部分同学认为学习完全就是为了考试。他们对自己的学习有一些认识,只是都相当现实。有学习动机,如为了不辜负父母的期望;近期学习目标是成绩更上一层楼,远期学习目标是考上大学等。其三,很少一部分同学对自己的学习发展有清楚的认知。如有一位同学写道:小学有学习兴趣;初中意识到竞争压力下学习的意义,有要学习的意志;高中希望用自己的努力迎接人生的转折;能自我督促;有感兴趣科目;能按照良好习惯开展主动学习。

可以看出,B 中学代表了中国应试教育下成千上万所教学效果和学生素质一般的学校高中生学习的真实情况。整体而言,该校高中生的学习缺少内在积极的学习动机、学习能力、习惯;也缺少学习过程的指导和学习心理的疏导等。这样的情况当然不仅仅是高中才出现的,也不是说所有的人都要在高中取得学业成功或考上大学就是人生的成功。但是就眼前来说,这样的高中生活是苦不堪言的;长远来说,这样的状态,未来也很难再热爱学习、积极面对工作和生活中需要的学习。因此,实在有必要对他们进行学习指导和自我学习力量的发掘与培养。

这两所中学,是笔者根据自身资源的便利性,随机选取的,恰好代表了培养方式和高中生总体水平差异鲜明的学校的高中生素质水平。笔者以为,A中学高中生的总体水平是数一数二的,其教学资源、课程特色、项目学习、学科竞赛等,使学生素质包括学习力,有了综合性培养。B中学的学习力现状,已经表明很有开设学习力发展指导课程的必要了。两所学校高中生的学习力水平的定量分析和对"学习力发展指导"课程的需求情况如何?有待调查关注。

2. 高考状元学习叙事

在现行教育体制下,高考状元代表高中生在学业上取得了很大的成功。其中,这里有学校教育的功劳,很大程度上也是学习者自我学习能力的体现。高考状元的学习叙事,是对他们多年学习经验精华的提炼,对本研究关注的学习者学习力要素有启发意义。如下是高考状元学习经验自我叙事的题目:路漫漫其修远兮;做一个明白人;兴趣·习惯·效率;在学习中寻寻幸福感;让卓越成为一种习惯;修建自己的码头;良好的心态是成功的基石;描绘好我们的高中生活;方法和坚持;体会学习的乐趣;合理的规划其实很重要;痛并快乐着;厚积薄发,追求卓越;感恩·心态·积累;踏实每一天,快乐每一天;主动适应,主动进取等等。① 从这些题目可以看出,高中学习取得成功的一些关键因素,包括:目标、兴趣、习惯、效率、兴趣、习惯、快乐、心态、方法、坚持、规划、积累、适应、坚韧、进取等。基本都是反映学习者学习的内在力量的。

从学习叙事的原点考察可见,作为高中生学习内在力量的学习力,对高中生学习影响重大。学习力强,就能寻找学习资源,发展各方面学习能力;反之,学习就是痛苦的。高中生和高考状元的学习反思式叙事充分表明,学习者内在力量是高中生学习成功最关键的综合因素。可是,"学会学习"政策、高中各科课程标准和综合素质评价,都对高中生学习内在力量有所涉及,但都不够全面,缺少系统性,体系划分混乱。因此,非常有必要开展高中生学习力体系构建研究。

---

① 卫刚. 学会学习 给高中生的建议[M]. 上海:东南大学出版社,2010:123-174.

(三) 上述现实借鉴对学习力体系构建的启示

上述现实,简而言之,从正反两个方面说明,高中生学习的内在力量非常重要,应该对其体系展开详细研究,并积极探索指导策略。具体启示如下:

1. 分清学习的内在力量素养与外在操作系统

"绪论"中论及日本的学力研究,其内容类似核心素养体系。根据钟启泉教授对日本的学力研究演进的研究,日本用冰山隐喻和树木隐喻,分清学力的显性和隐性的内容,其隐性的内容主要是指学习的过程与方法维度的一部分以及情感态度价值观的内容等。[①] 受此启发,本研究也借用冰山隐喻学生的学习素养结构,一是,冰山水平线下的学习素养,是学生学习的根基;二是,说明当前学界对学生学习素养研究,主要关注的是冰山外露的部分,而对内隐的学习素养内容研究不够。学习力,是处于冰山之下的学习素养范畴或者位置,是影响学习状况的最主要因素。这样的认识有利于廓清学习力体系和当前学习相关的诸多要素范畴,重视学习的内在力量素养。

按照"过程—结果"模式简单化描述学生的学习:出于某一学习动机,以某种学习态度,调用内在学习能力,选择一些学习策略(方法),展开具体的学习行为(表现),得到一定的学习结果。其中,学习动机、态度、能力等是看不见的,是学习的内隐要素,属于学习力系统;学习策略(方法)、学习行为(表现)和学习结果往往是看得见的,属于学习的外在操作系统。

2. 关注高中生学习的内在力量体系研究

根据埃里克森(E. H. Erikson,1902—1994)的人格发展理论,12—18 岁的发展任务是培养自我同一性。"自我同一性指个体组织自己的动机、能力、信仰及其活动经验而形成的有关自我的一致性的形象。"[②]高中生面临高考的巨大学习压力,在外在环境压力、父母和学校期望以及自我的追求之间,往往表现出同一性的成功、拒斥或延迟。为了达到高中生自我同一性的成功,为了高中生学业和人格诸方面的发展,调用高中生的内在学习力量至关重要。

本研究将核心概念"学习力"界定为"学习的内在力量"。上述学习理论和现实借鉴中涉及诸多学习内在力量因素,有必要开展深入研究构建科学、

---

① 钟启泉.日本"学力"概念的演进[J].教育发展研究,2014(08):23-24.
② 皮连生.学与教的心理学[M].上海:华东师范大学出版社,2003:48-49.

合理的学习力体系,使学生能进一步了解和发展自己的学习内在力量,便于教师了解、激励、指导学生学习内在力量的发展。因此,构建高中生的内在力量体系研究非常必要。

3. 重视指导高中生学习的内在力量发展

目前对高中生学习的关注,很多研究者、学校和师生,主要还是关注学科学习及其具体能力;而对冰山之下的学习的内在力量关注不够,发展指导也不重视,也没有这方面的指导课程,这与学习内在力量非常重要形成反差。高中生的学习内在力量现状,多数都有发展指导和提升的迫切需要,很少有学校高中生群体的学习内在力量达到上海 A 中学的状况。所以,无论从理论视角,还是高中生学习发展的实际情况,都需要重视高中生学习内在力量的指导研究。高中生学习内在力量发展指导研究的主要任务,包括:以什么样的方式更合适?借助什么样的框架更合理?最后呈现出的指导系统如何?本研究在绪论中已经论述了这些问题,以构建专门的发展指导课程是最合适的系统指导方式;基于理论和现状构建的高中生学习力体系是合理的发展指导框架;最终呈现的课程样例是具体的指导系统。又因为高中生已经具有丰富的学习经验、思维基础、学习综合能力等,所以,对高中生学习内在力量的指导,应以高中生自主发展为前提进行。

综上,现今教育界对于学习者学习的内在力量,学习理论本身、学习素养的相关政策、高中生学习素养的现实情况等,都缺少对学习内在力量体系的研究。因此,立足"学习的内在力量",依据稳定性、内在性、综合性等原则,构建高中生学习力体系是当务之急。

三、学习力体系构建

在学习型社会,人能成功地学习,或者借助学习获得工作、生活上的成功,都是在漫长的学习旅程中,整合诸多学习相关因素,并与学习情境良好互动的结果。套用一句流行语:"学习永远在路上。"学习力,是学习旅程的源动力,是支持和推动学习,直接影响个体学习效率的学习的内在力量。这一内涵是对"学习力"已有诸多内涵研究的超越和扬弃,但"超越、扬弃不是绝对否定和抛弃,而是经过它又超越它"[1]。因此,本书将借鉴已有研究,构建高中

---

[1] 张世英.新哲学讲演录[M].桂林:广西师范大学出版社,2004:9.

生学习力体系;然后通过专家咨询论证、修改、完善该体系;最后借助我国台湾地区核心素养滚轮模型,来说明学习力要素间的关系。

(一) 学习力要素解析

本研究的学习力要素表述,基本是学习研究领域为人熟知的短语。不同在于,其他情境使用往往是广泛意义的,跟学习活动、过程以及结果都相关,是动宾结构短语。如学习习惯,指学习某些具体习惯;学习能力,指学习某些内容的具体能力。而本研究往往是狭义的,仅指"学习"这件事而言,强调如何学习,重视学习者自我感知的视角。因此,学习习惯指关于学习这件事的习惯;学习能力指关于学习的能力。这里的"学习"是定语,习惯和能力是中心语,是偏正结构。简而言之,本研究学习力要素的内涵,都是在"学习力"这一概念伞下的语意。

1. 一级要素解析

本研究将"学习动力→学习能力→学习习惯"看作高中生学习力发展的"素质链"。学习动力,是学习发生、发展的前提要素,指向"愿学";学习能力,是直接影响学习效率的关键要素,指向"能学";学习习惯,是将"愿学"和"能学"化为实际学习的惯性力量,是学习效率的保障要素,指向"实学"。

(1) 学习动力:愿学

学习是需要全身心投入的"辛苦的事",学习动力是使学习启动和保持的力量,是学习的个人意义所在,体现"愿学"。因此,学习动力是学习力体系的第一个维度。如果找不到学习的动力,学习则是无意义和苦不堪言的。这正是当前很多高中生对学习厌倦的原因。因此,成功的教育(学习)就是引导学生"愿学",对学习保有积极的情感,从而感受得到学习之"乐",吃得了学习之"苦"。

已有的一些学习力要素研究也重视学习动力,但是存在不当之处,如将学习动力分为学习目标、学习动机和学习兴趣。[①] 将学习目标归为学习动力素质是不合适的,因为目标是外在的、短暂的和易变的,且往往是依附于学习内容而言的。还有研究者将学习动力与学习毅力并列,认为学习动力包括"学习需要、学习目标、学习兴趣、自信心、情绪情感、外在压力等要素",学习

---

① 叶瑞祥,鲁澄南,徐志生,柯炳嘉.论学习力:学生学习力理论与实践研究[M].哈尔滨:哈尔滨工程大学出版社,2011:4-5.

毅力包括"自主学习、克服困难、集中精神、排除干扰、坚持学习的能力"等①，该研究对学习动力的要素划分繁杂。

本研究将"学习动力"确立为学习力体系的第一个一级指标，致力于探寻学习者相对稳定的内在学习动力源泉。

（2）学习能力：能学

学习是复杂的心智活动，学习能力直接影响学习效率，体现"能学"。这里的"学习能力"是指"能够学习的力量"。"学习能力"几乎是所有学习研究都强调和重视的内容，也是很多学习力体系研究最看重的维度。学习能力种类有多种划分，如分为：智力（观察力、记忆力、思维力、想象力）、创造力、操作能力、适应能力、审美能力、表达能力、注意力等②；认识能力、操作能力、社会交往能力③；观察、记忆、自学、创造等能力④；基本学习能力、运用现代信息技术能力、分科学习能力⑤；学习的策略、方法和技能⑥；等等。

上述分类，基于各位作者对学习力概念的不同界定，也许都有一定合理性；但是从本研究"学习力是学习的内在力量"这一概念界定视角来看，上述研究有个共性的缺点，就是将学习能力的外在操作技能、学习策略、内在能力素质等混在一起。本研究正是努力划清这些学习研究的范畴，并且致力于学习的内在能力要素研究。只有具备了较强的内在学习能力，才能更好地把握外在学习技能、方法和策略等。

本研究立足学习的内在力量，将"学习能力"确立为学习力体系的第二个一级指标，致力于探索学习的内在能力素质。

（3）学习习惯：实学

学习习惯，是实际学习的惯性力量，是学习效率的保障要素，指向"实学"。"学习"的词源学本意正是幼鸟学习飞行，直到将飞行变成潜意识行为，即学会了或习惯养成了。杜威（Dewey，1859—1952）将"习惯"置于变化和生长的视野下考虑，赋予习惯明确的积极意义。他认为："教育即生长"；"习惯是生长的表现"；"习惯的重要性并不止于习惯的执行和动作的方面，习惯还

---

① 田玲.中小学生学习力结构及其发展特点[D].沈阳：沈阳师范大学，2012：41.
② 张爱华.学生的学习活动[M].石家庄：河北教育出版社，2001：45.
③ 张爱华.学生的学习活动[M].石家庄：河北教育出版社，2001：53.
④ 程凯，王非.普通中学学习概论[M].河南大学出版社，1993：189-207.
⑤ 叶瑞祥，鲁澄南，徐志生，柯炳嘉.论学习力：学生学习力理论与实践研究[M].哈尔滨：哈尔滨工程大学出版社，2011：4-5.
⑥ 田玲.中小学生学习力结构及其发展特点[D].沈阳：沈阳师范大学，2012：41.

指培养理智的和情感的倾向,以及增加动作的轻松、经济和效率"①;"习惯有两种形式,一是习以为常的形式,就是有机体的活动和环境取得全面的、持久的平衡;另一种形式是主动地调整自己的活动,借以应付新的情况的能力。一种习惯提供生长的背景;后一种习惯构成继续不断的生长"②。杜威对"习惯"的深入理解,超越了人们对习惯的一般认知,如《教育大辞典》解释"学习习惯"是:"在学习过程中形成和巩固,并转化为需要的自动化学习方式"③,主要指杜威的第一种习惯。本研究关于如何学习的"习惯",尤其强调后一种,强调不断调整和动态维持的习惯。

习惯对人的成长和学习影响重大,历来受到重视。叶圣陶曾撰文《习惯成自然》,强调"教育就是养成习惯"④。《学习的力量》一书提出"习惯学"⑤。学习习惯犹如人存储在思维中的资本,好的学习习惯时常可以提取利息,坏的学习习惯时常必须还债。因此,终身学习时代个人生存的核心技能之一就是"珍视学习习惯"⑥。笔者目力所及的学习力发展研究资料中,只有英国的BLP项目将"学习习惯"纳入学习力视野,强调"开启学习行为+建立学习习惯=强有力的学习品质"⑦;"学习力地图"将学生学习习惯的培养,作为学习力发展的最高水平:"学生培养学习习惯,加强学习连贯性,培养终身独立和自信的学习者"⑧围绕每一种关键学习行为开发了学习习惯图解卡片,卡片的具体信息包括:良好习惯的特征,有用的初始课程和教室活动,教师开发每一个习惯,有益的教室氛围特征,每个习惯发展的基础。⑨ BLP项目的学习习惯研究值得思考和借鉴。

本研究立足学习的内在力量,针对高中学段和高中生的能力特点,将学习力一级指标的第三个维度确定为"学习习惯"。但不是研究外在的学习习

---

① [美]约翰·杜威.民主主义与教育[M].王承绪,译.北京:人民教育出版社,2001:52-56.
② [美]约翰·杜威.民主主义与教育[M].王承绪,译.北京:人民教育出版社,2001:61.
③ 顾明远.教育大辞典[Z].上海:上海教育出版社,1998:1820.
④ 叶圣陶.叶圣陶教育文集[M].郑州:河南教育出版社,1989:193.
⑤ 刘邦辉.学习的力量[M].北京:北京理工大学出版社,2012.
⑥ [英]诺曼·朗沃斯.终身学习在行动——21世纪的教育变革[M].沈若慧,汤杰琴,鲁毓婷,译.北京:中国人民大学出版社.2006:84.
⑦ The Learning Power Equation[EB\OL].[2016-07-01]. http://www.buildinglearning-power.com/#row2.
⑧ The Learning Journey Map[EB/OL].[2015-12-25]. http://www.buildinglearningpower.com/learning-journey/.
⑨ https://www.buildinglearningpower.com/shop/online-learning/learning-habits-at-a-glance-cards/.

惯规范,而是研究个体思维深处相对稳定的实际学习的惯性力量。

总之,在学习从未如此必要和学习资源从未如此海量的学习型社会,学习者的学习力比学习的外在技能和具体学习活动的开展能力更重要。学习力是人终身学习的出发点、根基和核心。

2. 二级指标及观测点解析

二级指标及其观测点确定,也是遵循学习者内在力量思路展开探寻分析。

(1) 学习动力维度

学习动力的二级指标分为:学习兴趣、学习态度和学习毅力。其内在逻辑是:对学习感兴趣,才能有积极的态度和坚持的毅力,学习才有积极循环的动力。

① 学习兴趣

兴趣对学生学习进而对学习力的影响很大。杜威1913年的《教育中的兴趣和努力》是最早研究兴趣的著作。杜威认为:"所谓兴趣和关心,是指自我和世界在一个向前发展的情境中是彼此交织在一起的"[①];"没有兴趣,就是思考也会是草率的和肤浅的"[②]。杜威之后的行为主义者认为兴趣无法观察而摒弃对其研究;20世纪80年代,认知心理学发展,兴趣研究逐渐受到关注。当前随着建构主义、整体主义等学习理论,对学习者主体地位的凸显,学习兴趣更加受到重视。兴趣"是个体在活动中形成的力求探究某种事物或者对象的积极心理状态"[③],它使学习者投入到学习情境中,期待学习结果,也在学习中发现自我。"学习兴趣是个人对学习活动的一种积极的认识倾向和情绪状态"[④],"是一种能使人沉醉并废寝忘食的认识倾向,是一种能引导人发掘自身潜力的认识倾向,是一种能使人超越自身能力极限的认识倾向"[⑤]。苏霍姆林斯基描述学习兴趣是:"学生带着一种高涨的、激动的情绪从事学习和思考,对面前展示的真理感到惊奇甚至震惊;学生在学习中意识和感觉到自己的智慧力量,体验到创造的欢乐,为人的智慧和意志的伟大而感到骄

---

① [美]约翰·杜威. 民主主义与教育[M]. 王承绪,译. 北京:人民教育出版社,2001:138-139.
② [美]约翰·杜威. 民主主义与教育[M]. 王承绪,译. 北京:人民教育出版社,2001:142.
③ 王振宏. 学习动机的认知理论与应用[M]. 北京:中国社会科学出版社,2009:134.
④ 顾明远. 教育大词典[Z]. 上海:上海教育出版社,1998:1820.
⑤ 郑扬眉. 再造一个你——个性心理探幽[M]. 济南:山东人民出版社,1987:249.

傲。"①《国家中长期教育改革和发展规划纲要(2010—2020年)》也强调:"注重品行培养,激发学习兴趣,培育健康体魄,养成良好习惯。"②

兴趣,可分为情境兴趣和个人兴趣。情境兴趣是基于文本、任务或知识形成的,具有情境性和不稳定性;个人兴趣与情感和价值相关,具有潜在性、稳定性或实现性。③ 兴趣具有先天因素,但是后天培养更重要。这也正是学校教育强调学习兴趣的意义所在,要利用学生学习中的情境兴趣,促进个人兴趣的产生和保持。由情境兴趣向个人兴趣发展经历四个阶段:触发的情境兴趣—维持的情境兴趣—形成的个人兴趣—完善的个人兴趣④。

因此,本研究将学习力范畴的"学习兴趣"观测点描述为:对学习产生积极的认识和探究倾向;对学习有基于文本、任务或知识的情境兴趣;因学习喜好或优势所在产生稳定的个人兴趣。

② 学习态度

"态度"是"在一定情境下,个体对人、物或事件,以特定方式进行反应的一种心理倾向。由认知成分(对态度对象的信念或真实知识)、情感成分(对人、对事的情绪反应)和行为成分(对客观的外显行为)构成"。⑤ 这种态度的"三成分说",又被称为态度的 ABC 模式:情感(affection)、行为(behavior)、认知(cognition),在我国得到普遍认同。⑥ 就本研究的"学习态度"而言,其认知和情感成分属于学习力的范畴,而具体的行为成分属于学习态度的外显层次,不属于学习力范畴。

态度具有价值表现、调节、过滤等功能。⑦ 学习态度,能折射学生对学习的价值判断,能调节学生的学习行为,能影响学生对学习信息的过滤和选择。因此,学生在学习过程中要关注自己的学习态度,根据学习任务或者情境调整学习态度,保持积极学习态度并对学习发挥积极作用。

---

① [苏]B. A. 苏霍姆林斯基. 给教师的建议(全一册)[M]. 杜殿坤,译. 北京:教育科学出版社,1984:56.
② 中华人民共和国教育部. 国家中长期教育改革和发展规划纲要(2010—2020年)[EB/OL]. (2010-07-29)[2015-12-30]. http://www.moe.cn/srcsite/A01/s7048/201007/t20100729_171904.html.
③ Gregory Schraw,Stephen Lehman. Situational interest:A review of the literature and directions for future research[J]. Educational Psychology Review,2001(01):23-52.
④ 王振宏. 学习动机的认知理论与应用[M]. 北京:中国社会科学出版社,2009:143-144.
⑤ 顾明远. 教育大词典[Z]. 上海:上海教育出版社,1998:1513.
⑥ 皮连生. 学与教的心理学[M]. 上海:华东师范大学出版社,2003:187.
⑦ 皮连生. 学与教的心理学[M]. 上海:华东师范大学出版社,2003:188.

因此,本研究将学习力范畴的"学习态度"观测点描述为:为积极目的而努力学习;能用积极学习情感激励自我;能保持学习自信心。

③ 学习毅力

毅力,也叫意志力,是中外教育思想都强调的品质。学习毅力是学习成功与否的重要因素。正如荀子在《荀子·劝学》所言:"锲而舍之,朽木不折;锲而不舍,金石可镂。"学习毅力,是坚持学习的力量,是学习的心理忍耐力,与兴趣和态度相关并相辅相成。有研究者认为影响学习毅力的主要因素是:个体对学习目的的认识,对学习过程的了解,对学习策略的作用的掌握程度;个体的性格、体质和生理发展水平等。① 这样的分析和当前的很多学习研究一样,忽视了作为学习主体的内在力量。

养成学习毅力的素养,首先,要能自我约束,排除干扰,包括来自外在和内心的干扰。学习必须是发自内心的兴趣和需要,才能运用积极学习的目标,集中注意力,养成专心的素质;其次,学习是对自我的不断超越,所以难免遇到挫折,需要调整自我、坚持学习;最后,学习需要全身心的投入,一个专注学习的人,往往要抗拒外在的干扰、自己的不坚定和各种诱惑,需要有吃苦的精神。

因此,本研究将学习力范畴的"学习毅力"观测点描述为:能排除学习环境干扰;能经受挫折而坚持学习;有学习吃苦精神。

(2) 学习能力维度

学习能力维度的二级指标分为:学习认知、学习技能、学习性向。其逻辑是:对学习这件事,有总体认识和自我学习认知等;具备学习的主要智力技能;能了解和利用自我的学习性向,就具备了良好的内在学习能力。

① 学习认知

在应试教育背景下,高中生学习的主要目的就是掌握"双基",通过考试,升入大学。教育研究者、管理者和师生,都很少关注学习者的学习内在力量。传统的学校把知识的获取放在优先地位,僵化的教学计划和经验主义的教学方法,使大多数学生远离了"学习",学校让很多人失去兴趣,学校体系混淆了"知道"和"学习"。② 新课程改革后,凸显学习主体的地位和功能,由关注"教"转向关注"学",强调学习方式的转变。但对高中生学习本身的认识,教

---

① 袁祖社,高长梅.学习能力培养全书[M].北京:中国物资出版社.1999:210.
② [法]安德烈·焦尔当.学习的本质[M].杭零,译.上海:华东师范大学出版社,2015:52-53.

育界和学生自我关注都不够。

对承受高考压力和面临人生路向抉择的高中生而言,对学习本身和自我作为学习主体的深刻理解,是非常必要的。"意识到自己的发展变化,是引发学习者动力最可靠、最有效的方法。"①学习者必须感受自身能力的积极变化,不断感悟和反思自己的学习。"学习中一个日益显露紧迫性的内容领域是,学习关于我们自身、认识自己、理解自己的反应、倾向、偏好、优势和弱势,等等,作为一种作出有意义决定的先决条件,而且由此在某种程度上,参与到管理自己的生活历程中。"②笔者很赞同重视学习者自我学习认知的观点。

因此,本研究将学习力范畴的"学习认知"观测点描述为:对学习现象有深刻了解;对学习性质、特点、规律、类型等有基本认知;对自我学习经验有明确感悟。

② 学习技能

在强调"双基"的年代,基础知识和基本技能是学校学习的主要目的,且主要局限于学科视野,强调行为主义的操作技能。如语文写作技能包括:审题、立意、选材、谋篇布局、起草、修改等。对学习的内在智慧技能,关注不够。我国台湾地区核心素养研究认为"历程"向度的学习表现包括:认知、情意与技能的展现;其中"技能"包括感知、准备状态、机械化、复杂的外在反应、适应、独创。③ 台湾地区关于"学习技能"的研究,超越学科视野,但主要关注学习技能的操作性表现,对学习的内在技能关注也不够。

对于高中生而言,各个学科的基本技能已然至少是知识性地了解了,而对超越学科的学习的一般技能了解不够。教师在日常教学中,对学生学习的内在一般技能发展及其指导,也关注不够。本研究的学习技能,指学习这件事所需要的一般能力,是超越学科的、内在的学习技能,而不是外显的学习操作技能。这个意义上的学习技能,主要表现为思维技能,观察、记忆和思维是学习的最重要的技能。

因此,本研究将学习力范畴的"学习技能"观测点描述为:有学习观察技能;有学习记忆技能;有学习思维技能。

---

① [法]安德烈·焦尔当.学习的本质[M].杭零,译.上海:华东师范大学出版社,2015:77.
② [丹]克努兹·伊列雷斯.我们如何学习:全视角学习理论[M].孙玫璐,译.北京:教育出版社,2014:78.
③ 台湾教育研究院.十二年"国民"基本教育课程发展指引[EB/OL].(2014-03-10)[2016-8-28].http://www.naer.edu.tw/files/15-1000-5622,c249-1.php?Lang=zh-tw.

③ 学习性向

一刀切、统一规划的学校学习,常劳而无功、效率低下。研究者们分析的原因很多,如课程设置、学习内容安排、教学问题、学生水平差异等。但对学习者自身内在存在的学习性向差异,在实际教与学中,更是很少利用或改造,使之更好地为学习发展服务。学习性向,指具有个人特殊偏向的能力,未必高于一般人所有的这个能力,只是就个体能力体系衡量来说,具有特殊性,加以恰当训练,也许能有高成就。① 因此发现学习者的学习性向,对其加以利用、改造或者训练,可促进学习力发展。尤其是在我国大班额教育的实际情况下,加之高中生学习差异带来的自主学习能力的不同,教师很难个别教学或真正因材施教。因此,应了解学生的学习性向,鼓励学生利用自我学习性向,更好地自主学习。

霍华德·加德纳(Howard Gardner,1983)的多元智力理论启示我们:每个学生都具有自己的智力特点、学习类型和发展方向。学习应该充分发挥优势,在优势才能上追求创新和突破,扬长避短。根据加德纳的多元智力理论,智力类型可分为:言语—语言智能、逻辑—数学智能、身体—动觉智能、视觉—空间智能、音乐—节奏智能、人际交往智能、自知自省智能、自然观察智能。② 虽然加德纳的多元智能理论并不仅仅就学习而言,而是指人的智力整体而言,但是对认识学习的多元智力倾向也有重要的启示。

学习风格是学习者在研究和解决其学习任务时,所表现出来的具有个人特色的方式。有研究认为有五种不同的方式:视觉型、听觉型、肢体型、书面型和群体互动型。每个人都倾向某种特定的学习模式。在传统的教室中,听觉型和书面型的学生,通常觉得比较自在;视觉型和互动型的学生,则比较难以适应,但是仍然有机会以他们的习性学习;肢体型的学生,在学校最难有意义地自由发挥。③ 学习风格也是学习的内在力量,怎样在学校学习和学生课外自主学习中,充分利用自我的学习风格提升学习,值得研究。

因此,本研究将"学习性向"观测点描述为:智力特性;学习风格。

---

① 张春兴,杨国枢.心理学[Z].台北:三民书局印行,1985:359.

② [美]Linda Campbell,Bruce Campbell,Dee Dickinson.多元智能教与学的策略(第三版)[M].霍力岩,沙莉,孙蔷蔷,等译校.北京:中国轻工业出版社,2015:2-3.

③ [美]彼得·克莱恩.天天·天才:重视你与孩子本来的学习乐趣[M].吴运如,吕顺文,译.远方出版社,1998:103.

（3）学习习惯维度

按照学习的发生逻辑，将学习习惯的二级指标分为：时间管理习惯、学习运行习惯和自我调节习惯。

① 时间管理

顶尖人才必备的五大心智包括："有效管理时间、发挥自己的长处、思考如何做出贡献、安排事情的优先和优后、有效决策"①；作者将"有效管理时间"置于首位，可见其重要性，所谓"青春、梦想、未来都装在时间的魔盒里"②。在信息爆炸、工作压力大、生活匆忙的当今时代，时间管理是人能胜任各方面工作的必备素质。对于高中生而言，学习的时间管理一样重要。当前对学生时间管理的研究，主要涉及测量与学业、学习效率、自我效能感、学习倦怠的关系等。而对学生该有怎样的时间管理习惯，关注不够。

高中生应该具备更强的自主学习能力。因此首先要有时间统筹的习惯，要安排好学习、生活、休息的关系，尤其要分清学习事件的轻重缓急，合理分配时间。而时间统筹的目的和依据都是为了达到最大化的时间效率，所以，高中生还要有经常评估自己的时间统筹、时间利用效率等习惯。

因此，本研究将学习力范畴的"时间管理习惯"观测点描述为：有统筹安排时间的习惯；有追求时间效率的习惯；有评估自我时间管理状况的习惯。

② 学习运行

凡事预则立，不预则废。学习运行的开端，首先要有计划学习的习惯。学习计划，可以是一段时间或者某一任务的；可以是脑中的构思，也可以是书面计划。学习运行的开展，则需要有监控的习惯。学习监控可以是思维状态的注意，也可以笔头记录习惯。监控内容包括：学习时间的效率、学习任务的完成情况、学习策略的适切性等等。学习运行结束和过程监控中，都要有反思的习惯。

具有学习反思习惯，对学习的调整和效率提升非常重要。反思，包括学习后再考虑自己的学习历程，这是学习的"自传性"；也包括将别人的学习反映在自我的意义范畴中加以借鉴，被称为"自反性"。③ 形成这两方面的学习

---

① 詹文明.向大师学习 德鲁克谈自我管理（修订版）[M].北京：东方出版社，2009：48－76.
② 赵红瑾.时间管理与学习能力提升[M].北京：中国时代经济出版社，2010：1.
③ [丹]克努兹·伊列雷斯.我们如何学习：全视角学习理论[M].孙玫璐，译.北京：教育出版社，2014.68－69.

反思习惯,是提升学习力的重要因素,所谓"反思之于学习力如同吃饭之于活着"①。只有学生学会时时感受自己学习的内在旅行,才能更有主体感,才能摆脱与外界、与自我的疏离,达到学习的身心合一。常反思学习,高中生能感受自己的成就、进步和不足,这才是有"存在感"的幸福学习,因此才能更快乐地浸润在学习中。

因此,本研究将学习力范畴的"学习运行习惯"观测点描述为:有计划学习的习惯;有自我监控学习过程的习惯;有学习反思的习惯。

③ 自我调节

《教育大词典》解释"自我调节":"a. 皮亚杰的术语。指有机体能改变其自身的潜在能量的规律。b. 班杜拉的术语。指个人调整其自身行为的过程。c. 个体按内部标准而不是别人控制或环境约束进行的内部控制活动。d. 有机体调整自身运动以维持内部稳定状态的机能。"②总之,自我调节学习的习惯,是学习者以内在的标准,基于反思,对自己学习思维、情感和行为等重组,以达成更好的内部稳定状态。

自我调节是很多学习理论都重视的,只是研究的内容不同,如:行为主义理论强调自我调节包括:自我监控、自我指导和自我强化;社会认知理论强调自我调节包括:自我观察、自我判断和自我反应;信息加工理论认为自我调节是:元认知觉察,强调自我调节策略;建构主义理论对自我调节有如下假设:有获取信息的内在动力,具有超越所提供信息的理解能力,心理表象随发展而变化,有逐步优化的理解水平,有学习发展的制约因素,反思和重构激发学习。③ 上述学习理论是从学习内涵视角对自我调节的研究,表明了自我调节的重要性,为本研究学习力体系中自我调节的概括,提供了理论视野和要素选择的参考。《普通高中英语课程标准(实验)》也提出:"帮助学生独立制定具有个性的学习计划,并根据自我评价不断修正和调整自己的学习计划。"

因此,本研究将学习力范畴的"自我调节习惯"观测点描述为:有调节学习情绪的习惯;有调节学习策略的习惯;有调节学习计划的习惯。

3. 学习力体系初稿

综上,本研究确定的高中生学习力体系初稿,包括:3个一级指标,9个

---

① Ruth Deakin Crick. Learning Power in Practice : A Guide for Teachers[M]. The Cromwell Press, Trowbridge, Wiltshire, 2006:44.
② 顾明远. 教育大词典[Z]. 上海:上海教育出版社,1998:2148.
③ [美]戴尔·H. 申克. 学习理论(第六版)[M]. 何一希,钱冬梅,古海波,译. 南京:江苏教育出版社,2012:387-421.

二级指标,26个观测点。如表4-3所示:

表4-3 高中生学习力体系初稿

一级要素	二级要素	观 测 点
学习动力 (影响学习效率的前提要素——"愿学")	学习兴趣	对学习产生积极的认知和探究倾向
		对学习有基于文本、任务或知识的情境兴趣
		因学习喜好或优势所在产生稳定的个人兴趣
	学习态度	为积极目的而努力学习
		能用积极学习情感激励自我
		保持学习自信心
	学习毅力	能排除学习环境干扰
		能经受挫折而坚持学习
		有学习吃苦精神
学习能力 (直接影响学习效率的关键要素——"能学")	学习认知	对学习现象有深刻了解
		对学习性质、特点、规律、类型等有基本认知
		对自我学习经验有明确感悟
	学习技能	有学习观察技能
		有学习记忆技能
		有学习思维技能
	学习性向	智力特性
		学习风格
学习习惯 (实际学习的惯性力量,影响学习效率的保障要素——"实学")	时间管理	有时间统筹习惯
		有追求时间效率的习惯
		有评估自我时间管理状况的习惯
	学习运行	有计划学习的习惯
		有自我监控学习过程的习惯
		有学习反思的习惯
	自我调节	有调节学习情绪的习惯
		有调节学习策略的习惯
		有调节学习计划的习惯

(二) 学习力体系专家咨询论证

为了进一步完善高中生学习力体系,采用专家咨询法论证该体系,使之更加科学、合理。

1. 专家咨询设计

包括两方面内容:依据学习力体系初稿编制专家咨询问卷;组建咨询专家团队。

(1) 咨询工具的设计

首先,设计了问卷导语。导语说明了笔者的毕业论文题目、本研究学习力界定等内容,以便专家统筹考虑。其次,设计了每条观测点重要程度的意见咨询。专家咨询的目的是征询专家对学习力体系各级指标的认同度和修改建议。因此,在每条二级要素的"观测点"后面,加上"非常必要""必要""有用但不必要""不必要"四个程度的选择列,供专家打"√",标明专家对每条观测点重要程度的意见。再次,设计了对各级要素的意见咨询。在每个一级板块下方,留出空白,征询专家对一级要素"学习动力""学习能力""学习习惯"及其二级要素和观测点的意见或建议。最后,在表格下方留出空间,供专家填写"总体(其他)意见或建议"。

所有设计,目的在于全面反馈专家对本研究学习力体系初稿的意见或建议,使本研究的学习力体系更科学、合理。具体专家咨询问卷见"附录1"。

(2) 咨询专家团队组建

专家团队,由以下几个方面成员构成:关注和研究高中教育改革或学生学习的科研机构和高校的专家;一线具有高级职称、对教学实践具有较强认知的高中教研员、特级教师管理者。一共15人组成咨询专家团队,其中:高校专家10人,都是来自课程与教学论专业的教授、博导;基础教育研究机构3人,其中高中教研员1人(特级教师)、高中特级教师1人、高中教务主任1人(高级教师)。各位专家的简要信息(以序号代替专家姓名),如表4-4所示:

表4-4 咨询专家团队的成员信息

序号	来源	专业、研究专长等
①	研究机构	某基础教育研究学术委员会主席、博导
②	研究机构	某知名出版社编审,研究基础教育
③	研究机构	高中特级教师,教研员

续表

序号	来源	专业、研究专长等
④	高校	教育部高中课程改革专家,教授、博导
⑤	高校	基础教育课程改革专家,教授、博导
⑥	高校	曾任基础教育管理部门领导者,教授、博导
⑦	高校	教授、博导,研究基础教育
⑧	高校	教授、博导,关注学习研究
⑨	高校	教授、博导,关注学习研究
⑩	高校	课程与教学论博士,教育学博士后,教授、硕导
⑪	高校	课程与教学论博士,教授、硕导;高中生家长
⑫	高校	教授、博导,关注学习研究和叙事研究
⑬	高校	博士、研究员,关注学习研究
⑭	高中	高中教授级教师,高中一线教学三十余年
⑮	高中	高中高级教师,某知名高中教务主任

咨询专家团队人数众多,强调理论研究者的理论导向,也重视一线教师的实践经验和观点。希望专家们能基于课程改革理论前沿、高中生学习和高中教育现实情况等,对本研究的学习力体系初稿,给出具体意见以及修改建议。

2. 专家咨询实施

利用专家们时间相对宽裕的暑假开展咨询,采用电子邮件的形式,将咨询问卷发给专家们。除了问卷的导语说明外,笔者在邮件中表明身份、咨询目的等内容,请专家提出还需要什么材料,恳请专家于百忙中完成问卷并发回。令笔者非常感动的是,专家们基本都是一周左右的时间就给予了回复,并且根据各自的观点,对学习力体系进行了勾选,给出了意见和建议。还有专家对本研究的后续课程构建,提出了要求或建议。专家们的建议,为学习力体系的完善和后续研究提供了宝贵建议。

3. 专家咨询结果分析

在一一收齐专家们咨询问卷反馈后,笔者对专家们的意见进行认真统计、梳理和分析研究,以便采纳。

(1) 咨询结果统计

共回收了15位专家咨询问卷,有些专家只对比较认可的观测点打勾,有些观测点没有打勾;有些专家只打勾,对体系没有给出具体意见。为了直观显示,就采用咨询问卷的形式,直观地将专家们的意见汇总,如表 4-5 所示。各观测点后的数字,是咨询专家在不同层次的打勾数量,反映观测点在不同层次的得票数。表格中和表格后的意见,是专家咨询的意见汇总;咨询问卷的具体反馈内容,用楷体显示,以示与咨询问卷本身内容区别;每条意见后的括号内带圈号的数字,是所咨询专家的序号,与上表 4-4 对应。

表 4-5 高中生"学习力体系"专家咨询结果统计

一级要素	二级要素	观测点	非常必要	必要	有用但不必要	不必要
学习动力（影响学习效率的前提要素——"愿学"）	学习兴趣	对学习产生积极的认知和探究倾向	11	3		
		对学习有基于文本、任务或知识的情境兴趣	7	6	1	
		因学习喜好或优势所在产生稳定的个人兴趣	10	2	2	
	学习态度	为积极目的而努力学习	9	3	1	
		能用积极学习情感激励自我	7	5	2	
		保持学习自信心	10	3		
	学习毅力	能排除学习环境干扰	8	4	2	
		能经受挫折而坚持学习	10	3	1	
		有学习吃苦精神	8	4	2	
	专家对一级要素"学习动力"及其二级要素和观测点的意见或建议: 1. 学习者的目标、理想、志向,与动力的关系?是否属于动机的范畴?(①) 2. 能不能排除学习环境干扰,似乎不一定取决于主观意愿,在不能排除学习环境干扰的情况下,可以调整自身的学习计划。(②) 3. "有学习吃苦精神"与上一点"能经受挫折而坚持学习"似有交叉?挫折不也是一种"苦"。(③) 4. 学习动力即想学习,学习毅力不属于动力,而与学习习惯有关。(④) 5. "能用积极学习情感激励自我"是学习方法?"有学习吃苦精神",学习不一定是吃苦。(⑤) 6. 有没有"学习热忱"这个指标呢?(⑧) 7. "能经受挫折而坚持学习"和"有学习吃苦精神"显得重复,建议删掉后者。(⑨) 8. 学习态度的二级指标与学习动机(成就动机)一致,考虑是否调整。(⑬) 9. 二级要素中,是否要增加一点:学习动机。"学习毅力"可能归类在"学习习惯"里比较好。(⑭)						

续表

一级要素	二级要素	观测点	非常必要	必要	有用但不必要	不必要
学习能力（直接影响学习效率的关键要素——"能学"）	学习认识	对学习现象有深刻了解	6	5	3	
		对学习性质、特点、规律、类型等有基本认知	7	6	1	
		对自我学习经验有明确感悟	8	4	2	
	学习技能	有学习观察技能	7	5		
		有学习记忆技能	6	5	2	
		有学习思维技能	8	5		
	学习性向	智力特性	5	4	1	1
		学习风格	3	5	2	1
	专家对一级要素"学习能力"及其二级要素和观测点的意见或建议： 1. 智力特征和学习风格是学习者自带的，甚至是天生的或文化背景造成的，很难回答必要性强弱的问题。（②） 2. "学习性向"所列两点，内容不够明晰。（③） 3. "学习性向"，是指个人的天赋，任何人都是可以学习的。（⑤） 4. 学习性向是不是学习能力，值得再考虑。学习技能这个二级指标似乎可以，但是三级指标不全面，逻辑性不明显。（⑧） 5. 要进一步搞清楚性向的界定。一种好的学习经验也可以视为一种学习能力，可以考虑增加这个指标。建议增加"学习技能"的观测点。（⑨） 6. 记忆与思维有交叉。智力特性与学习风格有交叉。（⑫） 7. "学习能力"部分的指标如何进行观测，有难度。（⑬）					
学习习惯（实际学习的惯性力量，影响学习效率的保障要素——"实学"）	时间管理	有时间统筹习惯	11	2		
		有追求时间效率的习惯	7	5		
		有评估自我时间管理状况的习惯	8	4	1	
	学习运行	有计划学习的习惯	9	3		
		有自我监控学习过程的习惯	7	6		
		有学习反思的习惯	10	2		
	自我调节	有调节学习情绪的习惯	8	4	1	
		有调节学习策略的习惯	9	3	1	
		有调节学习计划的习惯	8	3	2	

续表

一级要素	二级要素	观测点	非常必要	必要	有用但不必要	不必要
学习习惯（实际学习的惯性力量，影响学习效率的保障要素——"实学"）		专家对一级要素"学习习惯"及其二级要素和观测点的意见或建议： 1. 时间管理的三个问题似乎看上去没什么根本差异，相互重合交融。（②） 2. "有调节学习计划的习惯"与上点"有计划学习的习惯"内容交叉，似可与之合并，如"有计划学习并适时调整的习惯"。（③） 3. 学习习惯维度观测点有交叉，要调整。（⑧） 4. 学习习惯的指标多有重复交叉。（⑫） 5. "有调节学习计划的习惯"与"有计划学习的习惯"以及"学习反思的习惯"有重复。（⑮）				

专家的总体(其他)意见或建议：

1. 愿学—能学—实学，三个一级指标归纳尚可。后文课程构建要以学习力体系为基础。（①）

2. 整体上觉得概念指向明确，体系架构科学，大部分项目表述清楚。（③）

3. 三个维度尚可，但内涵需要界定清楚。（④）

4. 多参考心理学中对于学习力的界定。（⑤）

5. 有好的基础。但是怎么能够有新意和能落地，似乎还需要进一步考虑。（⑧）

6. 选题好，与学生核心素养相关。（⑩）

7. 很好！与基础教育改革、高中生学习紧密相关。（⑪）

8. 选题很有价值和意义，但是指标的遴选以及界定，建议能够从具体到抽象，从微观到宏观，选择可观测性指标，其诊断和指导意义更强。（⑬）

9. 此研究项目，非常好，抓住了时代教育的主旋律。三个一级要素，从学生自我的角度，合理描述了学习力的内涵和外延。（⑭）

10. 总体感觉很不错，值得期待！为了有利于实践可操作性，建议在"观察点"之后能够有"描述示例"，便于一线人员作出相应判断。（⑮）

(2) 咨询结果归纳

总体而言，专家们对本研究的学习力体系较认可，咨询意见可以归纳如下：

① 研究总体认可度高

学习力体系的学习动力、学习能力、学习习惯3条一级指标，得到专家一致认同；9条二级指标中，除对学习性向有质疑外，其他基本是赞同或微调的建议；26条观测点，绝大部分都在"非常必要"和"必要"两个层次获得专家勾选,少数条目被专家勾选了"有用但不必要",仅"智力特性"和"学习风格"各有1位专家勾选了"不必要"。对学习力体系的总评意见,总体认可本研究选题、学习力体系总体倾向等。

② 二级要素有待调整

专家基本认同一级要素,同时指出要将概念界定清楚。"学习动力"的二级要素中,主要建议添加二级指标"学习动机",认为"学习毅力"的内容应该分解到学习习惯的维度;"学习能力"的二级要素中,专家们对"学习性向"较不认同,认为主要是个人先天禀赋,甚至人种的因素,很难分析其与学习力的关系,建议取消;"学习习惯"的三个二级指标主要问题是存在交叉重复,建议重新概括并整理其内在逻辑。

③ 观测点有待修改

专家们也对观测点的修改,提出了很多中肯的意见。第一,"学习动力"维度的观测点,主要是因建议增加"学习动机"而增加对应的观测点;因删除"学习毅力"而删除或重新放置学习毅力的观测点;对学习兴趣和学习态度维度的观测点,则基本是认同的。第二,"学习能力"维度的观测点,建议按一定逻辑,增加"学习技能"的观测点;"学习性向"维度及其两个观测点,建议重新考虑。第三,"学习习惯"维度的观测点因交叉重复,建议重新梳理。

4. 专家咨询意见采纳

一方面,立足本研究的概念定位,分析和采纳专家意见,对高中生学习力体系的内容和内在逻辑进行修改;另一方面,恰好此时《中国学生发展核心素养》正式颁布,其中"学会学习"的相关内容与本研究的学习力体系紧密相关,是很好的参考资料。另外,在体系修改基本定稿后,再次与咨询专家组的三类来源的第②、⑤、⑭号专家代表,深入分析和推敲了修改后的学习力体系的内容、逻辑和表述。修改了"有"的语言表述方式,使观测点立场中立,"有、没有"是对观测的结果表述。各维度修改和内容确定如下:

(1) "学习动力"维度的修改

主要根据专家意见和并列条目的逻辑性要求等,删减和修改了"学习兴趣"和"学习态度"的观测点,并增加了"学习动机"维度,删除了"学习毅力"维度。

① 修改"学习兴趣"

学习力体系初稿的观测点第一条"对学习产生积极的认知和探究倾向",因其表述的其实是"学习兴趣"自身,而不是其构成要素;也与另两个观测点(情境兴趣和个人兴趣),不在同一个平面上,因此删除了第一条观测点。后两条也简要表述,可在调查问卷和课程设计中再列举具体内容。

因此,"学习兴趣"的观测点修改为:学习的情境兴趣、学习的个人兴趣。

② 删改"学习毅力",增设"学习动机"

根据专家建议删除了"学习毅力",增加"学习动机",作为学习动力的第二个二级指标。"动机"是"由某种需要所引起的直接推动个体活动、维持已引起的活动并使该活动朝向某一目标以满足需要的内在过程或内部心理状态"①。学习型社会,人人有学习的压力,对于动机比较薄弱的学习,"常常是不恰当地过于沉重,被体验为一种学习是艰难的或失败的印记"②。反之,学习动机强的学习者,能够克服学习困难和挫折,获得坚持学习的力量。学习动机,最常见的分类是分为内在和外在学习动机。奥苏贝尔将学校情境中的学习动机称为"内驱力",包括:认知、自我提高和附属三种内驱力③。认知内驱力以完成学习任务,包括获得知识、发展能力等为满足,是由学习本身提供的,属于内在动机;自我提高的内驱力是以学习提高自我能力,赢得公众认可为满足,属于外部动机;附属的内驱力是指学习者为了获得或保持权威们的认可、赞许而学习的需要,属于外在动机。内在动机对学习者及其学习具有重要意义,外在动机要转为内在动机才能真正对学习者产生更长久影响。目前主要的动机理论有"本能论、驱力论、强化论、需要层次论、认知失调论、自我效能论与成就动机论"等④,也可窥见学习动机对学习的作用和影响。《中国学生发展核心素养》要求"能正确认识和理解学习的价值"⑤,强调积极的学习价值观,正是重视学习动机的意义。

因此,将"学习动机"观测点修改为:学习的内在动机、学习的外在动机。

③ 修改"学习态度"

原"学习态度"维度的三个观测点内在逻辑性不明显,且主要倾向于积极的学习情感要求。因此,根据专家建议和"态度"的"ABC 模式"[情感(affection)、行为(behavior)、认知(cognition)]⑥,将学习态度的观测点修改为如下三个方面:"学习的自我效能"是高中生对自己能否成功学习的主观判断,指

---

① 莫雷.教育心理学[M].广州:广东高等教育出版社,2005:425.
② [丹]克努兹·伊列雷斯.我们如何学习:全视角学习理论[M].孙玫璐,译.北京:教育出版社,2014:101.
③ 莫雷.教育心理学[M].广州:广东高等教育出版社,2005:429.
④ 莫雷.教育心理学[M].广州:广东高等教育出版社,2005:430.
⑤ 中国学生发展核心素养基本要点[N].中国教育报,2016 - 09 - 14(9).
⑥ 皮连生.学与教的心理学[M].上海:华东师范大学出版社,2003:187.

向学习认知,与之相应的如学习自信心;"学习的热忱"指向学习情感,对学习充满热情,能够鼓舞和激励学习发展,是积极的学习情感;"学习的自主性"则是在前两个因素的积极作用下的行为倾向,强调学习的自觉性和主动性。

因此,将"学习态度"的观测点修改为:学习的自我效能、学习的热忱、学习的自主性。

(2)"学习能力"维度的修改

学习能力维度的修改,主要是微调"学习认知"维度的表述;增补"学习技能";删改"学习性向"为"学习能倾"。

① 微调"学习认知"

为了语言简洁、准确,对三条观测点的中心动词修改。删除了学习现象和学习规律的列举,放到现状调查和课程设计中。原有第三条观测点("对自我学习经验有明确感悟"),只强调了学习经验一个方面,而对学习效果、学习历程等学情未关注。所以,修改为"对自己学情的认知",也与多元智能中的"自知自省智能"相关。

学习者对学习认知的深入,是由外在现象到内在规律,由普遍审视到自我反思。因此,学习者首先要了解学习现象,如:学习的高原反应、过度学习、学习遗忘等;其次,要把握学习规律,如:学科学习规律、记忆遗忘规律、学习活动开展的规律等;最后,能认知自己的学情,如:学习经验反思;学习力各维度反思;自己的个性特点、特长等。

因此,"学习认知"的观测点修改为:对学习现象的了解;对学习规律的把握;对自己学情的认知。

② 增补"学习技能"

学习力体系初稿中"学习技能"只有观察、记忆、思维三个技能,虽然就单个技能而言,都是对学习力有意义的;但是就其整体性而言,内在逻辑和涵盖面受到质疑。根据布鲁姆教育目标分类学及其修订版,重新梳理了学习技能的观测点。

布鲁姆(B.S.Bloom,1913—1999)等人的教育目标分类学,是按照"教育的—逻辑的—心理的"[①]原则分类的体系。即:既要满足教育的原则,也要合乎逻辑,并与心理学原理一致。本研究也努力依据这样的原则构建高中生学

---

① [美]B.S.布卢姆等.教育目标分类学:第一分册(认知领域)[M].罗黎辉,丁证霖,石伟平,等译.上海:华东师范大学出版社,1986:7.

习力发展指导体系。布鲁姆将教育目标分为认知、情感和动作技能这三大领域。其中认知领域最重要,关乎知识的回忆与再认、理智能力和技能形成等方面目标,也是课程编制和学生学习研究的主要领域;而情感领域和动作技能领域与本研究联系不紧密,因此这里不展开赘述。布鲁姆1956年提出认知领域教育目标分为:知识、领会、运用、分析、综合和评价六项技能①。布鲁姆的学生洛林·W.安德森(Lorin W. Anderson)联合认知心理学家、课程研究学者、教育研究学者和测试专家等方面的代表,结合21世纪学习的特点,于2001年推出布鲁姆教育目标分类的修订版。修订版教育目标重新理解了布鲁姆的"知识":作为名词来理解,作学习对象或内容来看待,称为"知识向度",又细分为事实性知识、概念知识、程序知识、元认知知识;作为动词来理解,指向"记忆"技能。新版与"知识向度"对应的是"认知历程向度",包括:记忆、理解、应用、分析、评价和创造六个技能。各项技能的内容和认知过程②如表4-6所示:

表4-6 认知过程维度类目

过程类目	认知过程
1. 记忆——从长时记忆系统中提取有关信息	
（1）再认	从长时记忆系统中找到与呈现材料一致的知识
（2）回忆	从长时记忆系统中提取相关知识
2. 理解——从口头、书面和图画传播的教学信息中建构意义	
（1）解释	从一种呈现形式（如图形）转换为另一种形式（如语言）
（2）举例	找出一个概念或原理的具体例子
（3）分类	确定某事物属于某一个类目
（4）概要	抽象出一般主题或要点
（5）推论	从提供的信息得出逻辑结论
（6）比较	确定两个观点或客体之间的一致性
（7）说明	建构一个系统的因果模型

---

① [美]B.S.布卢姆等.教育目标分类学:第一分册(认知领域)[M].罗黎辉,丁证霖,石伟平,等译.上海:华东师范大学出版社,1986:19.
② [美]洛林·W.安德森(Lorin W. Anderson).布卢姆教育目标分类学修订版:分类学视野下的学与教及其测评(完整版)[M].蒋小平,等译.北京:外语教学与研究出版社,2009:51-52.

续表

过程类目	认知过程
3. 应用——在给定的情境中执行或使用某程序	
（1）执行	把一程序应用于熟悉的任务
（2）实施	把一程序应用于不熟悉的任务
4. 分析——把材料分解为它的组成部分并确定各部分之间如何相互联系以形成总体结构或达到目的	
（1）区分	从呈现材料的无关部分区别出有关部分，或从不重要部分区别出重要部分
（2）组织	确定某些要素在某一结构中适合性或功能
（3）归属	确定潜在于呈现材料中的观点、偏好、假定或意图
5. 评价——依据标准或规格作出判断	
（1）核查	查明某过程的不一致性；查明某种程序在运行时的有效性
（2）评判	查明过程或产品和外部标准的不一致性
6. 创造——将要素加以组合以形成一致的或功能性的整体；将要素重新组织成为新的模式或结构	
（1）生成	根据标准提出多种可供选择的假设
（2）计划	设计完成一个任务的一套步骤
（3）建构	发明一种产品

新版的认知过程目标分类，与本研究学习力的学习技能追求的超学科、逻辑性、完整性等吻合，也与本研究的专家咨询意见相呼应。

因此，将"学习技能"的观测点修改为：记忆、理解、应用、分析、评价和创造。

③ 删改"学习性向"为"学习能倾"

在学习力体系专家咨询中，专家们对"学习性向"有较多质疑，认为其不属于学习能力，其观测点内容也不够明晰，缺少逻辑性。因此，删除了"学习性向"，重新确定"学习能力"的第三个二级指标为"学习能倾"，即"学习能力倾向"。"技巧或技能＋知识＝能力"[①]，"学习能力"的二级指标逻辑是：学习认知"与学习的"知识"对应；"学习技能"与"技巧或技能"对应；而"学习能

---

① [美]B.S.布卢姆等.教育目标分类学：第一分册（认知领域）[M].罗黎辉,丁证霖,石伟平,等译.上海：华东师范大学出版社,1986:36.

倾"关照的是学生学习能力的个性化发展。

借鉴美国学习能力倾向测验(Scholastic Aptitude Test,简称 SAT)对学生能力考查取向。SAT 不是考查特定课程内容或教材,而是把测验题目的内容与后天习得的知识内容紧密结合,考查的是学习潜在的能力,主要考查语言和数学智能,而推理能力则是蕴含在语言和数学考查中。逻辑推理能力就是基于已掌握的信息和知识,综合运用分析、理解、综合、归纳、判断等方法,寻求规律,对事物间关系或事件的趋势作出合理判断,确定解决问题的途径和方法,是学习技能的体现。语言智能和数学智能,是学校学习的最主要的两大学科语文、数学的体现。我国有研究者分析和借鉴了 SAT 的考察范围,将语言智能和数学智能的考查内容进行了细分。语言智能,是有效运用口头或书面语言表达自己的思想并理解他人,具备言语思维和表达、欣赏语言深层次内涵等能力,包括:系统化知识、接受与理解能力、处理信息能力和表达能力,可以通过反义词辨析、阅读理解、类推、逻辑修改、选材排序、作文等题型测试。数学智能,包括:数学知识的系统化、抽象概括能力、按常规解决问题的能力、创造性解决问题的能力四个方面,用标准选择、定量分析和简答等题型测试。①

因此,将"学习能倾"的观测点确定为:逻辑推理能力、语言智能、数学智能。

(3)"学习习惯"维度的修改

学习力体系初稿中的"学习习惯"二级指标(时间管理、学习运行、自我调节),在专家咨询中,专家们认为各观测点间重复较多。因此,将二级指标修改为内在处理、过程运行、时间管理,并对观测点进行修改、调整或增补。

① 增设"内在处理"

初稿中的"自我调节",涉及学习的内在处理,也涉及过程运行,因此删除,并重新调整学习习惯维度的内容,增设了"内在处理"。学习的内在处理习惯,主要指向学习者学习时的思维习惯,包括对学习各方面的积极回应,对学习经验和知识、能力的迁移,对自己学习体验、得失有意识建构等习惯。

首先,积极回应的学习者思维习惯。美国学者梅若李·亚当斯(Marilee

---

① 黄光扬.心理测量的理论与应用[M].福州:福建教育出版社,1996:191.

Adams)认为:"思维习惯改变一切"①,并将思维习惯分为学习者思维和评判者思维两种。评判者思维的特征有:(对人和事)带有批判性的特点;被动,没思想;尖刻;思想保守;以不想承担责任为出发点;只是从自己的角度去评判;以防卫为前提;看到有限的可能性等。与之对应的学习者思维模式包括:(对人和事)采取随时接受的态度;主动负责,有思想;愿意欣赏他人;思想开放;以愿意承担责任为出发点;观点多元化;以问题为前提;看到无限的可能性。② 总之,积极的学习者的思维是:主动、开放、自我反思、自我提问等,不仅能高效完成学习任务,而且能对学习者的心态、情绪和学习共同体的氛围等起到积极作用。

其次,学习迁移的习惯。一方面,学习的类型有:累积、同化、顺应、转换、联系和迁移③,迁移学习是一种学习类型。另一方面,"学习是原有经验的迁移"④,包括在亲历的学习经验、替代的学习经验、原有知识、概念理解变化、文化实践、日常生活等情境中的迁移。学习者在学习中要养成学习迁移的习惯,包括:近、远、原义、比喻、低级路径、高级路径、正向、逆向等多种迁移类型。⑤

再次,有意识建构学习的习惯。积极的学习是学习者主动建构的过程。高中生具有较强的自主学习能力,因此,培养高中生有意识建构自我学习的习惯,非常重要。包括对知识、能力、学习经验、学习情感、学习策略、学习价值观等多个方面主动关注、反思和建构。

因此,"内在处理"的观测点是:积极回应的学习者思维习惯;学习迁移的习惯;有意识建构学习的习惯。

② 微调"过程运行"

为了与平行的二级指标逻辑上呼应,将"学习运行习惯"改为"过程运行"。观测点内容没有变化,只是将初稿表述中的"有"字删除,使表述更符合

---

① 梅若李·亚当斯.思维习惯革命:引爆学习效能的提问艺术[M].张凤玥,张仲彬,译.北京:机械工业出版社,2014:13.

② 梅若李·亚当斯.思维习惯革命:引爆学习效能的提问艺术[M].张凤玥,张仲彬,译.北京:机械工业出版社,2014:40.

③ [丹]克努兹·伊列雷斯.我们如何学习:全视角学习理论[M].孙玫璐,译.北京:教育出版社,2014:40-50.

④ [美]约翰·D.布兰思福特等.人是如何学习的:大脑、心理、经验及学校[M].程可拉,孙亚玲,王旭卿,译.上海:华东师范大学出版社,2013:60.

⑤ [美]戴尔·H.申克.学习理论(第六版)[M].何一希,钱冬梅,古海波,译.南京:江苏教育出版社,2012:310.

观测点的意思，而不是带有倾向的评价性的表述。观测点涵盖学习过程的计划、开展和反思这样的全程。"学习习惯"二级指标体系的修改，还删除了初稿中"自我调节"的二级指标，将其归于"过程运行"的"自我监控学习过程的习惯"内涵中。

因此，"过程运行"的观测点是：计划学习的习惯；自我监控学习过程的习惯；反思学习的习惯。

③ 修改"时间管理"

首先，"时间管理"涉及学习全程，且逻辑上没有学习全程本身重要，因此，将其位置调整为第三个二级指标更合理。其次，学习力体系初稿中，观测点"有时间统筹习惯"与"有追求时间效率的习惯"两者有重复，因此删改"有追求时间效率的习惯"为"珍惜时间的习惯"。真正意义上的时间管理，不是被动遵守时间，而是积极利用时间。

因此，"时间管理"的观测点是：珍惜时间的习惯；统筹安排时间的习惯；评估自我时间管理的习惯。

(三) 学习力体系的确立及内在关系

根据专家意见重新论证和完善，最终确立了本研究的高中生学习力体系，并借助我国台湾核心素养模型来说明其内部关系。

1. 学习力体系的确立

学习力体系定稿，包括：3个一级要素，9个二级要素，28个观测点。如表 4-7 所示：

表 4-7 高中生学习力体系定稿

一级要素	二级要素	观测点
学习动力 （影响学习效率的前提要素——"愿学"）	学习兴趣	学习的情境兴趣
		学习的个人兴趣
	学习动机	学习的内在动机
		学习的外在动机
	学习态度	学习的自我效能
		学习的热忱
		学习的自主性

续表

一级要素	二级要素	观测点
学习能力 （直接影响学习效率的关键要素——"能学"）	学习认知	对学习现象的了解
		对学习规律的把握
		对自己学情的认知
	学习技能	记忆的技能
		理解的技能
		应用的技能
	学习能倾	分析的技能
		评价的技能
		创造的技能
		逻辑推理能力
		语言智能
		数学智能
学习习惯 （实际学习的惯性力量，影响学习效率的保障要素——"实学"）	内在处理	积极回应的学习者思维习惯
		学习迁移的习惯
		有意识建构学习的习惯
	过程运行	计划学习的习惯
		自我监控学习过程的习惯
		反思学习的习惯
	时间管理	珍惜时间的习惯
		统筹安排时间的习惯
		评估自我时间管理的习惯

套用一句流行语来形容学习力体系："非常理想，特别现实"。整个学习力体系从现实视角来看，似乎有些理想化，在当前的学校学习系统中一直没有得到全面关注和实现；但是学习力体系的每一个条目确实都对学生的学习和人的终身学习能力有重要的影响。因此，应该构建专门的学习力发展指导课程，激发高中生关注学习力发展，形成意识，了解体系，掌握策略；进而渗透到学习生活的各个方面。

2. 学习力体系的内在关系

模型能够清晰显示体系的总体情况及内在关系。高中生学习力体系模型构建,不是本研究的重点。仅借助台湾核心素养体系模型的滚轮图,来表现学习力体系的内在关系,如图4-6所示:

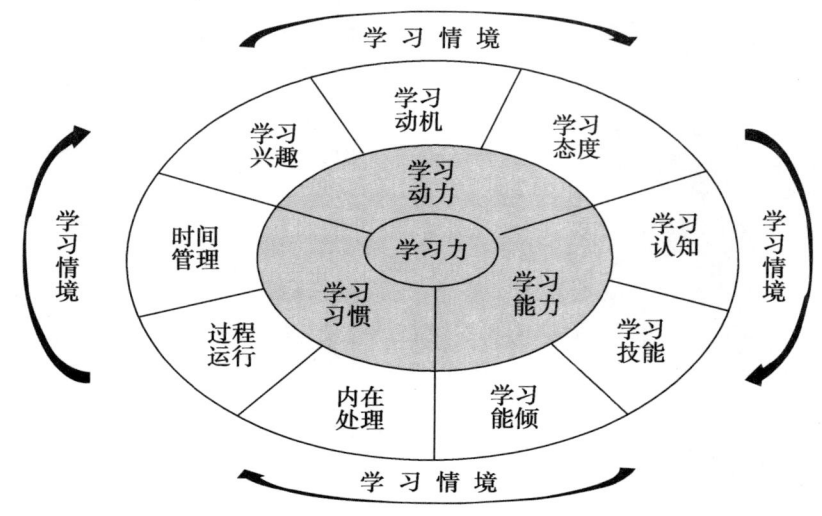

图4-6 高中生学习力体系内在关系

滚轮图模型彰显了"多元面向、多元功能、多元场域、高阶复杂、长期培育"等"三多元一高一长"的特质①,符合笔者想表明的学习力体系的内在关系:学习力是学习的内在力量,是在学习动力、学习能力、学习习惯诸多要素合力作用下滚动前行并提升的;各层级的要素之间采用虚线,表明要素间可以相互影响;并且学习力是在学习情境中不断提升的,其发展是多因素共同推进的结果。

综上,基于理论依据和现实借鉴,运用理论分析法构建的高中生学习力体系初稿,经过专家咨询论证并修改完善,定稿后的学习力体系更科学、合理。高中生学习力体系构建,是高中生学习力发展指导课程构建最重要的关键点和难点。学习力体系,是发展指导课程的核心,后文将以此为框架构建发展指导课程。

---

① 蔡清田.台湾十二年"国民"基本教育课程改革的核心素养[J].上海教育科研,2015(04):6-7.

第五章　高中生学习力发展指导课程构建思路

施良方认为课程编制的"泰勒原理"是现代课程理论的奠基石,这就是:确定目标、选择经验、组织经验、评价结果。① 确定目标最关键,因此被称为"目标模式",对学生已有基础、学习需求和学习过程应予重视。塔巴将泰勒的课程编制过程扩展为七个阶段:对需要进行调查分析;确定目标;选择内容;组织内容;选择学习经验;组织学习经验;建立评价编制并进行评价。② 塔巴的课程编制,重视对课程需求调查,并基于需求调查确定目标,在当今仍然有借鉴意义。尤其是我国当下的校本课程编制,更应该以学生的现状调查为基础。本研究前文的课程需求调查,是课程构建的现实基础;学习力体系是课程的内容核心。本章将对高中生学习力发展指导课程的构建思路展开理论探讨,为后文课程样例构建画出"蓝图"。本研究的"课程构建",有两个理解视角:一是,把课程编制理解为四个环节:课程目标、课程内容的选择与组织、课程的实施、课程评价,前两者即是课程设计③;本研究"课程构建"实质是指课程设计。二是,把课程论体系分为:课程实体、课程运作、课程研究。④ 本研究"课程构建"实质是指课程实体。因此,本章从明确课程定位、确定课程理念、构建课程要素、编制课程文本等几个方面,展开课程构建思路论述。

一、明确课程定位

我国的课程改革,对课程的认知正经历着如下转变:由"学生适应课程"到"课程适应学生";由"组织学习内容"到"设计学习经历";由"注重升学奠

---

① 施良方.课程理论:课程的基础、原理与问题[M].北京:教育科学出版社,1996:13.
② 靳玉乐.课程论[M].北京:人民教育出版社,2015:19.
③ 施良方.课程理论:课程的基础、原理与问题[M].北京:教育科学出版社,1996:81.
④ 丁念金.课程论[M].福州:福建教育出版社,2007:目录.

基"到"着眼终身发展"。① 本课程构建符合这样的发展趋势,体现以学习为中心、以高中生素养发展为中心等新世纪课程改革的价值取向。准确的课程定位,体现课程的独特性和进入学校课程的合理性。从类型和功能两个视角,可以明确本课程的定位。

(一)类型定位

不同的课程分类,对学习力发展指导课程的类型定位不同。有研究者用对举的方式列出课程类型:学科与经验、分科与综合、核心与边缘、必修与选修、直线式与螺旋式、显性与隐性。② 笔者以为高中生学习力发展指导课程属于经验、综合、边缘、选修、直线式、显性等课程类型。

《上海普通中小学课程方案》从课程功能出发,设置了基础型、拓展型和研究型三类课程。基础性课程,注重通性和共同基础,主要是学科形式;拓展课程,注重不同学生的不同基础,通常是活动形式;研究课程,注重生成性为主,通常是项目设计或课题研究。③ 按照上海的课程分类,可以将高中生学习力发展指导课程归为拓展型校本课程,重视课程活动设计。强调在关于学习的不同主题学习活动中,基于高中生的学习经验,创生个性化课程内容,形成学习力发展的意识,掌握必要的知识,构建个性化学习力发展策略系统。

本课程不同于传统学科课程,也不是一般根据逻辑推理得出主题开发的知识性或活动类校本课程,而是以理论构建并经过专家论证的学习力体系为内核和课程主题,倾向于实践模式开展课程构建,师生以开放式、脉络式学材为依据,开展课程内外和课堂内外的关于学习的活动,注重引导高中生体验、研究和发展自我学习力。

简而言之,将高中生学习力发展指导课程,定位为拓展型校本课程。

(二)功能定位

三级课程管理中,校本课程是国家课程和地方课程的补充,立足于学校

---

① 赵才欣.上海普通中小学课程方案(解读)[EB\OL].(2005-11-22)[2016-11-05]. http://www.shkegai.net/index/newsshow.aspx?id=9E4EFEF8-41DE-475F-BB1C-EEE694E9ABF8.PPT.
② 张华.课程与教学论[M].上海:上海教育出版社,2000:238-303.
③ 赵才欣.上海普通中小学课程方案(解读)[EB\OL].(2005-11-22)[2016-12-25]. http://www.shkegai.net/index/newsshow.aspx?id=9E4EFEF8-41DE-475F-BB1C-EEE694E9ABF8.PPT.

实际情况开发。正如前文所述,我国现行高中课程方案中缺少对高中生学习指导的关注,因此国家课程历来缺少高中生学习指导类课程设置。地方课程往往较多关注地域性课程资源的开发,也未关注到此类课程。因此,本研究的高中生学习力发展指导校本课程,希望为高中生学习及学习力发展指导提供依据。其不同于一般学科课程,独特功能定位为:

1. 养成师生关注学习力发展的意识

高中生学习力发展指导课程,如在学校课程方案中占有一席之地,将鲜明地提醒研究界和教育实践界的相关人士,包括高中学校的师生。该课程的独特存在,将填补我国课程系统对高中生学习系统指导的缺失,"学习力"、"学习力发展指导"的意识将深入教师和高中生的观念体系中。一方面,借助于该课程的实施,使高中生得到系统的学习力发展指导;另一方面,由于该课程的影响,教师在担负日常教学与管理中,也会潜移默化地关注或随机指导高中生的学习力发展;高中生在课堂内外的学习中,也会有意无意关注和调整自己的学习力现状。从而改变教师对学习力不重视、指导不力的现状;也改变高中生对自我学习力现状和发展普遍不关注的现状,养成师生共同关注和推动学习力发展意识。

2. 形成高中生学习力发展指导的策略系统

学习力发展指导课程最主要的功能,首先是形成高中生学习力发展指导的一般策略系统,进而形成高中生自身的个性化策略系统。在该校本课程的实践中,教师和高中生都可以根据课程内容,系统了解学习力及其各级要素的发展策略;还可以根据高中生的学习经验,教师的备课补充等,扩充校本课程以外的发展策略。从而,在师生的知识结构中,形成系统的学习力体系发展策略。这样,在教与学的互动中,教师能够及时、恰当地指导高中生的学习和学习力发展;高中生也能自我指导学习力发展。在教师和高中生自身的双重作用下,高中生学习力处于良性发展和持续提高的状态,能更好地胜任当前的学习生活和应对未来的终身学习需要。

3. 培养高中生学习力持续发展的素养

"课程的功能是要为每一个学生提供有助于个人自由发展的、有内在奖励的学习经验。"① 学习力发展指导课程,可以建立高中生学习力自我发展的意识,培养其掌握发展学习力的系统策略,究其综合作用,也就赋予了高中生

---

① 施良方.课程理论:课程的基础、原理与问题[M].北京:教育科学出版社.1996:87.

学习力持续发展的素养。在高中生未来走向更高的学习深造或者工作、生活中需要不断学习时，他们都能受益于高中阶段的学习力发展指导训练，受益于已经形成的学习力素养，从而具备更强的学习力，也能在学习型社会的终身学习的道路上，轻松且愉悦地学习，真正做到"学会学习"和"享受学习"。

通过对高中生学习力发展指导课程的定位分析，可以更加清晰地看到该课程的独特性及其在基础教育阶段的不可或缺性。

二、确定课程理念

"课程牵涉到各种价值取向。如果说课程是学校教育的核心，那么价值取向就是学校课程的关键。"①课程理念是课程价值取向的集中体现，影响课程的设计、实施和评价。校本课程的核心理念是满足学生发展的需求，改革学习方式，是动态、生成、体验的课程。② 本课程确定课程理念的依据和具体的课程理念如下：

（一）理念依据

某一类（门）课程的理念，都与其所处学段的教育目标、时代对课程的要求以及此课程自身的独特价值紧密相关。

1. 落实时代背景对学校课程要求

在21世纪，信息爆炸带来人类知识的飞速发展，人们对教育、课程、知识、学习等都有了认识论上的改变。学习型社会成了世界共同的追求，课程改革的趋势之一是：促进个人发展与社会进步的融合——共同发展观，将人的发展融入社会发展需求，将社会发展建构在人的发展基础上，实现共同发展、和谐发展。因此，基础教育的课程目的观以学生素养发展为中心，以学生素养实现课程（包括学科）、学习者、社会需求的统一。我国21世纪颁布的各科课程标准都强调学生素养的发展，正是学校课程应对时代背景的体现之一。只是由传统课程观向学生素养中心课程观的转变需要时间，而且学生素养本身的研究也有待系统架构和深入论证。

随着世界各国对学生核心素养研究的重视和深入，对学生素养的研究将

---

① 施良方.课程理论：课程的基础、原理与问题[M].北京:教育科学出版社.1996:283.
② 王鉴.课程论热点问题研究[M].桂林:广西师范大学出版社,2008:221.

聚焦于核心素养。我国基础教育正从"知识本位"时代走向"核心素养"时代，这也是全球趋势。① 因此，课程目的观也将以核心素养为中心，使核心素养成为一切教育和所有学习领域、课程（包括学科）的核心。核心素养不只是课程目标，还是一种崭新的课程观：素养本位课程观。② 我国学生核心素养体系确定后，围绕核心素养清理和重构学校课程系统，是落实和发展核心素养，使之在教育体系中起核心导向作用的必然要求。③ 高中生学习力发展指导课程，指向高中生"学会学习"核心素养发展，落实和体现时代背景对课程的要求。

2. 符合高中生素养培养目标

为了适应21世纪学习型社会对人才培养的要求，2016年《中国学生发展核心素养》文件颁布，开启了我国教育改革、课程改革和学生培养等研究的"核心素养时代"。"学会学习"也已经明确成为我国学生核心素养的培养目标之一。这是对学习型社会和终身学习社会背景的回应，也是对世界学生核心素养的借鉴。高中教育应"注重培养学生自主学习、自强自立和适应社会的能力"④。"学会学习"的核心素养，当然是高中教育的学生培养目标之一，应该落实在高中教育的方方面面。

课程是学校教育达成培养目标的主要载体之一。因此，高中学校课程，无论是国家、地方或是校本课程，都应该以恰当的方式落实"学会学习"核心素养。本研究构建的高中生学习力发展指导课程，是最系统、最直接、当前最适合的发展高中生"学会学习"核心素养的方略。所以，落实高中教育"学会学习"核心素养培养，是高中生学习力发展指导课程的理念之一。

3. 体现学习力发展指导课程的独特价值

《普通高中课程方案（实验）》要求高中课程："具有终身学习的愿望和能力，掌握适应时代发展需要的基础知识和基本技能。"⑤当前我国课程体系主

---

① 石鸥.核心素养的课程与教学价值[J].华东师范大学学报（教育科学版），2016(01):9.
② 张华.核心素养与我国基础教育课程改革"再出发"[J].华东师范大学学报（教育科学版），2016(01):9.
③ 刘艾清.新课程改革以来普通高中学生素养研究：热点、问题及展望[J].课程·教材·教法，2016(12):19.
④ 中华人民共和国教育部.国家中长期教育改革和发展规划纲要（2010—2020年）[EB\OL].(2010-07-29)[2016-01-10].http://www.moe.edu.cn/publicfiles/business/htmlfiles/moe/moe_838/201008/93704.html.
⑤ 中华人民共和国教育部.普通高中课程方案（实验）[EB\OL].(2003-03-31)[2016-12-25].http://www.moe.gov.cn/srcsite/A26/s8001/200303/t20030331_167349.html.

要是以学科课程、综合活动、研究性课题等形式,体现、追求和实现教育的三维目标。其中,对学生学习这一内容主题的关照,却是课程体系一直忽视的内容。核心素养教育时代的到来必将引起课程系统的改革。

"学校的主要任务在于对核心素养进行校本化的理解、转化,形成校本化的表达。"①本研究的学习力发展指导课程正是对"学会学习"核心素养的校本化表达和具体化。该校本课程的独特价值是:关注高中生学习本身,发展高中生学习力素养,指向"学会学习"核心素养发展,体现素养本位课程观。因此,该校本课程旨在引导高中生在课程学习中体验学习、反思自我学习经验、发展学习力,具有不同于当前课程系统中其他课程的独特价值。同时,该课程也带来学习方式的独特变革,与学科课程不同,倡导宏观、中观和微观三个层次的学习方式;总体原则是以高中生学习力的自主发展为主、教师指导为辅;以高中生学习力发展实践为中心开展课程设计,体现高中生是自我学习和学习力发展的主体。

(二) 课程理念

高中生学习力发展指导课程倡导的理念,具体包括:

1. 注重发展"学会学习"核心素养

"学会学习"是世界范畴对学生素养发展的共同要求。虽然中外对"学会学习"的内涵和具体要求有差异,但是本质上都一致强调两个方面的内容:学习者应对学习的主体内在力量和学习操作的外在核心技能。前者,正是本研究的核心概念"学习力"所指的范畴。

学习力是"学会学习"的内核。发展"学会学习"的核心素养,是本研究的目的之一,也是高中生学习力发展指导课程的理念之一。高中生"学会学习"发展状态,是基础教育阶段成果的总结,也奠定了人终身学习的能力。所以,高中教育应该注重发展高中生"学会学习"的核心素养。高中生学习力发展指导校本课程,可以弥补我国课程系统对学生学习和"学会学习"研究和指导的不足;以指向"学会学习"核心素养的学习力体系为课程内容内核,使我国高中生"学会学习"核心素养得到充分发展。

2. 重视高中生的学习经验

本课程重视高中生的学习经验,并以之构建、创生和完善课程内容。学

---

① 成尚荣.核心素养:开启素质教育新阶段[N].中国教育报,2016-05-18(09).

习经验是学习者的发展足迹,意义重大。很多课程专家都曾经强调学习经验对课程的重要意义。杜威"做中学"的主张,否定了传统教学依据知识系统对学习活动的外控和假设,凸显学生学习经验的意义,具有建构主义学习理论的色彩。泰勒认为学生是学习的参与者,他提出选择学习经验的十条原则来论述课程内容的选择。佐藤学认为:课程就是"学习的经验",是"学习的轨迹",也是"学习的履历";提倡以学习经验的设计、实践及其反思评价为课程编制的三种活动。[①]

高中生具有十余年的学习经验,对于专门研究高中生学习的学习力发展指导课程,高中生的学习经验是值得研究挖掘的内容。因此,高中生学习力发展指导课程,以高中生学习力体系为课程内核,以学习力体系各要素相关学习经验的激发、诊断、突破和提升等为内在思路,认同、挖掘和改进高中生的学习经验,达到提升学习力的最终目的。所以,课程内容设计也非常重视学习经验,比如通过学习叙事、小调查、课堂讨论、反思总结等形式挖掘、利用、改造和提升高中生的学习经验,以达到学习力发展。换言之,本课程基于高中生学习经验的反思,以发展策略补充或重设高中生的学习经验,最终促进高中生学习力的全面发展。

3. 以高中生学习力发展实践为中心

学习具有实践性,高中生的学习力发展更是在实践过程中累积发展的。意在发展高中生学习力的发展指导课程,当然应该以高中生学习力发展实践为中心。

首先,课程在高中生学习力课程实践中得到丰富和完善。有学者认为"课程的开发与创造"有四层含义:把课程当作动词使用,而不是名词;课程即学习的经验,创造课程就是创造实际的学习经验;课程的存在形态不是预成的,而是生成的;教学的过程即是课程开发与创造的过程。[②] 高中生学习力发展指导校本课程构建,符合上述四层含义。该课程的脉络式框架和活动设计,只是预设,课程在高中生学习力课程实践过程中得到完善和创生。其次,高中生学习力在课程的学习实践中得到提升。所以,必须注重设计相关活动引导高中生参与学习力实践,如调查、学习叙事、讨论、学习反思、训练等,可以是个体、师生互动或高中生群体等不同的参与形式。在完成课程学

---

① [日]佐藤学.静悄悄的革命:创造活动、合作、反思的综合学习课程[M].李季湄,译.长春:长春出版社,2003:98-99.

② 夏正江.新课改背景下的课程开发与创造[J].现代教学,2004(10):45.

习的同时,使高中生了解了自我学习现状,并了解学习力知识,掌握学习力发展策略,使学习力得到发展。

4. 高中生自主发展与教师指导结合

所有的教学归根到底一句话,就是促进学生的发展。在终身学习的背景下,学生的自主发展更是教育的真谛。学习力发展指导课程,应该强调学生学习力的自主发展。包括:第一,以高中生为主体。课程的活动设计、语言表述、学习过程开展和目标达成,都以高中生为主。第二,以学习力发展实践为中心。以高中生学习的过去、现在和未来为经线,引导高中生研究自己的学习。第三,以学习力自主发展为主要形式。不是采用传统知识型学科教学的形式,而是强调教师和高中生一起在实践中发现高中生学习力的优缺点,探讨和实践发展策略。

以教师指导辅助高中生学习力的自主发展。学习的路程,必须学生自己去探索。新型师生关系如同旅伴,师生共同经历迈向前方的历程,教师只是有更丰富经验的旅伴而已。因此,课程对教师的定位是"指导"。学习过程中,教师开展随机自然指导、有计划的指导等。高中生学习同伴之间,也有显性或隐性的指导存在。

三、构建课程要素

课程的组织方式有:纵向和横向;逻辑和心理;直线式与螺旋式等顺序。① 本研究的课程采用横向、逻辑、直线的组织方式。课程要素是编织课程的"经纬线"。本课程作为研究学生学习、指导学习力发展的校本课程,应该突出学生学习的视角和学生主体地位。因此,课程要素采用如下划分:学习目标、学习内容、学习方法、学习评价。② 在高中生学习力发展指导现状调查中,笔者已经设计多个问题,了解了高中生对上述四个课程要素构建的需求。在此基础上,这四个课程要素内容构建思路如下:

(一) 学习目标

学习目标是课程编制的"定海神针"、核心指向和风向标。这里的"学习

---

① 施良方.课程理论:课程的基础、原理与问题[M].北京:教育科学出版社,1996:115-119.
② 丁念金.课程论[M].福州:福建教育出版社,2007:7.

目标",与其他课程研究中的"课程目标"内涵类似,但是立足于学生主体视角,强调课程是为学生学习服务的。施良方曾论述过泰勒的课程目标的三个来源:对学生的研究、对当代生活的研究、学科专家的建议。① 与此对照,本课程的学习目标基于:学习力在学习型社会特有的时代价值、学习力发展指导现状调查反馈的高中生及专家、校长、教师等对课程的学习目标需求或建议。《基础教育课程改革纲要(试行)》指出,基础教育课程改革的具体目标是"改变课程过于注重知识传授的倾向,强调形成积极主动的学习态度,使获得基础知识与基本技能的过程同时成为学会学习和形成正确价值观的过程"②。因此,该课程学习目标的总目标是:指导学生认知学习力和自我学习力,掌握学习力发展策略,形成学习力自主发展的意识和素养;具体学习目标分为:认知目标、技能目标和价值目标。

1. 认知目标

一方面,引导高中生对学习力具备一般性认知,包括:了解学习力体系各要素,全面了解学习力体系的陈述性、程序性、策略性三类知识;另一方面,引导高中生认知自我学习力现状。激发高中生的学习主体意识,常反思自己的学习状况,了解自我学习能倾状况,形成关注自己学习力现状并促进其发展的意识。

因此,本课程的认知目标是:培养高中生对学习力和自我学习力现状的认知。

2. 技能目标

该课程的核心目标,是培养高中生具备学习力自我发展的技能,这是高中生具备学习力持续发展素养的核心。高中生学习力自我发展的技能,包括两个层面:首先是要掌握学习力体系整体和各要素发展的一般策略;其次要在本课程学习和学习力实践中,逐步形成符合自我身心特点、学习风格、学习能倾等个性化特征的学习力策略系统。

因此,本课程的技能目标是:培养高中生掌握学习力发展一般策略,形成学习力发展的个性化策略系统。

3. 价值目标

高中生学习力现状和研究现状都还不如人意,还有很大有待发展的空

---

① 施良方.西方课程探究范式探析[J].华东师范大学学报(教育科学版),1994(08):28.
② 中华人家共和国教育部.基础教育课程改革纲要(试行)[EB\OL].(2001-06-08)[2016-10-12].http://www.moe.gov.cn/publicfiles/business/htmlfiles/moe/moe_309/200412/4672.html.

间,不符合学习型社会对学习力的要求。原因之一,就是对高中生学习力发展的价值,在理论研究、实践研究和一线教育教学中都重视不够。希望通过本课程形成高中生关注自我学习力发展意识的同时,引起各界对学习力的重视。学习是人的终身事务,学习力是人的终身素养,是人终身学习的必要条件;应重视学习力对高中学习和人的终身发展的重要意义。

因此,本课程的价值目标是:重视学习力对终身学习的价值,形成学习力自主发展的意识。

(二) 学习内容

学习力是在学习过程中循环提升的。高中生学习力发展指导课程有其特殊性,学习内容不是基本预设好的,而是开放、动态、生成的;学习内容是在教学的师生互动中完善的;甚至根据高中生个体差异,最终形成了具有各自个体化的全部学习内容。该课程的学习内容,以高中生学习力的"诊断→突破→发展"为内在逻辑线索,对应学习力发展的三个阶段展开:Ⅰ. 触发、激活阶段;Ⅱ. 习得、增长阶段;Ⅲ. 巩固、应用阶段。如图5-1所示:

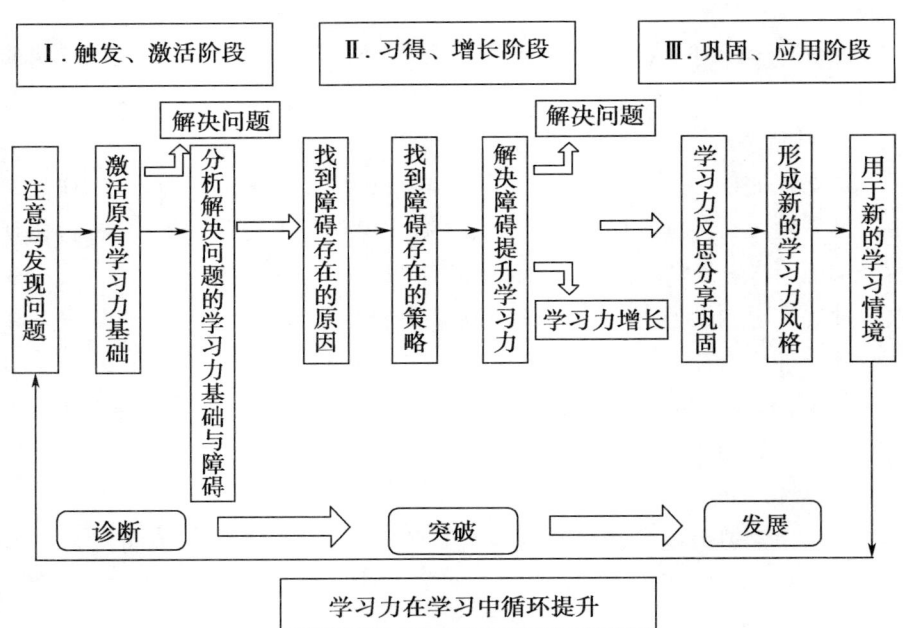

图 5-1 学习内容的组织逻辑

以学习力评估蜘蛛图、调查、学习叙事、对话等方法,或者情境性学习任务,触发、激活学习力,对高中生学习力现状进行诊断,以了解现有学习力基础,或解决实际存在的学习力障碍;布置学习任务、创设学习力发展情境或者提供相关学习材料等,帮助高中生分析学习力障碍的原因,找到突破学习力障碍的策略,实现学习力的习得、增长;通过学习力反思、分享、小组交流、档案记录等形式,形成新的学习力网络,并在以后的学习情境中加以运用,实现高中生学习力的巩固、应用,达到高中生学习力的持续发展。

简而言之,三个阶段,从高中生学习力的"诊断→突破→发展",实现学习力螺旋式上升。具体单元系统设置,兼顾学习力概述和学习力体系主题;各单元内容结构相似,编排以此组织逻辑的三个阶段推进。

(三) 学习方式

为了实现课程学习目标,掌握学习内容,学习必定依据一定的程序、策略等开展,这些总和就是学习方式。学习力发展指导课程,不是教师讲解或教授学生如何学习、如何发展学习力,而是以高中生为主、教师指导为辅,围绕学习力体系开展系列探索活动。可以从三个层次来理解和设计该课程的学习方式:

1. 宏观学习方式:"深度学习"的 7 个步骤

宏观学习方式,是针对高中生学习的整体设想,包括课程设计。"深度学习"的策略系统,与本研究的校本课程开发、课程理念、教学设想、学习力发展指导理念都很吻合,也与学习力发展的三个阶段发展过程一致。因此,以"深度学习"的 7 个步骤[1]作为本课程的宏观学习方式,如图 5-2 所示。

结合"深度学习"的 7 个步骤,具体分析本课程的宏观学习方式如下:第 1 步:开发高中生学习力发展指导课程,包括多个单元的信息组块,各单元内容与学习力体系紧密相关;第 2 步:通过反思、学习叙事、调查等形式,对高中生学习力的具体情况进行预评估,完成学习力现状诊断;第 3 步:教师通过语言引导、优秀人物学习样例等途径,引导高中生敞开心扉,回顾和讨论自己的学习和学习力,营造积极的学习文化;第 4 步:教师基于课程设计,指导高中生通过讨论、知识补充、案例实践等形式,开展学习,发现自己的学习力优势

---

[1] [美]Eric Jensen,LeAnn Nickelsen.深度学习的 7 种有力策略[M].温暖,译.上海:华东师范大学出版社,2010:12.

和不足,从同伴、教师、资源等方面获得启发;第 5 步:从高中生的学习经历、教师的指导、师生的资料补充、课堂的动态生成等多途径,提升高中生对学习力的认知,促进学习力发展;第 6 步:在本课程学习的过程中,高中生不断发掘自己的学习力,同时通过同化和异化建构新的学习力网络,提升学习力素养。在其他课程的学习中,也感知、应用和提升学习力,使学习力发展意识深入整个学习生活中;第 7 步:通过高中生的自我报告、同伴反馈、学习叙事以及教师观察等,记录、反馈、评价高中生的学习力发展。也是对课程学习效果的反馈,对课程设计的间接反馈。

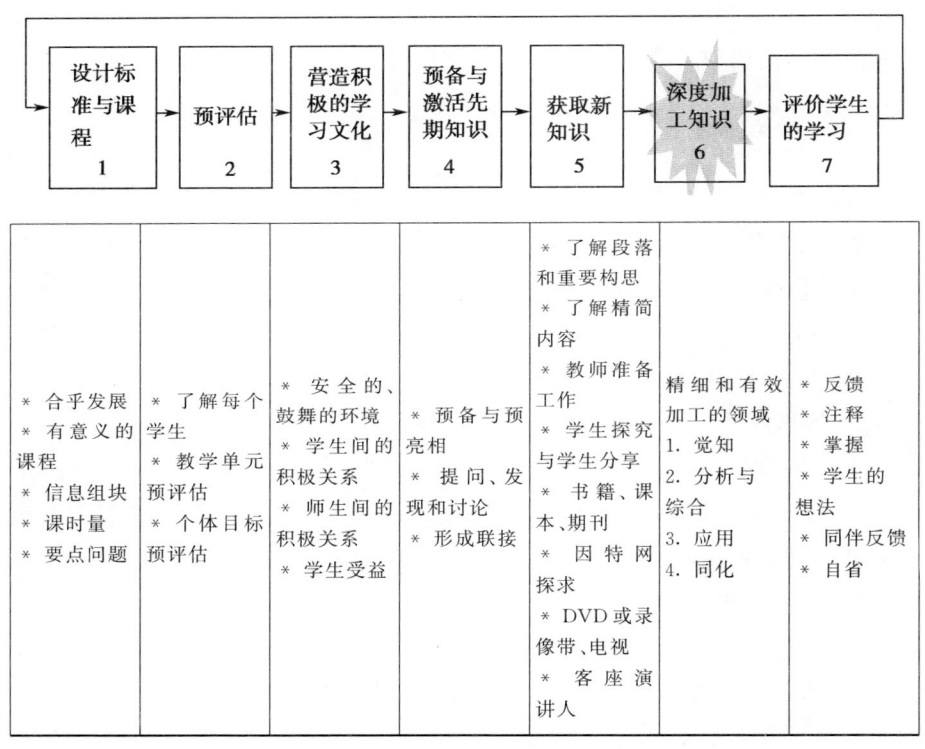

图 5-2 深度学习路线

2. 中观学习方式:"链式学习"的 6 个环节

中观学习方式,可以指完整的一节课的学习操作,也可以指某个学习力要素采用的学习方式。前文论述过,本课程的学习内容以学习力的"诊断→突破→发展"为内在思路。因此,中观学习方式可以按照"链式学习"的六个环节开展:找到问题→小组研讨→自主学习→知识共享→深入研讨→突破操作①。

第一,借助学习力评估蜘蛛图,针对学习力要素内容的小调查、高中生的学习叙事等,找到高中生的学习力现状存在的问题;第二,对调查、叙事等进行小组讨论,使高中生相互借鉴,了解同伴学习力现状的同时,获得自我学习力发展的启示,教师也可以相机参与讨论;第三,根据教师的引导、师生的资料分享等,开展促进学习力发展的自主学习;第四,可以引导高中生谈谈学习收获,如掌握的学习力提升策略,达到知识共享乃至知识创造;第五,通过学习力的案例分析或完成相关学习任务,或共同研讨,达到对学习力策略的灵活把握等;第六,设计学习任务,或者在以后的学习情境中,实践学习力发展策略,进行提升学习力的实践,并及时点评和总结学习力发展。

3. 微观学习方式:学习叙事、对话、自主·合作·探究

微观的学习方式,是指高中生开展本课程学习活动的具体操作方式。符合新课程改革对整体学习方式的变革要求,主要包括如下三种:

(1) 学习叙事

高中生已经具有十余年的学习经历,无论得失成败,都是学习力发展的借鉴。因此,学习力发展指导校本课程设计相关活动,通过口头叙事、书面写作或思维回顾等方式,激活高中生学习经验感受,更好地吸纳学习力的策略或知识,以积极主动的方式,在"旧"学习的回顾和当下学习力发展指导课程的学习中,发展学习力。

(2) 对话

教师引导显性和隐性的对话开展。课堂的讨论、提问等属于显性对话,高中生的学习叙事是高中生与自我学习经验的隐性对话;课堂内外,还存在师生间的多层次隐性或显性对话。对话层次包括:高中生自我、师生、高中生群体、高中生与资料之间等,多渠道促使高中生能反思和利用自我与他人的学习经验。对话的学习方式,主要追求群体互动式学习,将教师、高中生等不同主体的隐性知识和显性知识相互转化;营造和实现知识共享的氛围和结果,进而追求知识的流动、共享和创造。

(3) 自主·合作·探究

在高中生了解自我学习力现状的前提下,设计任务或活动,引导高中生个体或小组合作、同伴互助,运用自主·合作·探究的方法,寻找突破自我学

---

① 钟国兴,杨永加.链式学习法:组织学习的六级台阶[M].北京:红旗出版社,2012:42.

习力不足。在课堂组织形式上,可以多采用谈话、小组交流、圆桌会议等形式,辅助多媒体展示相关资料。三者关系是:自主是前提,合作是手段,探究是目的。自主性、合作性和探究性,被认为是学习方式的三个维度。①

总之,宏观、中观、微观三个层面的学习方式,相辅相成,具有内在一致性,都强调高中生对学习力体系各要素的反思、外化、分享和教师指导下的自我突破。

(四) 学习评价

学习评价,是对学习活动的价值判断和反馈的过程,是改进和激励学习活动的过程,也是体现社会影响和控制学习活动的过程;是课程的一个组成部分,是教育评价的重要领域。② 高中生学习力发展指导课程的学习评价,有其特殊性:从内涵层面来说,包括对高中生学习力现状的评价,也包括对高中生参与本课程以学习力为核心的学习的评价;从学习评价类型或过程来说,包括评价学习力现状的结果性评价,也包括对高中生学习力实践的过程性评价,还包括促进发展高中生学习素养整体发展的发展性评价。围绕这些内涵,本课程学习评价的功能、原则和方式如下:

1. 学习评价的功能

学习评价一般具有激励、导向、促进和保障等功能。本课程的学习评价,有着不同于学科课程学习评价的独特功能。

(1) 评价高中生学习力现状

评价高中生学习力现状,是本课程学习评价的内涵之一,也是对高中生学习素养现状的结果性评价。了解高中生学习力现状,是本课程设计的内容之一,是学习力发展指导的现实基础,当然也就属于学习评价的范畴。评价学习力现状,使教师了解高中生群体和个体的学习力现状;也使高中生了解班级、同伴和自己的学习力现状。了解学习力现状的优势与缺点的同时,引起对高中生学习力的关注,这是促进学习力持续发展的第一步。

(2) 推动高中生参与学习力实践

本课程的理念之一,强调以高中生学习力发展实践为中心,落实在课程设计和课程实施中。因此,推动高中生参与学习力实践,是学习评价的重要

---

① 钟启泉,崔允漷,张华.为了中华民族的复兴 为了每位学生的发展:基础教育课程改革纲要(试行)解读[M].华东师范大学出版社,2001:247.
② 丁念金.课程论[M].福州:福建教育出版社,2007:175.

功能。通过评价高中生参与课程活动的参与度、态度、过程和结果等,促进和指导高中生在课程学习中,投入相关学习力实践,了解、关注和自主发展自己的学习力。本课程学习中,对高中生学习力实践的评价,也是对高中生学习力自主发展的指导。最终,高中生能在本课程学习以外,有意识地将适合的学习力知识、策略运用到学习力实践中。

(3) 促进高中生学习素养整体发展

学习力超越学科视野,关乎高中生学习本身的方方面面,不同于具体学科学习的评价。因此,以学习力为核心的本课程的评价,能促进高中生学习素养的整体发展,有利于提升高中生学习效率。学习力范畴的学习素养,也属于学生"学会学习"核心素养的范畴。所以,本课程学习评价也是促进"学会学习"核心素养发展,从而对高中生的其他核心素养发展以及整体素养提升都有重要意义。

2. 学习评价的原则

高中各科课程标准所强调的学习评价的共同原则,包括:促进高中生素养提高、主体多元、方式多样等。本课程作为学习力发展指导课程,主要强调如下原则:

(1) 过程为主,结果为辅

学习力发展,是学习内在力量的潜移默化的增长。因此,本课程的学习评价,以关注高中生学习力相关活动的学习过程为主,也在本课程特有的两个层次内涵的学习评价过程中,引导高中生了解、关注和发展自我学习力。而以学习力发展的结果评价为辅,是因为:学习力是持续、缓慢的增长过程;学习力是内在力量,不太适合定量直观评测。

(2) 高中生为主,教师为辅

学习评价的主体,可以是教师、高中生、家长、学校管理者等,多主体参与对高中生学习力发展的评价,有利于重视和更全面、客观地评价高中生的学习力。师生是学校一切学习活动的主要评价主体。该校本课程的学习,强调高中生自主,教师指导。因此,学习评价,也应该以高中生的自主评价为主。这也符合学习力作为内在力量的特殊属性,只有高中生自己最了解自己的学习力发展情况。教师在与高中生互动中相机评价,在课堂观察中点面结合评价等,都是必要的补充。其他评价主体的评价,则是有益补充。

(3) 质性为主,方式多样

注重学习力的发展性评价,以质性评价为主。高中生在该课程学习过程中的材料,如学习叙事、学习力评估图、学习计划、学习力发展规划等,都是评价的依据。也可以适当参考该课程开展过程中,其他学科教师对各位高中生学习和学习力变化情况的反馈。还可以参照学科成绩的量性变化。

3. 学习评价的方式

该课程的学习评价方式,不是考试之类的结果性评价形式,而是注重过程性评价、表现性评价、高中生主体自叙式评价。主要学习评价方式如下:

(1)学习力评估蜘蛛图评价

学习力现状和发展评价,是本课程学习评价的核心。关于现状评价,主要借鉴英国ELLI项目的评估蜘蛛图,绘制本研究的学习力评估蜘蛛图,引导高中生完成学习力现状调查的问题,将得分在本研究图中表现出来,便于教师和高中生直观了解高中生个体或群体学习力整体水平及每一维度的水平状况。

(2)高中生学习自叙式评价

因为学习力是学习的内在力量,对于学习力发展评价,主要采用高中生学习自叙式评价。通过课程设计中的小调查、学习叙事等自我报告式的形式,外显和表现高中生的学习力水平,达到学习评价和评价学习力的目的。教师还可以通过课堂对话,对高中生的学习和学习力进行间接评价。

(3)外在评价方式的学习评价

外在评价方式,指非高中生自叙式评价的所有方式。可以通过本研究编制的学习力调查问卷中的系列问题,测试高中生学习力的水平现状;通过教师点评、同学评价、学习活动、过程表现等途径,反馈学习力发展情况;通过具体的学习任务,检测学习力水平发展情况。

高中生学习力发展指导课程的学习评价材料,收集方式多样,比如通过高中生的学习叙事,教师对高中生学习的观察记录等;材料类型多样,如评语、档案袋、活动记录等。

四、编制课程文本

课程文本,是课程静态和具体的呈现方式。课程文本的编制,是课程编制的重要环节;就本研究而言,课程文本是学习力发展指导课程构建的结果,具体指中观层面的"课程纲要"和微观层面的"学材"。

(一) 研制课程纲要

1999年《中共中央、国务院关于深化教育改革全面推进素质教育的决定》强调:"调整和改革课程体系、结构、内容,建立新的基础教育课程体系,试行国家课程、地方课程与学校课程。"[1]校本课程开发,逐渐成为我国课程研究和实践的重要课题。在校本课程开发中,一般首先要研制课程纲要。课程纲要,在"职能上相当于课程标准,但比课程标准要简单,一般篇幅为4 000至8 000字即可"[2]。

1. 课程纲要的性质

课程纲要,指以纲要的形式,呈现某门课程的各种课程元素。[3] 它是中观层次的课程文本,是对一门课程的设计和实施的具体方案规划。课程纲要的设计者,可以是课程研究者、教师个体、教师群体或者专家与教师的合作小组。课程纲要的开发,决定了校本课程的形态和质量,是校本课程开发的重要环节。课程纲要具有重要意义,表现为:有利于课程设计者,围绕课程纲要设计具体课程形式和内容;有利于学校课程的审议、修订和管理;有利于教师整体规划和设计课程教学;有利于高中生全面了解校本课程的目标和内容框架。

因此,课程纲要是一门课程的合同、认知地图、课程计划和交流工具。[4]

2. 课程纲要的基本任务

课程纲要的基本任务,就是对课程的设计规划和阐述。就本研究而言,延续上文课程要素采用的观点,课程纲要的主要任务,是高中生学习力发展指导课程的学习目标、学习内容、学习方式和学习评价的阐述。作为校本课程的特殊性和灵活性,还包括对该课程情况的一些概述,如课程的背景、性质、特征及相关信息等内容,使课程纲要能更好地服务于课程设计和以后的课程实施与评价等。

本研究研制高中生学习力发展指导课程的课程纲要,落实课程构建思

---

[1] 法律图书馆.中共中央、国务院关于深化教育改革全面推进素质教育的决定[EB\OL]. (1999-06-13)[2016-11-20]. http://www.law-lib.com/law/law_view.asp?id=69684.
[2] 丁念金.校本课程设计以何为本[N].中国教育报,2015-09-23(09).
[3] 崔允漷.如何撰写《课程纲要》[EB\OL].(2006)[2016-11-20]. http://www.doc88.com/p-8039034228761.html.PPT.
[4] 崔允漷.如何撰写《课程纲要》[EB\OL].(2006)[2016-11-20]. http://www.doc88.com/p-8039034228761.html.PPT.

路,贯穿学习力体系,体现高中生学习为主、教师指导的总体原则。借鉴现有课程纲要结构研究,结合本课程特性,将高中生学习力发展指导课程纲要的内容,确定如下:首先,"课程概述"包括:课程背景、课程性质、课程特征和课程信息;其次,主体内容按照学习开展的逻辑分为学习目标、学习内容、学习方式和学习评价四个课程要素展开阐述;最后,编制该课程具体的"学时安排",将课程内容和课程教学时间对应设计,为课程编制和教学开展提供借鉴。

(二) 编制学材

2001年教育部颁布《基础教育课程改革纲要(施行)》,启动新一轮基础教育改革。转变知识中心、教材中心、教师中心等旧课程理念为素养中心、学习中心、高中生中心的新课程理念。

1. 学材的性质

学材,是与教材、教科书相关的概念。新课程改革前,人们往往对"教材"和"教科书"的认知和概念使用,区分不清晰,且使用"教材"较多。新课程改革后,随着教学资源丰富,对教与学、学习、师生关系等认知论转变,人们认识到教材的概念更广泛,而不仅仅指学生使用的一本本"教科书",因此将教科书与教材概念区分使用。教材是包括课堂内外使用的若干资源的统称,包括教科书、教辅材料、学具等;教科书,是教与学共有的课本,具有知识系统性、编制规范、严谨的特点。无论是统一教科书还是"一纲多本"的教科书,我国一直以来教科书都有严格的编审要求,实际使用的立场是为了教师的教,而不是学生的学,是现代教育以教为中心的体现。因此,教材、教科书本质是"教本"。

随着新课程改革的深入,对学生学习主体性和自主学习能力的越来越重视,以及校本课程开发的繁荣,催生了以学生自主学习为目的、审议相对宽松、主要由各学校决策的"学材"。学材就字面解释就是"学习的材料","指一门具体的校本课程的学习材料"①,是微观层次的校本课程文本。广义的学材,既包括专门的课程学材,也包括其他纸质或电子的学习资源。学材的核心内容是落实课程要素。学材内容的选择、组织方式、活动设计等都以学生为主,以学生的个性化自主学习为目的,以便于教师指导下学生自主开展学

---

① 丁念金.校本课程设计以何为本[N].中国教育报,2015-09-23(09).

习。因此,学材和教科书在理念上有本质的不同。学材是教、学、做一体的课程文本;学材的性质是学习的材料,是"学本"。学材编制,强调以学生为主,按照学生学习规律编写,以学生的个性化自主学习为目的,便于教师指导学生开展自主学习。学习内容呈现方式往往包括呈现资料、实践任务、互动活动等。但是有研究者倡导教科书"学材化",还值得谨慎面对,逐步探索。本研究主要将"学材"放在校本课程层面理解、使用和开发。

2. 学材的基本任务

学材的核心内容是具体落实课程要素,学材内容的选择、组织方式、活动设计等都围绕相关课程要素展开。

该校本课程的学材编制,突破教科书的学科知识系统编排方式,以学习力的"诊断→突破→发展"为内在的纵向逻辑组织学材内容,以学习力体系框架为横向组织思路;突破教科书的常用内容结构方式,以学习过程中学习力认知、发展策略掌握、学习力提升为认知逻辑,实现学材的层次化;单元主题设置,除了第一单元概述学习力,其他四个单元将主要紧扣学习力的一级素养,每个单元落实一个一级及其二级要素和观测点;以高中生学习力发展为本,超学科训练为主,学科案例为辅;学习方式突出"指导"意味,不是知识内容的传达,而是以问题、活动或任务等形式,引导高中生参与其中,形成个性化学习力发展策略系统;促进高中生学习素养、"学会学习"核心素养发展等,契合当前社会和教育改革的趋势。

综上,学习力发展指导课程,不同于传统的学科课程,也不是一般根据逻辑推理得出主题开发的校本课程,而是经过科学逻辑论证,基于调查而构建的校本课程。该校本课程,以高中生学习力体系脉络为课程内容框架,以学习力发展指导为课程的实质,有待高中生根据自己的学习经验,在教师引导下完成完善课程内容,发展学习力。如果将这门课程的学习比作旅行,那么课程就是旅行的地图——只是提供旅行参考,而不是路途风景本身的全部内容。本章的课程构建思路,则是对这"地图"轮廓的勾勒。

第六章 高中生学习力发展指导课程样例

课程样例,是高中生学习力发展指导课程的具体化,是对前文课程现实需求的回应,也是对本研究校本课程构建理论研究的落实和应用。因此,本章在课程构建思路的指引下,拟构建一门具体的学习力发展指导校本课程,名称为"学习力发展指导"。正如上一章对课程文本层次的分析,校本课程文本,主要是中观层次的课程纲要和微观层次的学材。本章呈现"学习力发展指导"课程的这两类课程文本样例,作为本研究课程构建的结果,也作为高中生乃至基础教育各阶段学生的学习力发展指导课程开发的样例。

一、课程纲要样例

根据上章课程纲要研制论述,"学习力发展指导"课程纲要包括:课程概述、学习目标、学习内容、学习方式、学习评价、学时安排等六个方面的内容。

(一) 课程概述

包括概述本课程的背景、性质、特征和课程信息。

1. 课程背景

其一,学习型社会对人才培养的要求。21世纪,科技进步、信息发达,世界各国都追求发展学习型社会。中国共产党十六大、十七大、十八大报告,《国家中长期教育改革和发展规划纲要(2010—2020年)》等重大文件,都强调建设"人人皆学、处处能学、时时可学"的学习型社会理念。因此,要重视学生学习素养发展,使基础教育培养的人才,具备终身学习能力。一方面,为学生应对当前学习、生活以及未来在学习型社会的生存与发展,打下基础;另一方面,为推动学习型社会发展作贡献,因为学生素养决定了未来人口素养。所以,发展高中生学习力非常重要,是高中生的培养目标之一。

其二,发展高中生"学会学习"核心素养的要求。"学会学习"是学习型社会和终身学习的要求。世界各国,包括我国,都越来越重视学生"学会学习"等核心素养培养。我国2016年颁布了《中国学生发展核心素养》文件,2017年还修订了高中各科课程标准,都凸显核心素养理念。学习力,属于"学会学习"核心素养范畴,有必要大力发展学习力,以促进"学会学习"核心素养发展,乃至学生整体核心素养提升。

其三,完善高中学校课程内容的要求。高中生学习力发展策略很多,其中建构专门指导的校本课程,是最佳策略。因为校本课程编制严谨,体系相对完备,有利于引起对学习力的重视和系统指导;当前三级课程管理和校本课程开发的蓬勃发展,提供了开发学习力发展指导课程的契机;我国对学生学习指导重视不够,开发学习力发展指导课程,是填补我国学习学校本课程缺失的需求。

2. 课程性质

该课程不依赖于现有的学科知识系统,而是构建少而精的关于学习力体系的策略性知识为主,并在一系列活动中,指导学生了解学习力的知识,进而了解自己的学习现状,把握发展学习力的一般策略和个性化方法,形成关注自我学习力发展的习惯。该课程的性质是高中生学习力的各方面及整体发展的指导类课程,不是学科课程,是综合素质课程。所谓"发展指导",有多层含义,包括:课程对教师、学生等各方力量关于学习力认知的系统指导;教师依据学材,实施该课程时对学生的指导;课程对学生自主学习的指导等。根据校本课程不同的划分方式,"学习力发展指导"课程可以归属为学校的跨学科课程、技能课程、支持系统课程、探究课程等不同的课程板块,属于高中拓展型校本课程。

3. 课程特征

本研究构建的"学习力发展指导"课程不同于结构封闭、以知识系统为核心的学科课程,其特征是:开放、创生、动态。

本课程编制,是基于高中生调查了解高中生学习力现状的基础上,设计课堂实践和反思评价等学习活动。有课程的外形,即包括课程纲要和学材两种呈现形式,但不是学问中心的。有一定的知识体系,但只是脉络,具有开放性。本课程强调以高中生及其学习经验为中心,重视对高中生学习经验的利用、改造和评价,强调在师生互动学习中,继续创生和完善课程内容,达到学习力发展的目的;课程内容不是完全确定的,会在教师备课和师生学习互动中,继续动态发展、创生和完善。

开放、创生、动态的课程价值取向与后现代课程观的一些理念吻合。当前我国课程改革的实际语境和课程观的理论追求,尚介于现代和后现代两者之间,即:努力扬弃现代性的一些弊端,追求和实践后现代性的一些理念。因此,有必要用后现代课程的一些理念,结合当前的实际情境,指引该校本课程开发。

4. 课程信息

对课程名称、学习对象、学习课时等课程信息作简要说明。

(1) 课程名称

课程名称确定为"学习力发展指导"。"学习力"是课程核心,"发展"是课程目的,"指导"是课程的主要性质。为了表达的简洁,"高中生"作为课程学习对象,没有在课程名称上体现。

(2) 学习对象

学习对象设定为高一或高二学生。因为高一学生要适应初中时教师帮扶下学习到自主地学习这一转变;高二学生应该已经适应高中的学习,能更好地自我反思或提升自己的学习状况;高三学生在现有考评体系下,确实很大程度要应付高考复习和升学考试。所以,比较适合的是在高一或高二阶段开设"学习力发展指导"课程,使课程能更有效地促进高中生学习力发展,为高中阶段学生学习状况提升服务。

承担该课程的教师,可以是:对学习有研究兴趣的任一学科教师;高中教育管理者,如对高中生学习状况了解比较全面的班主任、教学督导等;甚至对学习有研究的社会人员,如高中教研员、家长等。

(3) 学习课时

本课程学习时间为一学期。一方面,高中生学习任务重,时间紧张;另一方面,本课程的学习,需要时间相对集中、强化,形成师生学习力发展意识和策略系统,其效果则有赖于高中生在常态的学校学习中感悟、实践和提升。因此,每周开课2课时,一学期共36课时。

(二) 学习目标

1. 认知目标

即:培养学生对学习力和自我学习力现状的认知。

具体包括:简要了解学习力的内涵、意义和体系;了解高中生学习力实然和应然现状;了解学习力的总体发展策略;了解学习动力系统;了解学习能力系统;了解学习习惯系统。

2. 技能目标

即：培养高中生掌握学习力发展一般策略，形成学习力发展的个性化策略系统。

具体包括：能通过调查、对话、讨论等，使学生了解自己和班级的学习力的总体情况及各维度现状；掌握学习力体系各维度发展的多种策略；具备运用各种策略提升自己学习力的各维度水平的技能；针对学生的学习能倾差异，形成自我提升学习力的个性化策略系统和技能。

3. 价值目标

即：重视学习力对终身学习的价值，形成学习力自主发展的意识。

具体包括：高度重视学习力对高中生当下学习、终身学习和学习型社会发展的价值；形成重视和发展学习力的意识。

(三) 学习内容

课程内容模块按五个主题展开设计：学习力概述、"我"的学习力测评、推动"学习动力"、发展"学习能力"、形成"学习习惯"。除了第一单元是对学习力内容概述外，其它四个单元，纵向遵循"诊断→突破→发展"的内在逻辑；用学习力体系评估蜘蛛图等方法，诊断高中生学习力体系现状；横向以三个一级要素为课程主体的三大主题，实现突破和发展。单元一和其他四个单元是总分关系；单元二与后面的三个单元，也可以理解为总分关系。学习内容模块，如图6-1所示：

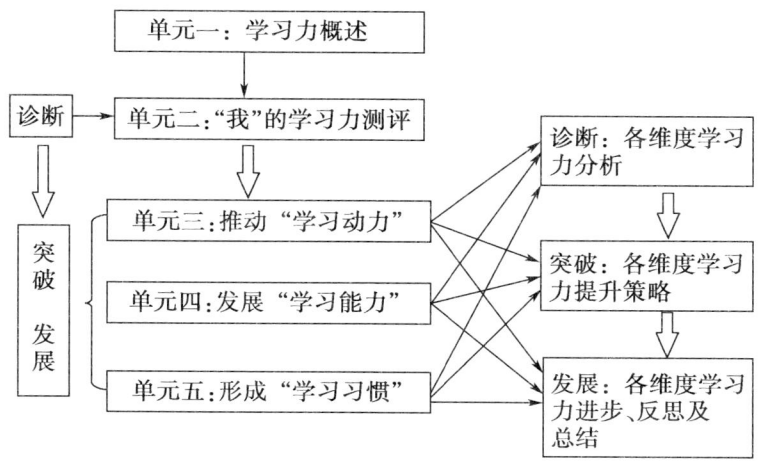

图6-1 学习内容模块

1. 单元一的内容

单元一是该校本课程的总起单元,内容主要是概述学习力的内涵、意义、体系、现状和总体发展策略。学习力内涵是:"学习力"(Learning Power)是支持和推动学习,直接影响个体学习效率的学习的内在力量,属于综合素质的范畴。学习力具有有利于促进学生综合学习能力提升,有利于学生积极应对学习事务,有利于发展学生"学会学习"的核心素养等意义。简介学习力体系。分析学习力的应然和实然现状。分析学习力的总体发展策略,包括:编制指导课程、隐性课程指导、随机指导和自主发展,编制专门的指导课程是当下高中生学习力发展的必然选择。

2. 单元二的内容

单元二的组成模块,借鉴 ELLI 项目的学习力评估蜘蛛图形式,指导高中生对自我学习力进行诊断性评估,具体包括:学习力评估蜘蛛图绘制、解读、分析报告三大块内容。教师将学习力体系的内容反映在蜘蛛图中,高中生在图中对应自己的位置选点,连点成线,形成蜘蛛图;线条构成的面积即是高中生的学习力评估蜘蛛图;引导高中生将自己的学习力评估蜘蛛图各维度进行解读,同时了解全班同学的学习力水平蜘蛛图的总体状况及各维度水平情况;结合自身学习叙事反思,完成自我学习力评估蜘蛛图的总体分析报告。

3. 单元三、四、五的内容

单元三、四、五的组成模块,针对学习动力、学习能力、学习习惯这三个一级和二级指标,按照"诊断→突破→发展"的内在逻辑展开。每个单元,首先,为了便于师生开展学习而明示学习目标;其次,内容设置这些板块:现状分析、知识奠基、策略知晓、实践反思、推荐阅读。现状分析:学习力评估蜘蛛图中的各自维度的状况分析,高中生对具体指标的学习叙事分析等;知识奠基:辅助高中生了解各要素的学习资料、通俗易懂的知识等;策略知晓:通过教师引导、学习案例、书籍阅读、高中生同伴分享等方式,概括出提升学习力体系各维度的策略,使高中生了解,并能在学习中实践;实践反思:引导高中生在学习中关注自己的学习情况和学习力体系各方面的发展,通过口头汇报、书面反思等形式,反思自己的学习力发展;推荐阅读:根据各单元学习内容,教师推荐或者高中生推荐跟本单元学习力体系具体内容相关的书籍,师生共同阅读。

具体学习内容形式,主要包括:设计调查、测评等形式,引导高中生反思学习力现状,完成学习力的评估和自我认知;根据师生建构的学习材料,或者教师、个案安排的活动或任务,开展学习力提升学习;分享学习学知识或者学习体验等;总结、反思以促进学习力提升等。

(四) 学习方式

本课程的学习方式包括三个层面,简述如下:

1. 宏观学习方式:"深度学习"的 7 个步骤

这里的宏观学习方式,是指针对高中生学习的整体设想,包括课程设计。深度学习的策略系统非常适合确定为本课程的整体学习方式,包括如下 7 个步骤:设计标准与课程、预评估、营造积极的学习文化、预备与激活先期知识、获取新知识、深度加工知识、评价高中生的学习。

2. 中观学习方式:"链式学习"的 6 个环节

中观的学习方式,是指完整的一节课的学习操作,或一个学习力要素的完整学习流程采用的学习方式。根据本课程学习力的"诊断→突破→发展"的内在思路,中观学习方式可以按照"链式学习"的六个环节开展:找到问题→小组研讨→自主学习→知识共享→深入研讨→突破操作。

3. 微观学习方式:学习叙事、对话、自主·合作·探究

微观的学习方式,是指高中生开展学习的具体操作方式。包括:

学习叙事,即高中生对已有学习经验或本课程学习体验的叙述、反思等。

对话,即以提问、讨论、学习叙事等形式,促进高中生自我、师生、高中生群体、高中生与资料等多向的、显性或隐性交流。

自主·合作·探究,即以高中生自主学习为主,师生、同伴或小组合作为辅,采用谈话、小组交流、圆桌会议、任务探究等形式探究学习力发展的策略,促进学习力提升。

(五) 学习评价

本课程的学习评价具有评价高中生学习力现状、推动高中生学习力实践、促进高中生学习素养整体发展等重要功能。强调过程为主,结果为辅;高中生为主,教师为辅;质性为主,方式多样等评价原则。因此,评价方式也不同于学科课程,具体学习评价方式有:

1. 学习力评估蜘蛛图评价

主要借鉴英国 ELLI 项目的评估蜘蛛图,绘制本研究的学习力评估蜘蛛图,引导高中生完成学习力现状调查的问题,将自己的得分在本研究图中表

现出来。便于教师和高中生，直观了解个体或群体学习力的整体水平及各维度的水平状况。

2. 高中生学习自叙式评价

主要通过课程设计中的小调查、学习叙事等自我报告式的形式，外显和表现高中生的学习力水平，达到学习评价和评价学习力的目的。

3. 外在评价方式的学习评价

通过本研究编制的学习力调查问卷中的学习力现状调查的系列问题，测试高中生学习力的水平现状；通过教师点评、同学评价、学习活动、过程表现等途径，反馈学习力发展情况；通过具体的学习任务检测学习力水平发展情况。

（六）学时安排

本课程为1学期课程，每周2学时，共36学时。具体学习内容和学时安排，如表6-1所示：

表6-1 学习内容和学时安排

单元	内容	学时
单元一 学习力概述	了解学习力内涵、意义、体系、现状和总体发展策略	1
单元二 了解"我"的学习力	了解学习力体系与学习力测试的对应关系，完成学习力调查测试	1
	了解学习力评估蜘蛛图，并绘制"我"的学习力评估蜘蛛图	1
	解读"我"和同学的学习力评估蜘蛛图，完成学习力评估蜘蛛图分析报告	1
单元三 推动"学习动力"	通过学习力评估蜘蛛图和学习叙事，了解和分析"我"的学习动力系统现状	1
	了解学习兴趣的相关知识和发展策略	2
	了解学习动机的相关知识和发展策略	2
	了解学习态度的相关知识和发展策略	2
	反思"我"的学习动力发展，并阅读相关书目	1

续表

单元	内　容	学时
单元四 发展"学习能力"	通过学习力评估蜘蛛图和学习叙事，了解和分析"我"的学习能力系统现状	1
	了解学习认知的相关知识和发展策略	2
	了解学习技能的相关知识和发展策略	6
	了解学习能倾的相关知识和发展策略	3
	反思"我"的学习能力发展，并阅读相关书目	1
单元五 形成"学习习惯"	通过学习力评估蜘蛛图和学习叙事，了解和分析"我"的学习习惯系统现状	1
	了解内在处理的相关知识和发展策略	3
	了解过程运行的相关知识和发展策略	3
	了解时间管理的相关知识和发展策略	3
	反思"我"的学习习惯发展，并阅读相关书目	1

综上，"学习力发展指导"课程纲要对该课程的全面规划，是课程构思的体现，是学材构建的模板，是课程理论研究转向学材的关键。为了避免与前文课程要素构建部分的相关内容重复，课程纲要中的表述尽量简洁。如果投入学校实施，可以对课程纲要的相关内容阐述更详细些。

二、学材样例（简易版）

学材样例，强调的是"简易版"，原因有：第一，为了避免前文理论论述和学材内容的重复，学材中有关学习力要素的阐释尽量简洁化了；在学材真正实施前，可以再适当补充相关论述。第二，学材的学习对象是高中生，具有丰富的学习经验。在课程实施中，应该开发和利用高中生对学习力的已有认知和学习经验，使学材得以更丰富。第三，教师作为与学习密切相关的职业，其自身知识和学习经验，在备课时也会被开发和利用来补充学材内容。第四，该校本课程是"发展指导"属性，没有类似学科课程的系统严密的知识体系，除了必要的学习力知识外，多是有待高中生参与实践的活动设计。第五，课程探究最重要的场所是中小学本身，来自教育行政部门、大学和研究机构里的外部权威人士只能起次要作用；"唯有对实际情境有深切体验的人，才有可能编制出最能满足实际要求的课程"①。因此,该学材,只是笔者作为理论研究者编制的简易版,有待在后续课程实践中,不断完善和扩展课程内容。"学习力发展指导"学材(简易版)的五个单元内容,呈现如下:

单元一　学习力概述

学习目标:
1. 了解学习力内涵、意义及其体系结构。
2. 了解高中生学习力现状。
3. 了解高中生学习力的应然、实然现状及总体发展策略。

(一) 学习力的内涵、意义

21世纪是全民学习、终身学习的学习型社会时代,学习成为每个人的终身事务。支持学习的内在力量——学习力,尤其重要。对于学生而言,学习力培养是学校为人的终身学习、终身发展所做的奠基工程。

1. 内涵

学生的素质有多种划分方法,比如有研究者划分为:基本素质、学科素质、综合素质、特殊素质,其中综合素质包括:学习力、创造力、实践能力、职业关键素质、跨学科的知识技能和研究方法等。综合素质对人的其他素质的获得和整体素质的提升都非常重要,学习力是人综合素质的重要内容之一。

当前研究界对学生学习力内涵界定不一。本课程界定为:"学习力"(Learning Power)是支持和推动学习,直接影响个体学习效率的学习的内在力量,属于综合素质的范畴。这一内涵强调学习力对学习的重要意义,是影响学习效果的直接因素;强调学习力是学习者的内在力量,不是学习活动开展的外在操作方法。

2. 意义

学习力发展,对高中生而言,具有重要意义:

(1) 有利于发展高中生的综合素质

人的素质发展,不仅是人才培养的工具,而且是培养目的本身。学习力是一种重要的、关乎高中生从事学习的素质,属于高中生综合素质的范畴。

---

① 施良方.西方课程探究范式探析[J].华东师范大学学报(教育科学版),1994(08):30.

发展学习力,是发展高中生综合素质的"份内事",同时也有利于高中生其他方面素质更好的发展。因此,发展学习力,对提高学习质量、对人一生的成功与幸福、对社会的发展都具有重要意义。

(2)有利于提升高中生综合学习能力

学习力发展是对高中生学习动力、学习能力和学习习惯的全面发展,对学习者内在学习力量的全面激发和培养。学习力发展的同时,一定会反馈在日常学习中,包括在学科学习、课堂内外的自主学习中,表现为综合学习能力的提升。因此,学习力发展能提升高中生综合学习能力,从而提升学习效果。

(3)有利于帮助高中生积极应对学习事务

学习力也培养学习者积极的学习情感、学习态度乃至积极的学习者思维。因此,必然会带来学习者学习行为的积极转变,从而能积极应对学习事务。比如,一些高中生的学习叙事反映出两种情况:一是,有些同学知道自己的学习存在哪些不足,但是却没有有效的督促改进的良方,比如学习习惯不好,却不知道应该培养哪些学习习惯,才真正能更好地学习。二是,有些同学觉得自己已经努力了,但是仍然困惑于学业成绩不好,学习状态不理想,却找不到确切的原因。学习力体系是对学习的全面关照和研究,给高中生以反思和提升自我学习的抓手,也给教师观察、诊断和指导高中生学习情况以着力点。因此,基于学习力,内外合力,能够培养高中生积极应对学习事务的素养。

(4)有利于发展高中生"学会学习"的核心素养

从长远意义来说,学习力发展,就是发展学生"学会学习"的核心素养。因为,学习力是关于学生学习的素养,属于学生"学会学习"核心素养的范畴。学习力体系的构建也借鉴了我国和其他国家或组织的核心素养框架中"学会学习"的内容。如我国《中国学生发展核心素养》指出,学会学习"主要是学生在学习意识形成、学习方式方法选择、学习进程评估调控等方面的综合表现。具体包括乐学善学、勤于反思、信息意识等基本要点"。本课程的学习力体系包含了这些内容,并且涵盖面更加全面,更有利于学生"学会学习"。

(二)学习力体系

不同的研究者,可能有不同的学习力体系构建。本课程基于学习力的内涵,构建了包括3个一级要素、9个二级要素、28条观测点的学习力体系。此处仅简介,各学习力要素在之后的各单元中再详细介绍。

1. 学习动力

学习动力是引发和维持学生学习的动力倾向,是影响学习效率的前提要素,指向"愿学",包括学习兴趣、学习动机和学习态度。

学习兴趣,是对学习产生的积极认知和探究倾向,观测点包括:学习的情境兴趣、学习的个人兴趣。学习动机,是引起和推动学习的某种需要,观测点包括:学习的内在动机、学习的外在动机。学习态度,是对学习的情感和认知,观测点包括:学习的自我效能、学习的热忱、学习的自主性。

2. 学习能力

学习能力,是直接影响学习效率的关键要素,指向"能学",包括学习认知、学习技能、学习能倾。

学习认知,是学习者对学习的一般认知和对自我学习状况的认知,观测点包括:对学习现象的了解、对学习规律的把握、对自己学情的认知。学习技能,根据修订版的布鲁姆教育目标分类系统的"认知历程向度"确定,观测点包括:记忆、理解、应用、分析、评价和创造等六条技能。学习能倾,即"学习能力倾向",反映学生的个性化学习能力,观测点包括:推理能力、语言智能、数学智能。

3. 学习习惯

学习习惯,是实际学习的惯性力量,影响学习效率的保障要素,指向"实学",包括:内在处理、过程运行、时间管理。

内在处理,主要指向学习者学习时的思维习惯,观测点包括:积极回应的学习者思维习惯、学习迁移的习惯、有意识建构学习的习惯。过程运行,是学习过程的计划、开展和反思等习惯,观测点包括:计划学习的习惯、自我监控学习过程的习惯、反思学习的习惯。时间管理,是积极利用时间,观测点包括:珍惜时间的习惯、统筹安排时间的习惯、评估自我时间管理的习惯。

(三)高中生学习力应然、实然现状及总体发展策略

高中是基础教育的最高阶段,高中生的学习力在其人生发展中有其特殊状态和要求,但是实际情况如何?又有哪些总体发展策略可以促进高中生学习力发展?

1. 应然现状

高中生身心发展追求身体、心智和自我三个方面的"生命史"统一。作为以学习为"主业"的人生阶段,高中生的学习力发展历经十余年磨炼,应该达

到了一定的水平高度。

首先,高中是人生学习力达到的第一个高峰。高中生处于十七八岁的花季年龄,就学生阶段而言,其精力、身体素质、心智、学习经验、自主学习能力、自我构建能力等等,都达到人生的第一个高峰。作为学习的内在力量,涉及学习多个方面的学习力,高中也理应达到第一个高峰。

其次,高中是基础教育阶段学习力的最高水平状态。历经小学、初中到高中的学习历练,高中应该是学生综合学习能力状态最好的阶段。所以高中生的学习力水平应该达到其人生的第一个高峰,也是基础教育阶段学生的最高峰。

2. 实然现状

全国12个省(直辖市)1 296位高中生学习力现状抽样调查,以5分为各级要素的满分,调查结果表明:"学习动力"全国均分为3.53分,最低3.33分,最高4.00分;"学习能力"全国均分为3.41分,最低3.11分,最高3.92分;"学习习惯"全国均分为3.28分,最低2.77分,最高3.86分。换算成五级制可见:全国高中生学习力总体水平中等,且存在地区差异,都有待进一步发展。

调查显示,高中生对自我的学习现状和发展关注不够;教师在日常教学中,对学生学习力发展指导也不充分。高中生对开设专门学习力发展指导课程需求强烈。

造成上述实然现状的原因有:我国教育传统历来注重学习内容的达成,而对学习本身的关注不够;学科教学中即使有关于学习的指导,也是零散的;当前教科书内容系统缺少学习力发展指导的相关内容;学校课程系统中缺失对学生学习和学习力发展指导的专门课程。

3. 总体发展策略

高中生学习力应然状态与实然状态的差异,正是由于对学习力发展不重视、指导不到位造成的。高中生学习力的总体发展策略,可以从如下方面考虑:

(1) 编制指导课程

因为学习力是学习者内在学习力量,因此,外力只能起到指导作用。设置专门的学习力发展指导课程,促进师生建立学习力发展意识,掌握学习力体系的发展策略,是一种系统、有效的学习力发展方略。就当前学习力实际现状而言,也是首选策略。因为,课程的编制有科学合理的流程,课程的内容也具有系统性,课程的实施有利于形成重视学习力的氛围,普及学习力体系的相关知识及各要素发展策略,从而有效促进高中生学习力的长久发展,真正为终身学习奠基。

(2) 隐性课程指导

学校环境中的学习引导、教师的示范和同伴的榜样等学习参照,学校储备的学习相关的图书等,都属于学校学习力发展指导的隐性课程。当前,隐性课程是学校对学生学习和学习力发展为数不多的指导形式之一。隐性课程指导的不足在于:学校、师生重视程度不高;指导不成系统,影响力不够;因学生的兴趣关注差异等原因,学生受影响的差异较大。因此,对于高中生的学习力发展而言,只有隐性课程指导是不够的,也不符合学习型社会对学生"学会学习"核心素养的要求。隐性课程指导可以作为专门的"学习力发展指导"课程的有益补充。

(3) 随机指导

随机指导,主要指教师在日常的教学与管理中,对高中生学习力随机进行群体或个体指导。但是这种指导方式下,教师对高中生学习力的现状了解是基于经验判断;教师的学习经历、知识结构等差异,对高中生的指导也会整体效果不理想。现状调查也显示,当前教师对学生的学习力发展指导很不充分,多是偶尔指导而已。因此,随机指导,明显不能满足高中生学习力发展需求。需要专门的发展指导课程建构师生的学习力发展意识,提供学习力发展的一般策略。在此基础上,师生根据各自学习经验或知识结构,丰富对学习力的认知;教师才能更好地随机指导学生的学习力发展,学生也能逐渐获得学习力的自我发展能力。因此,随机指导的方式,也只能作为专门的"学习力发展指导"课程的有益补充。

(4) 自主发展

唯有高中生具有了学习力自主发展的素质,才是真正学会学习了,也才能胜任未来不确定的学习情境。自主发展,是学习力发展的目的和最终发展策略。一方面,因为我国学校教育的传统和现状,都或多或少存在不重视学生学习指导和学习力发展的情况,学生还不具备充足的自主发展素养;另一方面,学习力现状调查显示高中生学习力水平中等、对自我学习力发展不重视和对"学习力发展指导"课程需求强烈,也侧面证明高中生学习力自主发展素养还有待提高。因此,应注重提升高中生的学习力自主发展素养,形成学生学习力发展的个性化自主发展策略。

单元二 "我"的学习力测评

学习目标：
1. 了解学习力测评问卷和评分方法。
2. 能借助学习力评估蜘蛛图，了解自己和同伴、班级的学习力现状。
3. 能在教师指导下完成对自我学习力现状的分析报告。

（一）学习力评估蜘蛛图绘制

引导高中生了解学习力体系及其编号方式，进而学会在蜘蛛图中选出自己各维度的学习力水平点，连线构成反应学习力现状的蜘蛛图。

1. 了解学习力体系与学习力测评问卷的对应关系

为了便于高中生计算出自己各维度学习力得分，最终描绘出自己的学习力评估蜘蛛图，首先，将学习力体系进行编码，与学习力水平测评问卷对应呈现。一级要素（学习动力、学习能力、学习习惯）代码分别用大写的 A、B、C 表示；各维度二级指标则分别用大写字母后加数字标注，如学习兴趣、学习认知、内在处理，分别为 A1、B1、C1；观测点则用对应二级指标的小写字母加数字表示。笔者同时将与学习力现状测评问卷与各要素对应的题号，以括号形式标注在各条观测点的后面。带有编号的学习力体系和学习力测评问卷的对应关系，如下表 6-2 所示：

表 6-2　学习力体系编号与学习力测评问卷的对应关系表

一级要素	二级要素	观测点
学习动力　A （影响学习效率的 前提要素——"愿学"）	学习兴趣 A1	a1 学习的情境兴趣　（第 1—3 题）
		a2 学习的个人兴趣　（第 4—5 题）
	学习动机 A2	a3 学习的内在动机　（第 6 题）
		a4 学习的外在动机　（第 7—8 题）
	学习态度 A3	a5 学习的自我效能　（第 9 题）
		a6 学习的热忱（第 10 题）
		a7 学习的自主性（第 11—12 题）

续表

一级要素	二级要素	观测点
学习能力 B （直接影响学习效率的关键要素——"能学"）	学习认知 B1	b1 对学习现象的了解 （第13—14题）
		b2 对学习规律的把握 （第15题）
		b3 对自己学情的认知 （第16题）
	学习技能 B2	b4 记忆的技能 （第17题）
		b5 理解的技能 （第18题）
		b6 应用的技能 （第19题）
		b7 分析的技能 （第20题）
		b8 评价的技能 （第21题）
		b9 创造的技能 （第22题）
	学习能倾 B3	b10 逻辑推理能力 （第23题）
		b11 语言智能 （第24题）
		b12 数学智能 （第25题）
学习习惯 C （实际学习的惯性力量，影响学习效率的保障要素——"实学"）	内在处理 C1	c1 积极回应的学习者思维习惯 （第26题）
		c2 学习迁移的习惯 （第27题）
		c3 有意识建构学习的习惯 （第28题）
	过程运行 C2	c4 计划学习的习惯 （第29题）
		c5 自我监控学习过程的习惯 （第30题）
		c6 反思学习的习惯 （第31题）
	时间管理 C3	c7 珍惜时间的习惯 （第32题）
		c8 统筹安排时间的习惯 （第33题）
		c9 评估自我时间管理的习惯 （第34题）

注：1. A、B、C 和 a、b、c 等是各级要素或观测点的代码；
　　2. "第 X 题"是观测点与高中生学习力调查问卷的对应关系；
　　3. 各级要素的满分分值都是 5 分。

2. 计算学习力各维度的得分

为了高中生能搞清楚学习力现状测评的 34 条题目中，每条与观测点的对应关系。笔者除在上表的学习力体系中标明，也在调查问卷题目后的括号中，标明了每条问卷题目对应的学习力体系的观测点。

首先，高中生勾选学习力测评问卷的各题选项，便于后文学习力的各观测点得分计算。含有学习力体系对应标注的测评问卷如下：

1. 能对学习的具体文本内容产生兴趣　（a1）

   A. 非常符合　　　　　　　　　　B. 大部分符合

   C. 不确定　　　　　　　　　　　D. 大部分不符合

   E. 非常不符合

2. 能对学习任务产生兴趣　（a1）

   A. 非常符合　　　　　　　　　　B. 大部分符合

   C. 不确定　　　　　　　　　　　D. 大部分不符合

   E. 非常不符合

3. 能对学习的知识产生兴趣　（a1）

   A. 非常符合　　　　　　　　　　B. 大部分符合

   C. 不确定　　　　　　　　　　　D. 大部分不符合

   E. 非常不符合

4. 因是自己的学习喜好，所以产生稳定的个人兴趣　（a2）

   A. 非常符合　　　　　　　　　　B. 大部分符合

   C. 不确定　　　　　　　　　　　D. 大部分不符合

   E. 非常不符合

5. 因为是自己的学习优势所在，所以产生稳定的个人兴趣　（a2）

   A. 非常符合　　　　　　　　　　B. 大部分符合

   C. 不确定　　　　　　　　　　　D. 大部分不符合

   E. 非常不符合

6. 有学习的内在动机，如对学习目标的期待，积极学习价值的追求等（a3）

   A. 非常符合　　　　　　　　　　B. 大部分符合

   C. 不确定　　　　　　　　　　　D. 大部分不符合

   E. 非常不符合

7. 有学习的外在动机，如外界的各种奖励和鼓励　（a4）

   A. 非常符合　　　　　　　　　　B. 大部分符合

   C. 不确定　　　　　　　　　　　D. 大部分不符合

   E. 非常不符合

8. 能将外部激励转为自己学习的内在动机　（a4）

   A. 非常符合　　　　　　　　　　B. 大部分符合

C. 不确定 D. 大部分不符合

E. 非常不符合

9. 有积极的自我效能(指个体对自己是否有能力完成某一行为所进行的推测与判断) (a5)

A. 非常符合 B. 大部分符合

C. 不确定 D. 大部分不符合

E. 非常不符合

10. 不太热爱学习,对学习缺少热情 (a6)

A. 非常符合 B. 大部分符合

C. 不确定 D. 大部分不符合

E. 非常不符合

11. 有学习的自觉性 (a7)

A. 非常符合 B. 大部分符合

C. 不确定 D. 大部分不符合

E. 非常不符合

12. 有学习的主动性 (a7)

A. 非常符合 B. 大部分符合

C. 不确定 D. 大部分不符合

E. 非常不符合

13. 对学习的高原反应(即学习进程中某个阶段,学习提高速度减慢、停滞不前或倒退的现象)等学习现象有基本了解 (b1)

A. 非常符合 B. 大部分符合

C. 不确定 D. 大部分不符合

E. 非常不符合

14. 对过度学习(即对所学知识达到一次完全正确再现后,仍反复练习,继续识记,达到巩固)等学习现象有基本了解 (b1)

A. 非常符合 B. 大部分符合

C. 不确定 D. 大部分不符合

E. 非常不符合

15. 对学习遗忘(学习后经过的时间越长,保持越少,遗忘越多,但遗忘的速度是先快后慢的)等规律有基本认知 (b2)

A. 非常符合 B. 大部分符合

C. 不确定　　　　　　　　　　　D. 大部分不符合

E. 非常不符合

16. 对自己的学习各方面情况有比较清楚的了解　(b3)

A. 非常符合　　　　　　　　　　B. 大部分符合

C. 不确定　　　　　　　　　　　D. 大部分不符合

E. 非常不符合

17. 有记忆的学习技能　(b4)

A. 非常符合　　　　　　　　　　B. 大部分符合

C. 不确定　　　　　　　　　　　D. 大部分不符合

E. 非常不符合

18. 有理解的学习技能　(b5)

A. 非常符合　　　　　　　　　　B. 大部分符合

C. 不确定　　　　　　　　　　　D. 大部分不符合

E. 非常不符合

19. 有应用的学习技能(能将学习的知识、能力、策略等应用于自己的学习中)　(b6)

A. 非常符合　　　　　　　　　　B. 大部分符合

C. 不确定　　　　　　　　　　　D. 大部分不符合

E. 非常不符合

20. 缺少分析的学习技能　(b7)

A. 非常符合　　　　　　　　　　B. 大部分符合

C. 不确定　　　　　　　　　　　D. 大部分不符合

E. 非常不符合

21. 有评价的学习技能　(b8)

A. 非常符合　　　　　　　　　　B. 大部分符合

C. 不确定　　　　　　　　　　　D. 大部分不符合

E. 非常不符合

22. 有创造的学习技能　(b9)

A. 非常符合　　　　　　　　　　B. 大部分符合

C. 不确定　　　　　　　　　　　D. 大部分不符合

E. 非常不符合

23. 有学习所需的逻辑推理能力(基于已掌握的信息和知识,综合运用

分析、理解、综合、归纳、判断等方法,寻求规律,对事物间关系或事件的趋势作出合理判断) (b10)

  A. 非常符合   B. 大部分符合

  C. 不确定   D. 大部分不符合

  E. 非常不符合

24. 有学习所需的语言智能(有效运用口头或书面语言表达自己的思想并理解他人,具备言语思维和表达、欣赏语言深层次内涵等能力) (b11)

  A. 非常符合   B. 大部分符合

  C. 不确定   D. 大部分不符合

  E. 非常不符合

25. 有学习所需的数学智能(抽象概括能力、解决问题能力等) (b12)

  A. 非常符合   B. 大部分符合

  C. 不确定   D. 大部分不符合

  E. 非常不符合

26. 有积极回应的学习者思维习惯(如善于接受别人建议、善于提问、对学习有辨别和主见等)(c1)

  A. 非常符合   B. 大部分符合

  C. 不确定   D. 大部分不符合

  E. 非常不符合

27. 有学习迁移的习惯(如学习经验、知识、思路、策略等的迁移运用) (c2)

  A. 非常符合   B. 大部分符合

  C. 不确定   D. 大部分不符合

  E. 非常不符合

28. 有意识建构学习的习惯(如随时总结学习经验,建构关于如何学习的知识等) (c3)

  A. 非常符合   B. 大部分符合

  C. 不确定   D. 大部分不符合

  E. 非常不符合

29. 有计划学习的习惯 (c4)

  A. 非常符合   B. 大部分符合

  C. 不确定   D. 大部分不符合

E. 非常不符合

30. 缺少自我监控学习过程的习惯　（c5）

　　A. 非常符合　　　　　　　　　　B. 大部分符合
　　C. 不确定　　　　　　　　　　　D. 大部分不符合
　　E. 非常不符合

31. 有反思学习的习惯　（c6）

　　A. 非常符合　　　　　　　　　　B. 大部分符合
　　C. 不确定　　　　　　　　　　　D. 大部分不符合
　　E. 非常不符合

32. 有珍惜时间的习惯　（c7）

　　A. 非常符合　　　　　　　　　　B. 大部分符合
　　C. 不确定　　　　　　　　　　　D. 大部分不符合
　　E. 非常不符合

33. 有追求时间效率,统筹安排时间的习惯　（c8）

　　A. 非常符合　　　　　　　　　　B. 大部分符合
　　C. 不确定　　　　　　　　　　　D. 大部分不符合
　　E. 非常不符合

34. 有评估自我时间管理状况的习惯　（c9）

　　A. 非常符合　　　　　　　　　　B. 大部分符合
　　C. 不确定　　　　　　　　　　　D. 大部分不符合
　　E. 非常不符合

其次,对上述选项赋分。学习力测评问卷共34道题目,题目表述中,除了第10、20、30三道题目是反向否定表述外,其他都是正向肯定表述;选项都是五级制:"非常符合、大部分符合、不确定、大部分不符合、非常不符合"。因此,将除三条反向题以外的所有题目的分值,对应赋分为：5、4、3、2、1;而对三条反向题目的赋分为：1、2、3、4、5。

最后,算出学习力二级要素的得分。得分计算方法,都是对应某条二级要素的所有调查题目选项的得分之和,除以题目数得到的平均分。所有一级和二级要素的最终得分都是0—5之间。教师引导高中生计算出自我学习力的各二级要素得分,可以记录在学习力表格的对应空白处。

3. 了解学习力评估蜘蛛图

为了直观显示高中生学习力的整体情况,借鉴英国的有效终身学习编目

（Effective Lifelong Learning Inventory，简称 ELLI 项目）的学习力评估蜘蛛图设计了与本研究学习力体系对应的评估蜘蛛图，由中心辐射出的九条线段，分别代表学习力体系的学习兴趣、学习动机、学习态度、学习认知、学习技能、学习能倾、内在处理、过程运行、时间管理等九个二级要素。每条线段上的刻度，从中心向外，分别代表该学习力要素 1—5 的得分。本研究的学习力评估蜘蛛图，未输入数据的空白图，如下图 6-2 所示：

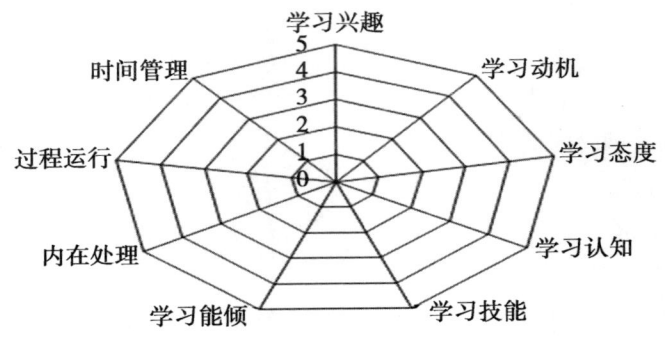

图 6-2　学习力评估蜘蛛图

4. 绘制"我"的学习力评估蜘蛛图

教师引导高中生根据问卷选择结果，计算出自己九个二级要素的得分后，在图 6-2 的蜘蛛图中对应的线段位置，标出得分点，连点成线，就能得到自己的学习力现状的蜘蛛图。得分点越远离中心点，则该生该要素的学习力越强；图的面积越大，则代表整体学习力越强。如根据两位同学的学习力调查问卷各二级维度得分，绘制的图 6-3 和图 6-4，分别代表学习力较强和较弱两种状态的蜘蛛图。

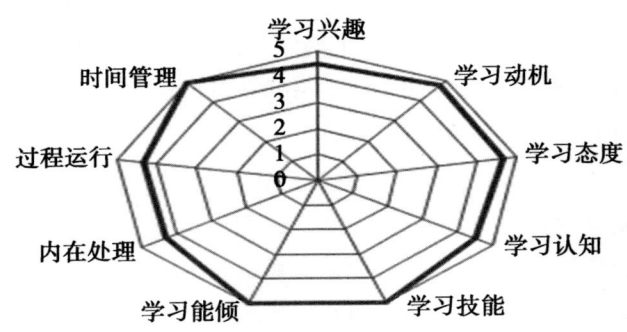

图 6-3　学习力较强的某同学的学习力评估蜘蛛图

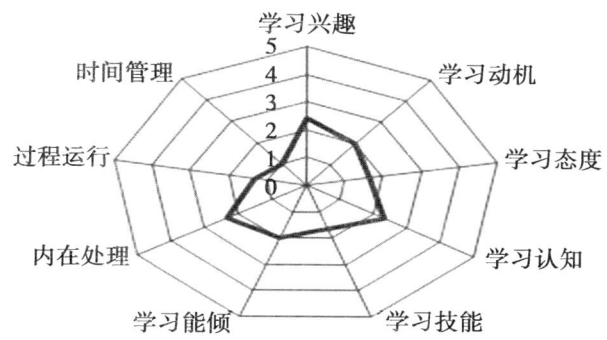

图 6-4　学习力较弱的某同学的学习力评估蜘蛛图

（二）学习力评估蜘蛛图解读

学习力评估蜘蛛图的面积越大,则该生的学习力越强;反之,则越弱。高中生和教师都可以清楚地看到学习力水平的各维度强弱情况。教师还可以绘制出全班学习力平均值的蜘蛛图。

1. 解读"我"的学习力评估蜘蛛图状况

教师指导高中生解读自己学习力评估蜘蛛图反映的维度和总体情况,了解自己的优势和不足。

2. 了解同学的学习力评估蜘蛛图状况

教师组织同伴或小组交流蜘蛛图情况,或者教师通过多媒体展示部分同学的蜘蛛图等。使高中生了解所关注的同学的、最优秀的同学、全班平均值等不同类型的蜘蛛图状况。

（三）学习力评估蜘蛛图分析报告

结合蜘蛛图现状和同伴分享感受等,写出你的学习力总体分析报告,并尽可能分析其深层原因。分析报告的行文方式可以自由选择,提供两种形式供参考:

一是,可以用夹叙夹议的方式叙写学习力现状和原因;

二是,可以运用 SWOT 分析法,即分析自己的优势（Strengths）、劣势（Weaknesses）、机遇（Opportunities）、挑战（Threats）。优势分析:分析自己的学习力优势及其原因,继续保持的态度和方法。劣势分析:分析学习力的劣势及其原因,树立改变的信息,找寻改变的策略。机遇分析:分析当前改变你的学习力现状的机遇,如当前课程改革对学生学习的重视,"学习力发展指导"课程的开设,自我学习信心重振等。挑战分析:分析自我学习力发展面临的挑战,如学业学习任务重,时间紧张;自己的性格缺点;学习氛围等。也可以在课堂上在图 6-5 中先简要概括出内容,课后完成分析报告写作。

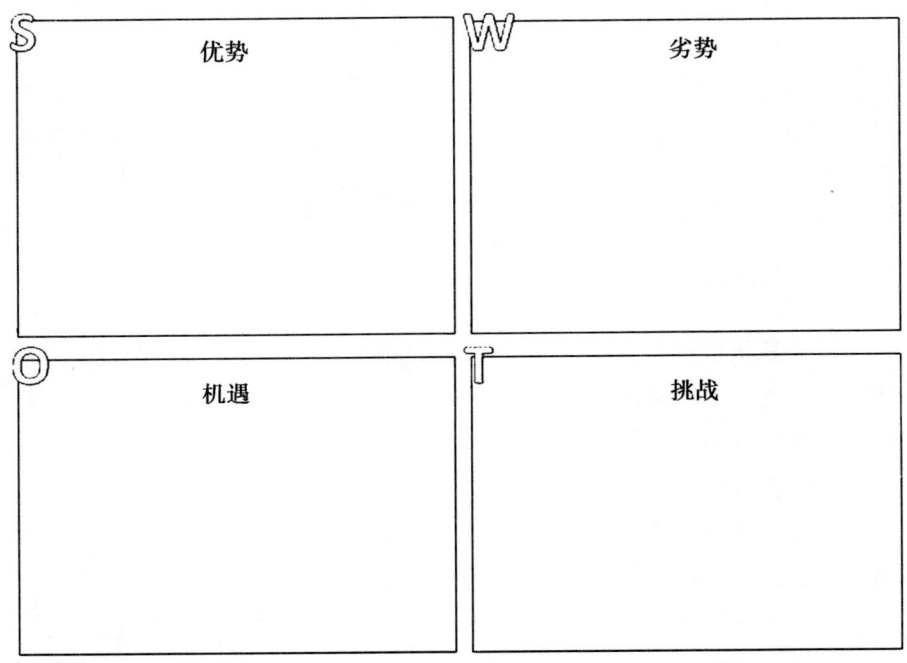

图 6-5　学习力现状 SWOT 分析

单元三　推动"学习动力"

学习目标:
1. 了解"我"和同学的学习动力现状。
2. 通过对话法、学习叙事法等寻找自我学习动力现状的原因。
3. 了解学习动力的一般知识,找寻提升学习动力的策略。

(一) 现状分析:"我"的学习动力现状

学习动力是学习的推进剂,包括学习兴趣、学习动机、学习态度。

1. 了解"我"的学习动力

根据评估蜘蛛图显示的学习动力各要素和观测点分析,进一步了解自己和同学的学习动力现状。

2. "我"的学习动力叙事

以口头或书面形式的学习叙事,反思自我学习兴趣、学习动机、学习态度各方面状况和原因。

3. 谈谈学习动力

依据学习动力叙事,教师组织高中生就学习兴趣、学习动机、学习态度三个方面展开讨论,可以采用圆桌会议探讨,或者采访、小组讨论形式,采访学习动力维度得分高的同学的经验;或小组内分享经验。

(二) 知识奠基:了解学习动力

通过教师的课程资源引导或自我查找资料等形式,了解学习兴趣、学习动机、学习态度的有关知识。

1. 了解学习兴趣

学习兴趣,可以分为学习的情境兴趣和学习的个人兴趣。情境兴趣是在实际学习过程中,对学习的文本内容、任务或知识产生的兴趣,具有情境性和不稳定性,是使学生对学校教育、教学保有热情的原因。个人兴趣,与学生的个性、情感、家教等因素相关,具有潜在性、稳定性或实现性。两类学习兴趣,对学生的学习力发展都非常重要。成功的学校教育能够最大可能地发挥学生的个人兴趣,并常能使学生感受到情境兴趣,从而快乐学习。

2. 了解学习动机

学习动机,一般可分为内在动机和外在动机。内在学习动机,包括:获得知识、发展能力、自我成长等;外在学习动机,包括:获得他人的认可或赞扬、荣誉或物质的奖励、优秀的学习成绩等。内在学习动机尤其重要,外在学习动机要转化为内在学习动力,才有意义。

3. 了解学习态度

学习态度,有个较著名的模式叫 ABC 模式,指学习的自我效能、学习的热忱、学习的自主性。学习的自我效能,是学生对自己能否成功学习的主观判断,表现为有无学习自信心;学习的热忱,是指学生能否热爱学习,对学习充满热忱,有积极的学习情感;学习的自主性,是指学生学习行为的自觉性和主动性。

学习态度的改变是一个缓慢的过程,经历从表面顺从到思想上认同接受,再到内化融入自己的价值体系的过程。

(三)策略知晓:激发我的学习动力

发展学习动力的策略,可以是师生课前寻找到的相关课程资源,也可以是课堂上师生间的经验分享。通过同学的经验分享、自己的学习动力反思、教师的案例补充等,高中生归纳适合自己的学习动力激发策略。

1. 学习兴趣发现和保持的策略

首先,分享生动的学习兴趣案例,然后再梳理出能发现和保持学习兴趣的策略。

(1)学习兴趣的案例分享

教师和高中生分享自己的学习兴趣或者找寻到关于学习兴趣的案例,高中生从中反思自己的学习。

学习资料中的学习兴趣的故事:＿＿＿＿＿＿＿＿＿＿＿＿＿＿＿＿＿＿。

教师的学习兴趣分享:＿＿＿＿＿＿＿＿＿＿＿＿＿＿＿＿＿＿＿＿＿。

高中生的学习兴趣分享:＿＿＿＿＿＿＿＿＿＿＿＿＿＿＿＿＿＿＿。

(2)发现学习兴趣的策略

学习中,你不是毫无学习兴趣点,只是你还没有认真去留意、发现或总结。教师和高中生归纳发现和保持学习兴趣的策略,如:

请你回顾下自己的学习,你相对稳定的个人兴趣有哪些?请写出来:

＿＿。

回顾你的学习历程,在＿＿＿＿＿＿＿＿＿＿＿＿＿＿＿＿＿＿＿＿情境下,教师采用了＿＿＿＿＿＿＿＿＿＿＿＿＿＿＿＿＿＿方式,让你对学习的＿＿＿＿＿＿＿＿＿＿＿＿＿＿＿＿＿＿＿产生了学习的情境兴趣。

或者用以下提示来发现学习兴趣:

从自己的性格特点出发,发现学习兴趣:＿＿＿＿＿＿＿＿＿＿＿＿。

从自己的学习优势出发,发现学习兴趣:＿＿＿＿＿＿＿＿＿＿＿＿。

从自己的学习环境出发,发现学习兴趣:＿＿＿＿＿＿＿＿＿＿＿＿。

从＿＿＿＿＿＿＿＿＿＿＿＿(学校课程、教师影响、同伴影响、家庭影响等)出发,寻找学习兴趣:＿＿＿＿＿＿＿＿＿＿＿＿＿＿＿＿＿＿＿＿。

（3）保持学习兴趣的策略

保持学习兴趣的主要策略是：教师和高中生要时刻有意识地利用和发展学习兴趣。教师要尽量了解和把握学生的学习兴趣，在日常教学中发挥高中生的学习兴趣特长。高中生要完全知道自己的学习兴趣，在课堂内外，刻苦发展自己的兴趣。

根据各人兴趣不同，采用不同的方法。保持学习兴趣的一般策略有：多实践、勤练习、促发展；分享成功，获得动力；及时反馈和中肯评价；奖励进步等。

针对上述你已经找到的自我学习兴趣，你打算怎么努力发展它（们）：
_____
_____
_____
_____。

2. 学习动机激发和调控的策略

首先，分享生动的学习动机的案例，然后再梳理归纳出激发和调控学习的动机的策略。

（1）学习动机的案例分享

通过教师和高中生的学习动机相关案例分享，高中生从中反思自己的学习内在、外在动机。

学习资料中的学习动机的故事：_____。

教师的学习动机分享：_____。

学生的学习动机分享：_____。

（2）激发学习动机的策略

一般策略：从学习对自我成长的人生意义等方面寻找内在学习动机；从学习为他人、为社会等方面寻找外在学习动机。

从自己的理想出发，激发学习动机：_____。

从自己的成长历程出发，激发学习动机：_____。

从_____（父母的期待、教师的期望、同伴的鼓励等）出发，激发学习动机：_____。

（3）调控学习动机的策略

学习动机的工作机制是：通过具体情境引起学习动机；学习的目的指向和手段能与学习者相关，使学习的注意得以保持；学习者有学习成功的信心；

学习的结果使学习者得到满足。因此,学习者可以确定一些容易实现的小目标,一步步累积,善于从学习中获得成功感和自我满足。要常调控自己的学习动机,为努力学习不断添薪加火。

调控学习动机有如下策略:不断发现和提升自我学习动机;关注自己的学习动机变化,强化长效学习动机;关注学习目标的表现、达成以及新的学习目标确定;增强自己的意志控制力;学习困难时要自我鼓励,取得学习进步时要自我奖励……

你打算如何调控自己的学习动机,从而保持学习干劲:＿＿＿＿＿＿
＿＿＿＿＿＿＿＿＿＿＿＿＿＿＿＿＿＿＿＿＿＿＿＿＿＿＿＿＿＿＿＿。

3. 学习态度端正和培养的策略

首先,分享生动的学习态度的案例;其次,梳理归纳出端正和培养学习态度的策略。

(1) 学习态度的案例分享

师生分享学习态度的相关案例,高中生反思自己的学习态度。

学习资料中的学习态度的故事:＿＿＿＿＿＿＿＿＿＿＿＿＿＿＿＿。

教师的学习态度分享:＿＿＿＿＿＿＿＿＿＿＿＿＿＿＿＿＿＿＿。

高中生的学习态度分享:＿＿＿＿＿＿＿＿＿＿＿＿＿＿＿＿＿＿。

(2) 端正学习态度的策略

学习态度决定了学习的情感状态和投入程度。所以,学生首先要有积极、端正的学习态度,认识到学习态度对学习的重要性;有明确的学习目的和动机;具有较强的自控力和坚持力。反思自己的学习态度,努力做出改变:

我原来的学习态度＿＿＿＿＿＿＿＿＿＿＿＿＿＿＿＿＿＿(不足之处),我将改进我的学习态度,可以先树立目标,做到:＿＿＿＿＿＿＿
＿＿＿＿＿＿＿＿＿＿＿＿＿＿＿＿＿＿＿＿＿＿＿＿＿＿＿＿＿＿＿。

(3) 培养学习态度的策略

提升学习的自我效能感,强调"我行"、"我能做到";努力保持学习热忱,关注和不断调整自己的学习热忱;有意识地锻炼和发展自己的学习自主能力,具备较高的学习自主性。

(四) 实践反思:关注"我"的学习动力发展

在学习中有意识关注自己的学习动力各方面情况,反思现状和运用策略提升。在日常学习中,可以通过下列填空形式,不断反思自己的学习动力维度。也可以以天、周或月为时间单位展开学习反思。

在一天学习开始时,先思考下:

我的学习动力程度是＿＿＿＿＿＿(10 分中有几分);

我对＿＿＿＿＿比较感兴趣(学习兴趣)？因为:＿＿＿＿＿＿＿＿;

我为＿＿＿＿＿＿＿＿＿＿＿＿＿＿＿＿＿(学习动机)而努力学习;

我有＿＿＿＿＿＿＿＿＿＿＿＿＿＿＿＿＿＿＿＿的学习态度。

在一天学习中,反思:

我的学习努力程度＿＿＿＿＿＿(10 分中有几分);

我发现新的学习兴趣:＿＿＿＿＿＿,以后的打算＿＿＿＿＿＿;

我发现努力学习还可以带给我＿＿＿＿＿＿＿＿＿＿＿＿＿＿的成就感;

我的学习态度还可以＿＿＿＿＿＿＿＿＿＿＿＿＿＿＿更好。

在一天学习结束时,反思:

今天,我的的学习动力有进步吗？＿＿＿＿＿＿＿＿＿＿;

我今天对学习动力新的感受是＿＿＿＿＿＿＿＿＿＿＿。

(五) 推荐阅读:丰富的养料库

1. [美]麦库姆斯(McCombs Barbara L.),[美]波普(James E. Pope).学习动机的激发策略:提高学生的学习兴趣[M].伍新春,等译.北京:中国轻工业出版社,2002.

2. 王振宏.学习动机的认知理论与应用[M].北京:中国社会科学出版社,2009.

3. 何旭明.学习兴趣的唤起[M].北京:教育科学出版社,2011.

4. 梁金平.激发学习潜能[M].北京:北京工业大学出版社,2011.

单元四　发展"学习能力"

学习目标:

1. 了解"我"和同学的学习能力现状。

2. 通过对话法、学习叙事法等寻找自我学习能力现状的原因。

3. 了解学习能力的一般知识,找寻提升学习能力的策略。

(一) 现状分析:"我"的学习能力现状

学习能力是学习力的核心要素,包括学习认知、学习技能和学习能倾。

1. 蜘蛛图解读

结合学习能力体系的内容,进一步分析学习能力蜘蛛图,了解自己和同学的学习能力现状。

2. 学习能力叙事

以口头或书面形式的学习叙事反思自我的学习认知、学习技能、学习能倾三个方面状况和原因。

3. 谈谈学习能力

依据学习能力叙事,教师组织高中生就学习认知、学习技能、学习能倾三个方面展开讨论,可以采用圆桌会议探讨,或者采访、小组讨论形式,采访学习能力维度得分高的同学的经验;或小组内分享经验。

(二) 知识奠基:了解学习能力

结合教师的课程资源引导或自我查找资料等,了解学习认知、学习技能、学习能倾的有关知识。

1. 了解学习认知

学习认知包括:对学习现象的了解、对学习规律的把握、对自己学情的认知。

(1) 对学习现象的了解

学习现象,如:学习的高原反应,即学习进程中某个阶段,学习提高速度减慢、停滞不前或倒退的现象;过度学习,即对所学知识达到一次完全正确再现后,仍反复练习,继续识记,达到巩固;学习遗忘,即学习后经过的时间越长,保持越少,遗忘越多,但遗忘的速度是先快后慢的。其他的学习现象,如:_____。

(2) 对学习规律的把握

学习的规律,如:各学科特有的学习规律;记忆遗忘规律;学习活动开展的规律:预习→学习→复习;学习应用的规律:认真学习新知、及时复习、先易后难等。其他的学习规律:_____。

(3) 对自己学情的认知

自己的学情,如:学习成败经验;学习动力、学习能力和学习习惯各维度现状;自己的个性特点、特长等。

【小调查】你比较了解自己的＿＿＿＿＿＿＿＿＿＿＿＿＿＿＿等方面学情；你比较不了解自己的＿＿＿＿＿＿＿＿＿＿＿＿＿＿＿等方面学情。

2. 了解学习技能

参照《布卢姆教育目标分类学修订版：分类学视野下的学与教及其测评（完整版）》中，对布鲁姆教育目标新分类的认知历程类目的研究，将高中生学习技能划分为：记忆、理解、应用、分析、评价、创造。简要阐述如下：

（1）记忆

记忆是从长时记忆系统中提取有关信息，包括：再认和回忆。记忆被称为是大脑"信息工厂"的"库存管理"。罗伯特·J.马扎诺等著的《教育目标的新分类学》一书中，将记忆的类型分为：感觉记忆，临时处理外部世界经感官处理的数据；工作记忆，利用来自感觉记忆和永久记忆能动地处理数据；永久记忆，存储包括构成知识领域的所有信息、构想、技能和流程。

（2）理解

理解是从口头、书面、电子媒介等传播的信息中建构意义，包括：解释、举例、分类、概要、推论、比较、说明。理解主要是外在信息的输入和再加工。

（3）应用

应用是在给定的情境中执行或使用某程序，包括：执行、实施。应用是教育的目的之一，体现教育的"学以致用"的功能，尤其表现为迁移能力。

（4）分析

分析是把材料分解为它的组成部分，并确定各部分之间如何相互联系，以形成总体结构或达到目的，包括：区分、组织、归属。分析包括分析材料观点间的联系，提炼材料观点，寻找解决问题的思路等。

（5）评价

评价是依据标准或规格作出判断，包括：核查、评判。评价包括对学习内容的价值判断、信息的取舍判断，甚至对自我的评判和对学习的评价等等。

（6）创造

创造是将要素加以组合以形成一致的或功能性的整体；将要素重新组织成为新的模式或结构，包括：生成、计划、建构。创造是对已有的超越，包括创造观点、思路、理念等等。

【小调查】总体而言，你认为你的学习技能中，具有优势的技能是：＿＿＿＿＿＿＿＿＿＿＿＿＿＿＿＿＿＿＿＿＿＿＿＿＿＿＿＿＿；还有待强化提升的技能是：_____。

3. 了解学习能倾

学习能倾，即学习的能力倾向。借鉴美国学习能力倾向测验（Scholastic Aptitude Test，简称SAT）对学生能力考查取向，将"学习能倾"的观测点确定为：逻辑推理能力、语言智能、数学智能。三者都属于学生的多元智能范畴。

（1）逻辑推理能力

基于已掌握的信息和知识，综合运用分析、理解、综合、归纳、判断等方法，寻求规律，对事物间关系或事件的趋势作出合理判断。

（2）语言智能

有效运用口头或书面语言表达自己的思想并理解他人，具备言语思维和表达、欣赏语言深层次内涵等能力。

（3）数学智能

数学智能，指具有数学思维、抽象概括能力、解决问题能力等。

【小调查】你认为，你的_____的能力倾向明显优于其他方面。

（三）策略知晓：激发"我"的学习能力

不同于学习动力维度以高中生内在提升为主的发展策略，学习能力发展应该引导高中生在学习实践中反思、运用相应的策略。

1. 学习认知发展策略

高中生掌握了解自己每天从事的"学习事业"的策略，更要把握了解自己学情的策略，才能够促进学习能力发展。

（1）了解学习现象的策略

首先，应该引导高中生阅读一些学习指导类的书籍，对学习倦怠、高原反应、过度学习等学习现象有基本认知。其次，在学习中，留心自己和同学学习的现象，学会恰当地借鉴。第三，在今后的学习中努力克服不好的学习现象，努力形成积极拼搏的学习现象。

（2）把握学习规律的策略

首先，要通过阅读、讲座、网络等途径了解一般学习规律。其次，教师、优秀的学习同伴或学长，可以通过现身说法，使高中生了解学习规律的有效运用策略。再次，形成按照学习规律安排自己学习的意识和策略。

(3) 认知自己学情的策略

首先,通过学习相关的主题班会、学科渗透、学习反思叙事等形式,引导高中生反思自己的学情。其次,日常学习中,形成关注自我学情的意识和习惯。再次,及时调整自己的学情,尽量使之保持积极状态。

2. 学习技能发展策略

学习能力维度的记忆、理解、应用、分析、评价、创造六大学习技能,各自发展策略如下:

(1) 发展记忆技能的策略

发展记忆的技能很多,刘濯源在《赢在学习力(中学版)》一书中指出:联想、想象、定位被称为是记忆力的三大机制;记忆法有九大要素:感觉、关系、意义、特征、秩序、运动、荒诞、价值、情绪;常用记忆方法有:连接记忆法(故事、图像等连接);挂勾记忆法;谐音记忆法;归纳记忆法(关键词、口诀、类比等归纳)。美国人加里·斯摩认为专心对记忆非常重要,他在《记忆力:快速提升记忆力的秘密》一书中提出"看、照、连"的三步记忆法。看,即尽量记住细节,积极观察。照,即创造头脑快照,创造鲜明的图像,固定到记忆中。连,即把记忆快照联系起来。训练记忆力还有些有趣的方法,如用联想、想象的方法记忆,如想象出能涵盖以下两个词语的场景:苹果——洪水;回形针——动物园;手机——菜篮子。

思维导图法,是一种基于知识系统化梳理的记忆辅助方法,能要记忆的内容进行简化、归纳、联系和网络化。如上海市某高中在学校的橱窗中,展示的思维导图结构示意图,如图 6-6 所示:

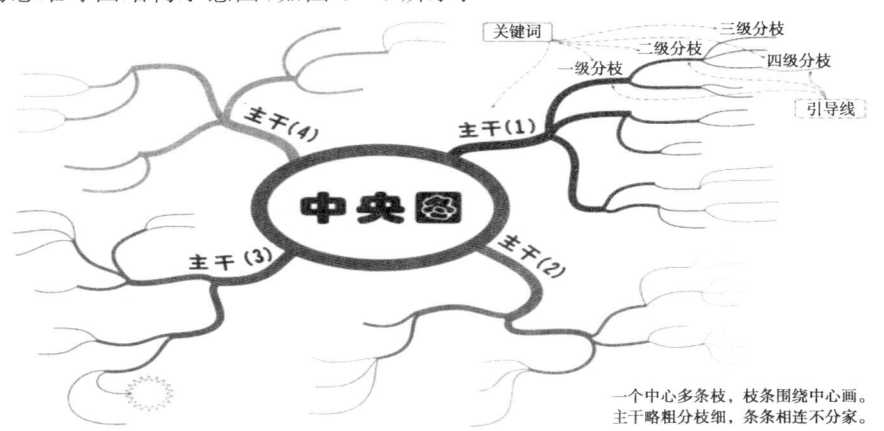

图 6-6 思维导图结构示意图

可以运用思维导图将记忆的内容连点成线,达成网络化、系统化、规律化。因此,思维导图也是形成有意识建构学习的学习习惯的策略。高中生最好能够熟练掌握绘制思维导图的学习技能。

(2) 发展理解技能的策略

首先,培养学生信息输入环节的查找、筛选能力。其次,培养学生信息加工环节的整理、归纳、说明等能力。再次,训练学生信息理解环节的解释、比较、推论等能力。

(3) 发展应用技能的策略

首先,要探索学习技能的详细体系。其次,根据学生学习的各项技能及其分支,在学科中应用的特殊情况等,确定要迁移应用的知识点,一点、多点或定点迁移训练。最后,经常评估应用的情况,总结应用技能的现状与发展。

(4) 发展分析技能的策略

首先,培养学生根据具体学习任务,分析现有资料的能力,包括资料内部的结构和关联等。其次,分析完成学习任务已经具备和欠缺的条件。再次,寻找完成学习任务的具体思路和实施策略。

(5) 发展评价技能的策略

首先,根据具体任务训练学生评价学习内容的能力,包括价值评判和信息的选择、取舍等。其次,对自己的学习现状和过程自我评价。再次,能结合学习结果对自己的学习计划、过程及其所有相关因素开展评价。

(6) 发展创造技能的策略

首先,引导学生形成创造非高深莫测的意识,对现有材料、模式、思路、理念的重新生成、计划或建构,都是高中生的学习创造。其次,鼓励学生发展创新思维,训练学生具备发散思维、求异思维、抽象思维等思维品质。再次,在学习中注重创造性学习任务的设计、学习开展和评估。

3. 学习能倾发展策略

三种学习能力倾向(逻辑推理能力、语言智能、数学智能)的发展策略如下:

(1) 发展逻辑推理能力的策略

养成发散性思维习惯:能多角度看待事物,努力寻求多样联系,能"同中求异"和"异中求同"。发挥丰富想象力:知识广博,能借助和加工现有材料,展开合乎逻辑的无意想象和有意想象。了解逻辑推理的技巧:运用计算和图表分析等数学推理方法;运用由一般到个别的演绎推理和由个别到一般的归纳推理方法;能变换思维,顺向或逆向思维寻求解决问题的方法等。

(2) 发展语言智能的策略

首先,训练学生快速阅读语言文字的能力,如浏览、快读、寻找关键句、分清语言材料的类型等。其次,训练学生立足言语形式,整体把握语言材料内容并快速概括的能力。第三,能按照规定或自选的形式外化对语言材料的整合、理解、鉴赏、价值判断等。

(3) 发展数学智能的策略

首先,训练学生把握和解读数学表达形式的能力。其次,用数学学科或跨学科的学习任务,训练高中生基本的数学计算和推理能力。第三,借助抽象概括、实地调查、数学思维等,训练学生解决数学问题的能力。

(四) 实践反思:关注"我"的学习能力发展

仅以学习技能的实践反思为例。以某一个单元或知识点的学习为例,全面关注自己的学习技能现状并尝试改进学习技能。慢慢循环、提升自己的学习技能。以下的一些提示,可以作为这一过程中的记录。

在开始学习前,首先反思下,你比较擅长的学习技能是:＿＿＿＿＿＿；你比较不擅长的学习技能是:＿＿＿＿＿＿＿＿＿；然后浏览任务内容,简要思考,可能要用到的学习技能有:＿＿＿＿＿＿＿＿＿＿＿＿。

开始任务学习的过程中,关注自己的学习技能并及时记录:

实际运用到的学习技能有:＿＿＿＿＿＿＿＿＿＿＿＿＿＿；运用技能的自我评判,是否擅长:＿＿＿＿＿＿,是否有效:＿＿＿＿＿＿,你如何在过程中调整的:＿＿＿＿＿＿＿＿＿＿＿＿＿＿＿。

在任务学习结束后,系统分析、反思自己的学习技能。可以完成提纲式的总结,也可以完成学习反思叙事。思路可以按学习技能的六个方面开展,也可以按现状、原因、改进策略这样的整体思路开展。如提纲式的总结:

我的学习记忆(理解、应用、分析、评价、创造)技能的现状描述:＿＿；原因分析:＿＿＿＿＿＿＿＿＿＿＿＿＿＿＿＿＿＿＿＿＿＿＿＿＿＿＿＿＿＿＿＿＿＿；改进策略:＿＿＿＿＿＿＿＿＿＿＿＿＿＿＿＿＿＿＿＿＿＿＿＿＿＿＿＿＿＿。

(五) 推荐阅读：丰富的养料库

1. 王灿明,陈震.学会学习——高中生综合能力训练[M].上海:上海远东出版社,2002.

2. 陆根书.课堂学习论[M].西安:西安交通大学出版社,2002.

3. 何昌荣等.思维导图伴你学高中理科全套[M].北京:北京大学出版社,2002.

4. 王小力,罗时翔等.思维导图伴你学高中文科全套[M].北京:北京大学出版社,2002.

5. 曾晓洁.优秀中学生的学习方法与能力[M].北京:线装书局,2003.

6. [美]加里·斯摩.记忆力:快速提升记忆力的秘密[M].王尉,译.海口:南海出版公司,2007.

7. 刘濯源.赢在学习力(中学版)[M].沈阳:万卷出版公司,2008.

单元五　形成"学习习惯"

学习目标：

1. 了解"我"和同学的学习习惯现状,并通过对话法、学习叙事法等寻找现状的原因。

2. 了解学习习惯的相关知识。

3. 了解学习习惯发展的一般策略及各维度学习习惯的改进策略。

(一) 现状分析："我"的学习习惯现状

学习习惯是学习力的程序化。从评判的角度来说,有人可能认为习惯就会僵化,那是指不好的学习习惯;如果是好的学习习惯,恰好提升了学习的效率。因此,了解高中生的学习习惯现状,对教师教学和学生自我学习提升都非常重要。

1. 蜘蛛图解读

结合学习习惯体系的内容,进一步分析学习习惯蜘蛛图,了解自己和同学的学习习惯现状。

2. 学习习惯叙事

以口头或书面形式的学习叙事反思自我的内在处理、过程运行、时间管理三个方面学习习惯状况和原因。

3. 谈谈学习习惯

依据学习习惯叙事,教师组织高中生就内在处理、过程运行、时间管理三个方面展开讨论,可以采用圆桌会议探讨,或者采访、小组讨论形式,采访学习习惯维度得分高的同学的经验;或小组内分享经验。

(二) 知识奠基:了解学习习惯

形成好的学习习惯可以事半功倍,受益终身。

1. 了解内在处理习惯

内在处理是学习过程中的潜在的思维过程。

(1) 积极回应的学习者思维习惯

美国学者梅若李·亚当斯(Marilee Adams)将思维习惯分为评判者思维和学习者思维两种,他认为每个人都有这两种思维模式,也都有能力选择思维模式。两者思维模式表征对照,如表6-3所示:

表6-3 评判者—学习者思维模式

评判者思维模式	学习者思维模式
(对人和事)带有批判性的特点	(对人和事)采取随时接受的态度
被动,没思想	主动负责,有思想
尖刻	愿意欣赏他人
思想保守	思想开放
自称万事通,自以为是	承认自己不知道
以不想承担责任为出发点	以有愿意承担责任为出发点
只是从自己的角度去评判	观点多元化
不灵活、顽固不化,总是需要确定的情况	灵活多变,能够接受不确定
有"不是这个就是那个"的想法	有"可以是这个也可以是那个"的想法
以防卫为前提	以问题为前提
错误不可容忍	错误是学习的机会
缺少假设	有足够多的假设
看到有限的可能性	看到无限的可能性
主要的情绪:防卫性的	主要的情绪:好奇的

资料来源:梅若李·亚当斯.思维习惯革命:引爆学习效能的提问艺术[M].张凤玥,张仲彬,译.北京:机械工业出版社,2014:40.

【小调查】你觉得平时习惯使用_____思维模式。

回想一下,当别人对你的学习提出批评意见时,你的思维状态如何?_____(可参照上表中的两种思维模式反思)。

评判者和学习者两种思维模式对人的思维和整个学习力、学习的利弊影响一目了然。学习者要有意识地训练自己的思维模式向学习者思维转变。因此,梅若李·亚当斯建议:在某个时刻,当面临某个有影响的事件时,当事人常面临思维选择,最好能像选择地图提示的那样思考,努力避免评判者思维,而选择学习者思维;从而慢慢形成积极的学习者思维习惯。学习者思维与评判者思维选择地图,如图6-7所示:

图6-7 学习者思维与评判者思维选择地图

资料来源:梅若李·亚当斯.思维习惯革命:引爆学习效能的提问艺术[M].张凤玥,张仲彬,译.北京:机械工业出版社,2014:16-17.

(2)学习迁移的习惯

学习迁移是学习的重要目的,学习迁移习惯,包括对学习经验、知识、思路、策略等迁移运用的习惯。学习迁移的类型和特征,如表6-4所示:

表6-4 学习迁移的类型和特征

类型	特征
近迁移	情境之间存有大量的重叠,初始情境与迁移情境高度相似
远迁移	情境之间不存在大量的重叠,初始情境与迁移情境不相似
原义迁移	把技巧或知识完整地迁移到新的任务中
比喻迁移	运用一般知识的某些方面来思考或了解问题,如采用类推和比喻的方法
低级路径迁移	以一种自发或可能是自动的方式对熟练技能的迁移
高级路径迁移	涉及通过对情境中的联结进行明确、有意识地阐述而对抽象物的迁移
正向迁移	从当前的学习中抽象出行为和认知,应用到其他一个或多个可能的情境
逆向迁移	抽象出迁移情境的特征,考虑已习得的技能和知识,从而进行整合

资料来源:[美]戴尔·H.申克.学习理论(第六版)[M].何一希,钱冬梅,古海波,译.南京:江苏教育出版社,2012:310.

【小调查】:

你觉得你比较熟悉或常使用的学习迁移方式是:_____,不常使用的学习方式是_____。

(3) 有意识建构学习的习惯

学习是学生的各方面发展主动建构的过程,学习力的发展也是如此。因此,要养成主动建构自己的学习网络的习惯。

根据建构主义心理学的理论,知识是主动建构的结果,建构的方式主要有"同化"和"异化"两种。同化,指将外在信息吸纳到原有认知结构中,认知结构只发生了量的改变,没有发生质的改变。如,高中生已经学习过诸多刻画人物的手法,新的学习任务中,人物的刻画手法都是高中生已经知道的。那么这个刻画的人物及其手法,没有改变高中生的知识结构,只是增加了量,建构方式是"同化"。异化,指新的信息引起了原有知识结构的重组或改造。如,已经掌握了很多修辞手法的高中生,在学习《荷塘月色》时,新学会了"通感"的修辞手法,这是以前没有学过的一类修辞手法,因此,改变了高中生的修辞知识结构,建构方式是"异化"。学习的过程,就是学习者以同化或异化的方式,使其认知结构"平衡、打破平衡、新的平衡"的动态过程。

具有一定自主学习能力的高中生更应养成有意识建构的习惯,能对知识、能力、学习经验、学习情感、学习策略、学习价值观等多个方面主动关注、反思、建构。

【小调查】:

在你的学习中,你意识到自己的知识、能力等认知结构发生的同化或异化的改变吗?_____。

2. 了解过程运行习惯

高效、主动、会学习的学习者,肯定要具有计划、监控和反思自我学习的习惯。

(1) 计划学习的习惯

学习计划,对个人的学习成长和行动都有重要意义,如:明白自己的学习需求和目标,增强学习的毅力,提高自己的创造力,发展个人潜能等。因此,为了更好的自主学习和终身学习,要养成计划学习的习惯。计划的内容包括:学习目标、学习任务的先后安排、学习方式和策略选择、学习的时间安排等方面。

【小调查】:

当你开展某项学习任务时,你有完成该任务的即时计划吗?

你有一周、一个月的短期计划吗?

你有半学期、一学期、整个高中阶段的中长期计划吗?

(2) 自我监控学习过程的习惯

学习过程中的自我监控是学习者以外在眼光审视自己的学习。监控的目的是为了调控和更好地开展学习。监控的内容包括:学习计划的落实;学习情绪管理;学习思维和方式调控等。

【小调查】:

你在学习过程中,会常关注自己学习的计划、情绪、方式、效率等方面情况吗?

(3) 反思学习的习惯

反思是对过去学习经历和现状的总结,也是为了更好地再出发,面对未来。养成经常反思自我学习的习惯非常重要。反思可以贯穿在学习的全程中,尤其是学习结束后,要有意识认真反思。监控和反思相伴,反思的内容与学习监控的对象相关,只是监控更多指向现象是什么,而反思则指向现象的原因是什么以及如何改进。因此,反思的内容包括:学习的投入度、计划的落实与调整、学习策略的安排、学习结果的产出率等。

【小调查】:

你在学习过程中,尤其是学习结束时,有反思自己的学习全程及各方面情况的习惯吗?

你有每天睡前反思一天学习状况的习惯吗?

你会借鉴当前的学习得失,决心并采取相关策略,在以后的学习中应用或调整的习惯吗?

3. 了解时间管理习惯

时间管理并不是强迫症,也不是泯灭乐趣。时间管理的习惯,是为了能积极高效地利用时间。

(1) 珍惜时间的习惯

人的生命是有限的,人在学校受教育的年限更是有限的。要从小在学校的年限里,就养成珍惜时间的习惯,才能在终身学习的学习型社会,更好地自主发展和完成各项任务。要认识到时间的可贵和有限;要惜时、守时;养成"今日事今日毕"的习惯等。

【小调查】:

你的时间观念强吗?

你是一个守时的人吗?

你经常把应该今天完成的事情推迟到明天去做吗?

你觉得自己做事拖拉吗?

(2) 统筹安排时间的习惯

统筹法是根据任务分配时间和完成的先后顺序,选择最优方案,以实现任务、时间和效率的最优化。高中阶段学习任务繁重,具有自主学习的高中生,更要会使用统筹法来安排学习,养成统筹安排时间的习惯。包括:根据学习任务规划时间、有效执行、不受干扰、不拖延、做事要有预见性或未雨绸缪、高效率沟通等。

【小调查】:

你做某事前一般有明确的时间规划吗?

你会不受干扰地按时完成事情吗?

你习惯于每天优先完成重要的事情吗?

你会经常反思自己的计划完成情况和时间安排吗?

(3)评估自我时间管理的习惯

评估时间管理是为了及时发现或改正时间管理策略中的优点或不足，使自我的时间管理系统更科学、合理、高效。做时间管理评估，不是浪费时间，而是所谓的"磨刀不误砍柴功"。时间管理的评估内容包括：工作目标完成情况、计划执行情况、时间的预设和安排、策略方法的选用效果等。

【小调查】：

你能深刻地理解时间对于人生、生命的意义吗？

你注重时间利用的效率吗？

你会时常评估自己的时间管理现状吗？

你会及时调整自己的时间利用方式吗？

(三)策略知晓：激发"我"的学习习惯

学习习惯的养成是教育合力的结果，尤其包括学校和父母的培养、环境熏陶以及自我养成，自我养成起核心关键作用。学习习惯养成的一般原则是：思想重视、提高认识、规范训练、经常评估、形成氛围。各维度学习习惯养成的策略如下：

1. 形成内在处理习惯的策略

内在处理习惯，包括积极回应的学习者思维习惯、学习迁移的习惯、有意识建构学习的习惯。三者形成习惯的对应策略如下：

(1) 形成积极回应的学习者思维习惯的策略

首先，应该具有开放、积极向上的心态看待学习、周围的环境和人。多考虑"我"能从中学会什么，获得什么启发，而不是抵触、敌对的情绪。其次，有意识地培养自己形成学习者思维习惯，放弃评判者思维习惯。第三，善于观察别人的学习态度、思维、情绪等，并积极调整自己的学习状态和思维习惯。

(2) 形成学习迁移习惯的策略

首先，意识到学习迁移的存在，并积极促进知识、能力、积极情感等方面的迁移。其次，了解多种迁移类型，努力培养自己多形式迁移，慢慢形成迁移的习惯。第三，结合自己的学习得失，反思迁移的效果，有意识培养迁移习惯。

(3) 形成有意识建构学习习惯的策略

有意识建构学习的习惯，包括对学习知识、能力、学习方式以及自己作为学习者各方面习惯的建构。学习者的学习网络连接越多、越广，则学习力越强。无论是哪个方面的连接,都可以通过思维导图的方法来建构网络。思维导图不光是记忆技能的得力助手,还被称为让人受益终身的思维习惯。培养有意识建构学习习惯的策略,可以从真正画出具态的思维导图,到习惯养成后,在脑中建构无形的思维导图。如将一本书、高中英语语法、高中数学知识点、高中学习技巧等画成一张纸的思维导图。图 6-8 所示是一幅来源于网络的高中地理"宇宙中的地球"知识点全部内容的思维导图:

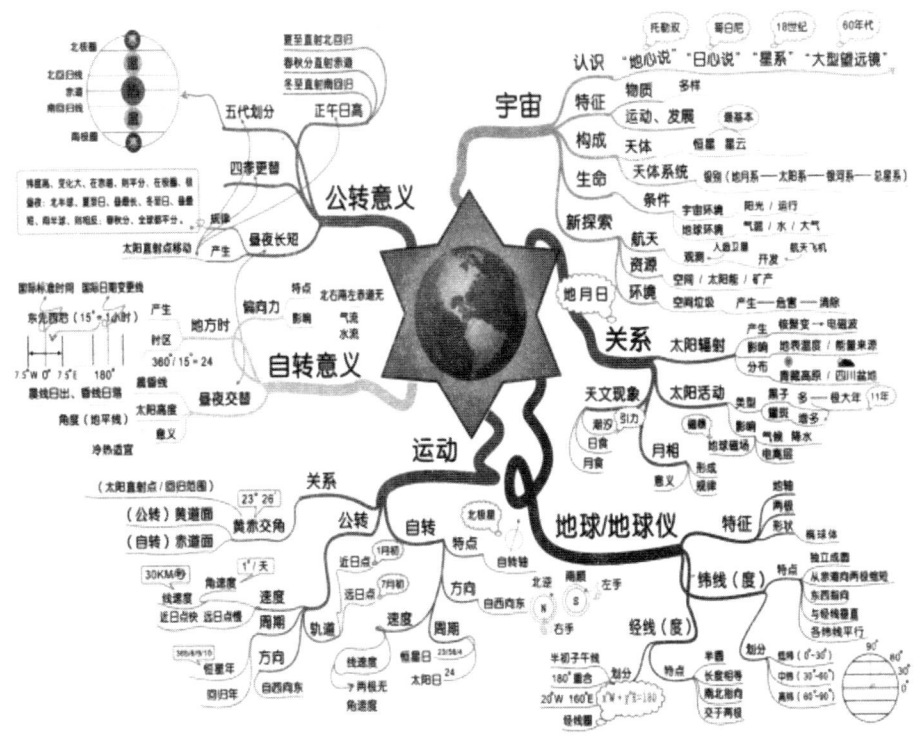

图 6-8 高中地理的"宇宙中的地球"的思维导图

2. 形成过程运行习惯的策略

学习运行的习惯,包括学习前的计划、学习中的监控和学习后的反思习惯。三者在理论上是分开的,但是学习运行中三者往往是同时进行的。形成过程运行三个学习习惯的策略也可以有一定的交融性,具体如下:

(1) 形成计划学习习惯的策略

首先,灵活而有效地执行学习计划。包括:经常利用学习指导或顾问,需求引领和指导;经常或定期回顾学习过程;根据实际情况更新计划,尤其要制定短期目标,推动计划的实现。

(2) 形成自我监控学习过程习惯的策略

首先,要有意识关注自己的学习过程情况,而不仅仅只关注任务结果。其次,要适时以恰当方式记录学习过程的得失、感受等。第三,自我调节学习过程,监控的目的是为了诊断学习过程情况,以便于调节到更好的状态。

(3) 形成反思学习习惯的策略

在学习过程中和学习后,都要反思学习现状,包括计划的落实、策略的选择、学习效率的高低、态度的调控、情绪的把握等。首先,要有关注、回顾、反思自己学习的意识,有时跳出自我,以外在眼光审视自己作为学习者的状态。其次,选择适合自己或学习任务的反思策略或工具,帮助记录和完成反思。第三,反思的目的在于调整和改善,因此,为使反思落到实处,已发现的问题,在之后的学习中要监控改进,这就是下一轮的反思了。

3. 形成时间管理习惯的策略

真正意义上的时间管理,不是被动遵守时间,而是积极利用时间。

(1) 形成珍惜时间习惯的策略

首先,要有时间宝贵、一去不返的强烈的惜时意识。其次,通过学习计划来规划自己的学习任务和时间安排。第三,及时评估时间的利用情况,并及时调整,更好地利用时间。

(2) 形成统筹安排时间习惯的策略

形成统筹安排时间习惯的策略有很多,如:经常或固定时间进行时间规划及其评估改进、形成工作计划并经常反思评估等。这里介绍一种有趣且操作简易的时间统筹管理方法:番茄工作法。该方法是弗朗西斯科·西里洛(Francesco Cirillo,1992)发明的。瑞典人史蒂夫·诺特伯格(Staffan Nöteberg,2011)出版了图文并茂的一本小书《番茄工作法图解:简单易行的时间管理方法》,值得大家阅读。该书的封底介绍了番茄工作法的好处:可以减轻时间焦虑;提升集中力和注意力,减少中断;增强决策意识;唤醒激励和持久激励;巩固达成目标的决心;完善预估流程,精确地保质保量;改进工作学习流程;强化决断力,快刀斩乱麻。其使用方法和流程,如图6-9所示:

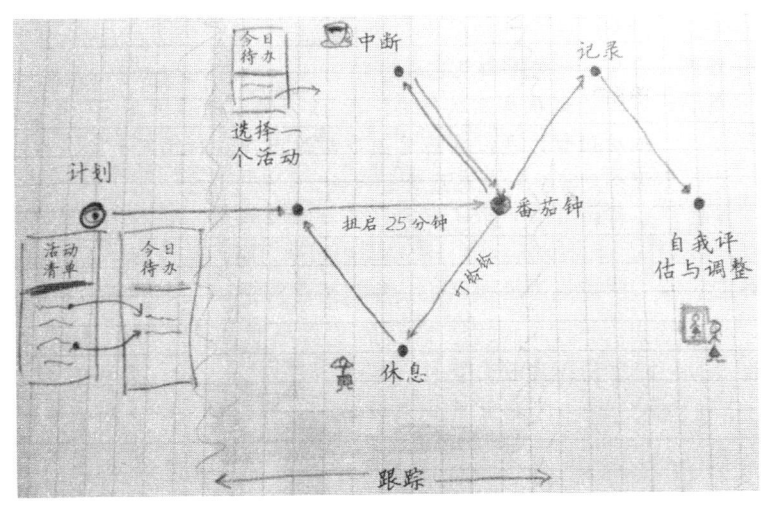

图 6-9 时间管理的番茄工作法

资料来源:[瑞典]史蒂夫·诺特伯格(Staffan Nöteberg).番茄工作法图解:简单易行的时间管理方法[M].大胖,译.北京:人民邮电出版社,2011:1.

将近期要完成的工作任务列入"活动清单";每天从活动清单中筛选出今天必须完成的事,形成"今日待办";选择一项活动,扭启倒计时闹钟"番茄钟",时长定为 25 分钟;专注开展工作,中途不允许做任何与该任务无关的事,直到番茄时钟响起,然后在纸上画一个 X 短暂休息一下(5 分钟就行);每 4 个番茄时段多休息一会儿,并自我评估和调整番茄钟使用情况。

(3) 形成评估自我时间管理习惯的策略

对自我时间管理评估,最终是要养成这一意识,形成在学习中适时、经常评估的习惯。如上文的番茄钟的回顾,就很鲜明地展示了任务的完成情况和时间的利用效率。也可以设计一些固定形式来进行评估。如运用如下形式进行时间管理评估:

事项	所费总时间	有效时间	无效(浪费)时间	没有完成或造成浪费的原因
1. ___	___	___	___	___
2. ___	___	___	___	___
3. ___	___	___	___	___
4. ___	___	___	___	___
5. ___	___	___	___	___

总之,好习惯的养成需要一定的时间、坚持的意志和"确立—改变—反复—巩固—稳定"的过程。

(四)实践反思:关注"我"的学习习惯发展

以一周为时间单位,全面关注自己的学习习惯现状,并尝试改进学习习惯。慢慢循环、改进自己的学习习惯。以下的一些提示,可以作为这一过程中的记录。

在一周学习开始前,先反思下自己的学习习惯:

有无规划学习的习惯:_____;若有,一般规划哪些方面:_____。

在一周学习过程中,关注自己的习惯:

学习的内在处理习惯现状:_____,你如何在过程中调整的:_____。

学习的过程运行习惯现状:_____,你如何在过程中调整的:_____。

学习的时间管理习惯现状:_____,你如何在过程中调整的:_____。

在一周学习结束后,系统分析、反思自己的学习习惯。可以完成提纲式的总结,也可以完成学习反思叙事。思路可以按学习习惯的三个维度开展,也可以按现状、原因、改进策略这样的整体思路开展。如提纲式的总结:

我的学习内在处理习惯现状描述:_____;
原因分析:_____;
改进策略:_____。

我的学习过程运行习惯现状描述:_____;
原因分析:_____;
改进策略:_____。

我的学习时间管理习惯现状描述:_____;
原因分析:_____;
改进策略:_____。

(五)推荐阅读:丰富的养料库

1. [美]齐默尔曼(Zimmerman,S.).自我调节学习:实现自我效能的超越[M].姚梅林,译.北京:中国轻工业出版社,2001.

2. 赵振杰.习惯教育论:一种教育哲学的思考向度[M].杭州:浙江大学出版社,2008.

3. [瑞典]史蒂夫·诺特伯格(Staffan Nöteberg).番茄工作法图解:简单易行的时间管理方法[M].大胖,译.北京:人民邮电出版社,2011.

4. 张雅明.元认知发展与教学:学习中的自我监控与调节[M].合肥:安徽教育出版社,2012.

5. [美]梅若李·亚当斯.思维习惯革命:引爆学习效能的提问艺术[M].张凤玥,张仲彬,译.北京:机械工业出版社,2014.

综上,本章呈现的课程纲要样例和学材样例,是本研究学习力发展指导课程构建的结果。这两个课程文本的价值在于:为学校和教师指导高中生学习力提供了思路、材料和策略系统;为本研究走向学校领域,与一线教育工作者深度合作,进一步开发研究该课程,并开展课程实践,提供参考和蓝本;为其他学习学校本课程构建研究提供借鉴。

三、样例应用——以"记忆的技能"学材设计为例

简易版"学习力发展指导"学材,在投入实验学校全面实施前,必须经过实验学校的执教教师理解、丰富和充实,才是相对更完善的校本课程,才能进入课堂教学,即由专家课程转化为教师课程的过程。为了说明简易版学材与课堂实施的学材的差异,也为了进一步展示本课程理论研究的落实以及应用上文论述的课程纲要和简易版学材,这里仅选取"记忆的技能"为实验教学内容。该要点确定的思路是:选择学习力体系的关键要素"学习能力"维度;其中六个技能是学生每日学习都要涉及的,因此选择二级要素"学习技能";"记忆技能",是第一个技能,也是学生熟悉的内容。笔者根据简易版学材中"记忆的技能"相关内容,根据课程构建思路和课程纲要的精神,进行深入备课,准备相关资源案例,丰富该要点的课程内容,完成该学材内容设计的具体化。"记忆的技能"学材的具体化设计如下:

学习目标:

1. 了解"记忆"和"记忆技能"的相关知识
2. 了解自我的记忆技能现状和特点

3. 掌握发展"记忆技能"的策略

4. 认识记忆技能对学习的意义,形成发展自我"记忆技能"的意识

学习重点:目标 2 和目标 3

学习难点:目标 4

学习安排:1 学时

学习过程:

(一) 教师导入

同学们,你们会静心关注和反思自己的学习这件事吗?你们已经学习了十余年,应该有很多得失经验。每位学习者都有推动和影响学习的内在力量,我们称之为"学习力"。本节课,主要跟大家探讨学习力中的一个知识点,大家都熟悉,只是可能没有深入探究过的,即"记忆的技能"。课堂以同学们自主学习为主,以课堂交流活动为辅。

(二) "记忆的技能"调查

1. 班级"记忆的技能"总体水平分析

在学习力现状的整体调查问卷中,有道题测试了大家对自己的记忆技能的自我判断:

有记忆的学习技能:

A. 非常符合　　　　　　　　B. 大部分符合

C. 不确定　　　　　　　　　D. 大部分不符合

E. 非常不符合

此题满分是 5 分,全班同学的选择统计得到的班级均分是 3.47 分,处于及格线以上,中等以下的水平。其中选择"非常符合"为 5 分,只有 1 人;选择"大部分符合"为 4 分,有 19 人;选择"不确定"为 3 分,有 9 人;选择"大部分不符合"为 2 分,有 5 人;"非常不符合"为 1 分,未有人选择此项。

可见,大家的各项选择情况是"两头少、中间多",记忆技能的自我报告得分不高,还有很大的提升发展空间。

2. "我"的"记忆的技能"小调查

总体而言,你觉得自己的记忆能力:＿＿＿＿＿＿＿(很强、一般、很弱);你记忆知识的速度＿＿＿＿＿＿＿＿＿＿＿＿＿(很快、一般、很慢);

你认为自己在记忆时有无技巧:＿＿＿＿＿＿;

如果有技巧,请归纳:_____
_____。

3. 记忆技巧分享

小组交流、全班发言,总结和分享记忆技巧。在分享中了解其他同学的记忆技巧,积累记忆的方法。小组总结汇报记忆方法。

(三) 了解"记忆"和"记忆的技能"

教师提问:同学们,你们对记忆的科学知识了解多少?

1. 记忆的大脑工作机制

记忆被称为是大脑"信息工厂"的"库存管理",包括将信息纳入库存、科学放置、快速提取。人的左脑理性、右脑感性,因为人们一般习惯用右手,加上我国基础教育长期以来的教育模式,所以左脑开发较多。但是记忆也涉及右脑,因此提倡运用适合的方法同时开发左右脑。人脑的功能如图 6-10 和图 6-11 所示:

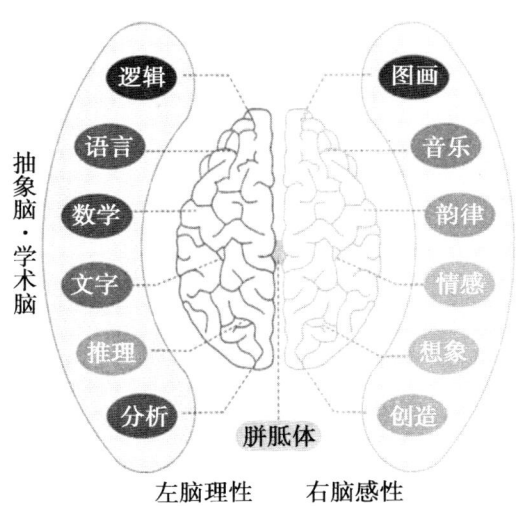

图 6-10 左右脑功能图

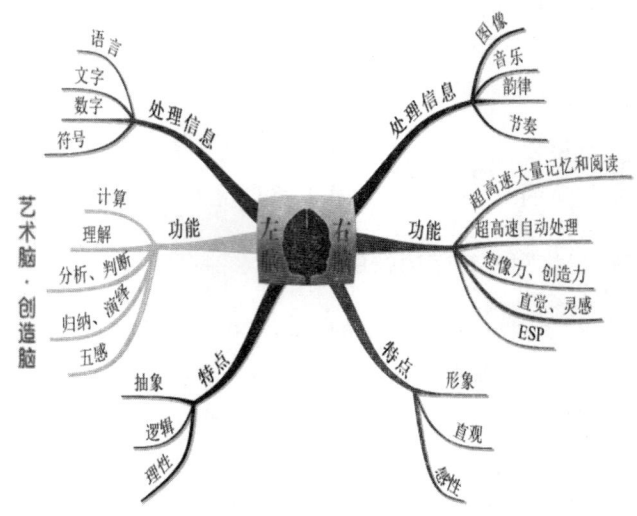

图 6-11 左右脑功能和特点

注：资料来源 http://image.so.com/i? src=360pic_strong&q=左右脑功能图

由图可见，左右脑出来信息的方式、功能、特点不同，因此，在记忆训练中，可以有意识兼顾左右脑开发。

教师提问：根据左右脑功能图，如背诵柳永词《雨霖铃》，有哪些方法可以帮助记忆？

雨霖铃
柳　永

寒蝉凄切，对长亭晚，骤雨初歇。都门帐饮无绪，留恋处，兰舟催发。执手相看泪眼，竟无语凝噎。念去去，千里烟波，暮霭沉沉楚天阔。

多情自古伤离别，更那堪，冷落清秋节。今宵酒醒何处？杨柳岸，晓风残月。此去经年，应是良辰好景虚设。便纵有千种风情，更与何人说！

2. 记忆的类型

（1）再认和回忆

记忆是从长时记忆系统中提取有关信息，包括再认和回忆。

再认是过去经验过的事物、人物、知识等再出现时能识别。如认识老同学、考试时的选择题和判断题。再认是记忆的初级阶段。再认主要受知识的精确性和牢固程度影响，其次还受环境、主体身心状况影响。回忆是对曾经经历过，但是当前并没有再现的事物，在头脑中将其映像呈现的过程。如背诵以前背诵过的诗文、考试时的填空和问答题。回忆还分有意回忆和无意回忆。回忆常通过对比、相似、因果等方式加以联想。

（2）感觉记忆、工作记忆、永久记忆

罗伯特·J.马扎诺等著的《教育目标的新分类学》一书中，将记忆的类型分为：感觉记忆，临时处理外部世界经感官处理的数据；工作记忆，利用来自感觉记忆和永久记忆能动地处理数据；永久记忆，存储包括构成知识领域的所有信息、构想、技能和流程。

3. 记忆的要素

发展记忆的技能很多，刘濯源在《赢在学习力（中学版）》一书中指出：联想、想象、定位被称为是记忆力的三大机制；记忆法有九大要素：感觉、关系、意义、特征、秩序、运动、荒诞、价值、情绪。

（四）发展策略

1. 一般常用方法

发展记忆的技能很多，刘濯源在《赢在学习力（中学版）》一书中指出，常用记忆方法有：连接记忆法（故事、图像等连接）；挂勾记忆法；谐音记忆法；归纳记忆法（关键词、口诀、类比等归纳）。

实训：从以下单词中任选几个或全部，运用上述任意方法，记忆其中英文意思和英文拼写方法。

flightless 不会飞的	possess 拥有，占有
disobey 不服从	equality 平等
prayer 祈祷	rickshaw 人力车
violent 暴力的	discrimination 歧视
rainful 一场雨，降雨量	abstract 抽象的（作品）
academic 学术的，教学的	determined 坚决的

教师：受课堂时间限制，大家可以用自己独特的记忆或想象仅记忆所有的中文词汇。中英文同时要求记忆，难度更大，大家可以课后再比比、练练。教师参与活动，学生展示后，教师也可以展示自己串联的结果：不会飞的人力车（受到）暴力歧视，学术的一场雨（使它）坚决（地）拥有平等。

2. 三步记忆法

美国人加里·斯摩认为专心对记忆非常重要，他在《记忆力：快速提升记忆力的秘密》一书中提出"看、照、连"的三步记忆法。看,即尽量记住细节,积极观察。照,即创造头脑快照,创造鲜明的图像,固定到记忆中。连,即把记忆快照联系起来。记忆方法,常需用联想、想象的方法。如想象出能涵盖以下两个词语的场景:苹果——洪水;回形针——动物园;手机——菜篮子。

实训:你能想出两个荒诞的词语,考考自己和大家的想象记忆吗?尝试运用三步记忆法和想象联想等方法。

3. 思维导图法

也可以使用思维导图法将要记忆的内容进行简化、归纳、联系和网络化。思维导图的结构示意图如 6-12 所示:

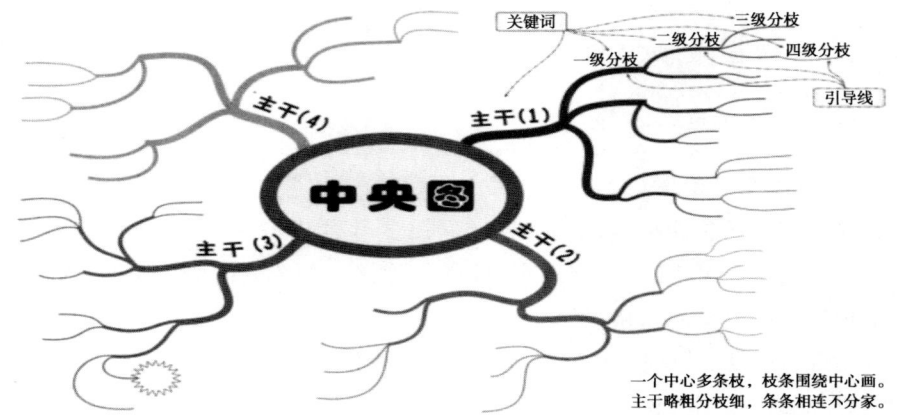

图 6-12 思维导图结构示意图

可以运用思维导图将记忆的内容连点成线,使之网络化、系统化、规律化。如图 6-10 和 6-11 所示的大脑左右功能就是运用思维导图形式呈现的。高中生最好能够熟练掌握思维导图的学习技能,有利于对知识模块进行系统记忆梳理。亲身绘制的过程,是对记忆和知识深化理解的重要过程。图 6-13 展示的是来自网络的手绘版高中地理知识点"森林湿地的开发与保护"知识图谱。

实训:课堂上大家可以小组合作,就高中任何一个学科的知识系统,合作画出思维导图。

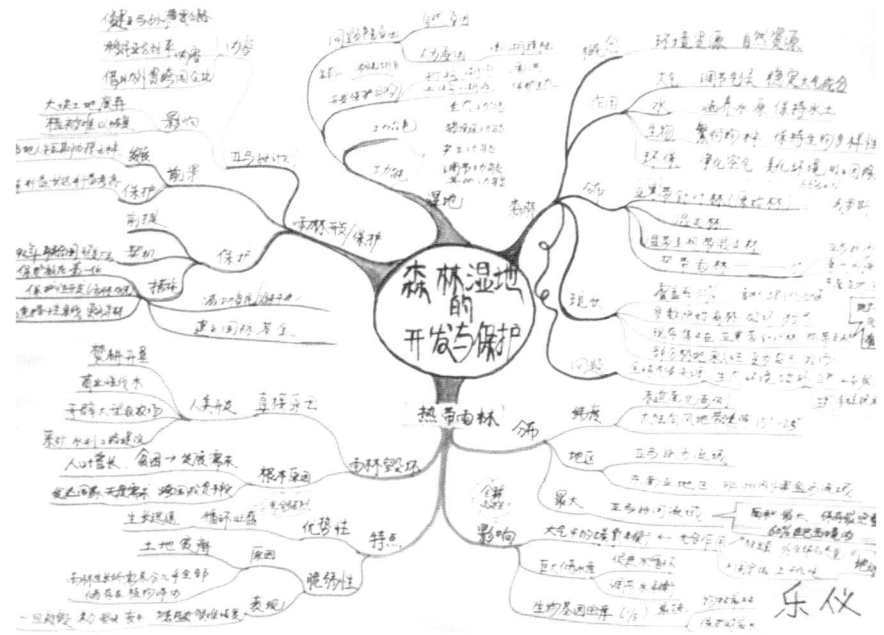

图 6-13 "森林湿地的开发与保护"思维导图示例

(五) 课堂总结

请同学们回顾总结一下本节课所学内容。就你对学习这件事、学习力的初步了解、你的学习或记忆的技能等方面的感受,完成表格 6-5 所示:

表 6-5 学生课堂学习反馈表

班级:高一(?)	学号:
反馈提示:	学生回答:
看到本节课题"记忆的技能",尚未开始课堂学习时,你的想法:	
课堂学习过程中,你对该课程内容感兴趣吗?你心里如何评价该课程内容?	
课堂结束后,你认为你的收获是:	
你认为该课程内容,对你的学习有什么意义或作用:	
你愿意继续参与这样的课堂学习探究学习力的其他方面内容吗?	
你对该课程有什么建议:	

（六）布置作业

请选择任一学科的一个知识体系，自己动手绘制思维导图，并尝试记忆知识点的内容，感受思维导图法对记忆和知识整理的作用。

（七）教师听课与评课

因为本课程是创新性课程，有必要在实践中收集听课教师对课程内容、学材设计、教与学等方面的评价，以供该课程持续改进。因此，设计了如下系列表格：

表 6-6 听课教师对"记忆的技能"课程内容评价表

评价内容		意见或建议
课程目标	目标明确	
	符合高中生身心和学习特点	
	符合发展学生核心素养要求	
课程内容	内容符合高中生学情需要	
	便于挖掘学生学习经验，实践学习力	
	内容适量，有利于高中生学习力发展	
课程组织	思路清晰，逻辑合理	
	结构适宜，教学易操作	
	有利于学生参与，便于指导	
课程实施	体现学生为主、教师指导的总体原则	
	课程内容与学时长短相符，适合学情	
	体现在师生课堂教与学中，对课程内容的创生	
课程资源	课程资源丰富	
	具有实用性	
	资源运用恰当	

表 6-7 听课教师对"记忆的技能"学材设计评价表

评价内容		亮点或问题
学习目标	符合高中生身心和学习特点	
	符合发展学生"学会学习"核心素养要求	
学习内容	符合高中生学情需要,便于挖掘学生学习经验,有利于高中生学习力发展	
	思路清晰,逻辑合理,结构适宜	
学习方式	能发挥学习者主动性,注重学习者自我体验与自主发展	
	灵活运用、深度学习、对话、自主·合作·探究学习等学习方式	
学习评价	体现学生为主、教师指导的总体原则	
	激活学生参与和反思自我学习的积极性,激发创新思维	

表 6-8 听课教师课堂观察记录表

课程名称:"学习力发展指导"	课时内容:记忆的技能
上课时间:	学时:1 学时
执教者:	上课地点:
教学过程:	点评:
总评:	

表 6-9 听课教师对课堂教与学的评价表

评价项目		评价内容	亮点或问题
学生学习	学习态度	学习兴趣浓厚,课堂参与积极、主动	
	学习方式	发挥主动性,对话,自主·合作·探究学习	
	学习表现	调用学习经验,积极参与课堂实践,对学习和记忆的探究氛围浓厚	
	学习成效	了解记忆知识和常用方法,掌握记忆技能的策略	
教师指导	教学目标	目标预设符合学生记忆技能的现实学情,目标层次合理、明确、清晰	
	教学内容	内容设计依据课程、围绕目标、符合学情、体现"指导"	
	教学过程	脉络清晰,理论知识结合实践训练,富有启发性,引导学生参与,指导学生发展	
	教学方法	落实课程设计的学习方式指导,激活学生参与学习积极性,激发创新思维	
	教学资源	资源丰富,适合学情,有效辅助课堂学习和目标实现	
课堂效果	目标达成	能完成预设目标,有效解决学生记忆技能的现实问题	
	学生发展	学生对学习研究有兴趣,对记忆技能有了深入了解;对该课程学习有兴趣	

(八)推荐阅读

1. 何昌荣.等.新版思维导图伴你学高中理科全套[M].北京:北京大学出版社,2018.

2. 何昌荣.等.新版思维导图伴你学高中文科全套[M].北京:北京大学出版社,2018.

3. [美]加里·斯摩.记忆力:快速提升记忆力的秘密[M].王尉,译.海口:南海出版公司,2007.

第七章 结　语

本研究以学生学习力为研究领域,以高中生为主体对象,以学习力发展指导为研究主题,以高中生学习力发展指导课程构建为研究焦点。研究结论、创新之处、研究局限和后续研究,总结如下:

一、研　究　结　论

本研究在绪论部分提出的研究假设,都得到了验证,得出以下研究结论:

(一) 高中生学习力发展指导研究不受重视,基础薄弱

基于文献综述,梳理了国内外中小学生学习力发展研究现状,发现:我国高中生学习力发展指导研究起步较晚,研究不受重视,基础薄弱。

首先,文献数量少。仅有硕士论文和普通期刊文献,总数不到20篇;未发现直接相关的研究项目、学校实践或著作。其次,研究质量不高。现有文献多注重学科研究视角,将学习力等同于学科学习的综合能力;很多存在逻辑混乱、概念界定不清晰、体系不合理、发展策略宽泛等问题。再次,研究系统不全面。对高中生学习力理论研究不深入,多是浅显的感性分析;与学校改革联系不紧密,缺少大样本现状调查。在理论和实践研究层面,都缺少高中生学习力发展指导课程研究。

(二) 高中生学习力发展指导现状不尽如人意,有待加强

全国12个省市的1 296份高中生问卷调查和10位课程专家、13位校长和81位教师访谈的结果,共同说明:高中生学习力发展指导现状不尽如人意,有待加强。

首先,高中生学习力水平中等、良好以下。学习力总体状况,上海市A中学和江苏的排名保持前列。一级指标得分,只有A中学"学习动力"维度达到良好水平,其他地区和全国平均分都处于中等左右、良好以下。全国二级要

素均分，总体水平也是如此。每个二级维度，都有 6—9 个不等的省份得分达不到全国平均分。其次，高中生学习力发展指导不足。高中生调查问卷显示：高中生养成关注自我学习力发展的习惯，所受指导也不充分。只有三分之一左右的高中生经常感受到自身学习力变化，有合计 30%左右的高中生"没注意到、不经常、没感觉到"自身学习力发展变化。有 20%到 40%左右的高中生对于教师的学习力指导，认为"没注意到、不经常指导和没指导"。访谈显示，教师对学习力发展指导的认识，不深入甚至偏颇。再次，对于"学习力发展指导"课程需求强烈。各地区"非常有必要"和"有必要"两项的百分比之和，最高是宁夏 76.8%，最低是河南省 43.9%，其他地区都处于 58%以上。课程专家、校长和绝大部分被访谈教师都认为应该开发该校本课程。

（三）高中生学习力发展指导课程内核，合理恰当

本研究构建高中生学习力体系，作为学习力发展指导课程的内核，其论证过程思路严密；在现状调查和课程构建中的应用，也证明该体系合理恰当。

首先，学习力体系论证过程严密。第一步，采用理论研究法，在研究综述的基础上，借助经典学习理论发展历程、整体学习观、学习维度理论等理论依据；借助"学会学习"、高中课程标准、综合素质评价等政策对学习素养的要求以及高中生学习叙事分析等现实借鉴，构建了学习力体系初稿。第二步，运用专家咨询法，论证学习力体系初稿。对来自研究机构、高校和高中的 15 位专家进行了学习力体系初稿的意见咨询。第三步，统计、分析并采纳专家们的意见和建议，修改学习力体系并定稿。其次，现状调查间接验证体系合理。运用学习力体系内容，设计了现状调查高中生问卷的"学习力现状"部分的问题。试测和全国调查结果的稳定性，间接说明学习力体系设计合理。再次，作为课程构建的框架，合理可行。落实课程构建思路，以学习力体系为框架，构建了发展指导课程样例，即"学习力发展指导"课程的课程纲要和学材，过渡顺畅、结构清晰、科学合理，也间接证明学习力体系的合理性。

（四）高中生学习力发展指导课程构建，有理有例

本研究对高中生学习力发展指导课程的构建，以研究综述和现状调查作为立足点，以学习力体系为内核，以构建思路为规划，以课程样例为可行性的结果证明。

首先，绪论对研究背景、问题和意义的分析以及研究综述和现状调查，从理论分析和实际现状两方面,逻辑全面地论证构建学习力发展指导课程的必要性。其次,构建高中生学习力体系为课程内核,使课程构建具有可依赖的合理框架。再次,课程构建的思路,符合课程论知识,为课程构建提供了具体规划。最后,课程样例,即"学习力发展指导"课程纲要和学材,是课程构建研究可行性的结果证明。

(五)高中生学习力发展指导课程研究构思,严密可行

本研究基于学习力发展指导课程"为什么构建→基于什么构建→如何构建→构建出什么"的逻辑思路开展研究。研究历程证明:研究构思,严密可行。

首先,该思路紧紧围绕研究核心命题"高中生学习力发展指导课程构建",步骤清楚,指向清晰。其次,回顾本研究全部内容,对这四个问题的回答,组成了本书结语以外的六章内容,使本书板块清楚,结构严谨;同时研究内容也反证研究思路合理、可行。再次,该思路从研究起源到研究结果,从学习力发展指导课程的理论构建到课程样例开发,完成了逻辑自证。

二、创 新 之 处

研究创新,指研究工作在理论建树、工具使用、材料挖掘、理论应用等层面有所创新。本研究的创新之处,有如下四个方面:

(一)开创了学习力发展指导课程研究

首先,当前专门的学习力发展指导课程,笔者目力所及,只有英国的BLP项目有系列指导课程。我国的学习力研究,至多是将学习力作为学校发展或课程设计的理念,没有专门的学习力发展指导课程,这是我国课程设置的一大空白。对于以学习为"主业"的学生而言,缺少关于如何更好学习、如何关注和发展自我的学习力等方面指导,不利于学生"学会学习"和终身学习能力发展。因此,本研究的学习力发展指导课程研究具有开创意义和现实必要性。其次,本研究的课程编制研究,走过了文献综述、现状调查、课程构建思路研究、课程纲要编制、学材编制等校本课程编制流程。相对而言,编制流程较规范、严谨,可以为校本课程编制研究提供借鉴;也可以为学习力的其他校本课程或学习学类别的其他校本课程开发提供借鉴。

这是本研究在理论建树方面的创新,填补了我国学生学习力发展指导课程研究和学习学校本课程研究的空白。

(二) 研制了高中生学习力体系

中小学生学习力研究,虽然是学习力研究领域中最受关注的方向,但是对于高中生学习力的研究却数量不多、质量不高,未有完整的学习力体系探索,也与新课程改革实践联系不紧密。本研究基于综述和理论分析,首先,提出"学习力"界定:学习力(Learning Power)是支持和推动学习,直接影响个体学习效率的学习的内在力量,属于综合素质的范畴。其次,基于文献综述和理论分析,并经过专家论证,构建了高中生学习力体系,包括:3个一级要素,9个二级要素,28个观测点;以"愿学—能学—实学"为构建一级要素的内在逻辑,具体内容为:学习动力(学习兴趣、学习动机、学习态度)、学习能力(学习认知、学习技能、学习能倾)、学习习惯(内在处理、过程运行、时间管理)。

这也是本研究在理论建树方面的创新,即学习力概念和体系的创新,填补了高中生学习力理论研究的空白,丰富了学生学习力理论研究。

(三) 编制了高中生学习力发展指导现状调查工具

一方面,我国现有的学生学习力研究,多是期刊文献,为数不多的调查研究,也未发现有借鉴意义的调查工具。另一方面,国外的研究文献中也未发现现成可借鉴的调查工具。且本研究的"学习力"概念界定和体系差异,也决定本研究必须编制相应的调查工具。因此,基于本研究构建的学习力体系和课程论方面的理论知识,笔者设计了高中生学习力发展指导现状调查的高中生问卷和课程专家、校长、教师的三类访谈提纲。调查工具经过试测检验后,开展全国12个省市调查,回收了1 296份有效问卷和10位课程专家、13位校长、81位教师的访谈提纲样本,获得了研究的一手资料,使本研究扎根于现状,有理有据。

这是本研究在工具使用和材料挖掘方面的创新,即设计高中生学习力发展指导的调查问卷和访谈提纲作为研究工具;挖掘和使用一手材料来开展研究,保证研究工作可靠、可信。

(四) 编制了"学习力发展指导"课程纲要和学材

高中生学习力发展指导课程的需求论证、作为课程内核的学习力体系构建、课程思路构建等,属于学习力发展指导课程的理论研究范畴;而"学习力发展指导"课程纲要和学材编制,则是前文理论研究的应用性样例开发。首先,依据学习力体系和课程构建思路等,编制了以课程要素为主体的"学习力发展指导"课程纲要,作为中观层次的课程文本。其次,依据课程纲要的规划,编制该校本课程的学材,落实课程理念等构建思路,使课程内容进一步具体化,为以后该校本课程实施打下坚实的基础。

这是本研究在理论应用方面的创新,使本研究更具有现实意义,也与高中课程改革紧密结合。

三、研 究 局 限

由于研究者自身水平和研究时间等方面的限制,本研究还存在一些局限,有待以后继续研究。

(一) 未开展学习力影响因素深入研究

本研究的中心主旨,即:基于学习力体系,构建高中生学习力发展指导课程。受此限制,本研究主要关注了高中生学习力水平现状,而对学习力水平的影响因素未开展深入研究。虽然在现状调查的问卷和访谈中,对学习力的影响因素都有所涉及,但是研究和分析都不够全面和深入,如没有具体分析和深入研究自主发展、家庭教育、成长经历、学校指导、学习环境、家庭背景等方面对学习力的影响。另外,本研究也未涉及学习力体系各要素间的相互影响研究。未对问卷数据进行学习力要素的量性或质性相关分析。也未对同一所学校的班级内部、年级之间,学习力水平差异的影响因素展开探究。因此,学习力体系内部和外在的影响因素以及调查数据的进一步挖掘,有待后续补充研究。

(二) 未开展学习力发展指导课程实践研究

本研究的学习力发展指导课程构建,着重于该课程由无到有创生的理论研究过程;止于课程样例开发,即"学习力发展指导"课程纲要和学材的编制,未开展课程全面实践研究。主要原因是:研究时间不充足,无法完成该课程的现状调查、理论构建、实践验证的全过程。因此,笔者作为理论研究者,基于文献综述、现状调查和理论分析,构建该课程纲要和简易版学材。后续将与实验高中合作,制定实验方案,开展该课程的完善、试点和全面实践研究。

(三)未开展"学习力发展指导"课程推广实验

就完整的课程编制环节而言,本研究的学习力发展指导课程处于设计阶段,编制的课程纲要和学材,有待后续与实验学校合作完善;进而完成该校本课程的实践研究和课程评价反馈环节:课程设计反馈、课程评估、学习力发展验证、课程修订等。因此,本研究尚未涉及"学习力发展指导"课程由一所学校走向更多所学校,甚至更多省份、地区的推广实验,有待后续研究。

四、后续研究

就研究者而言,有价值的研究选题,能使研究者不断发现研究生长的空间,体会到继续追逐和研究该领域的乐趣。笔者在从事本研究的过程中,对此有清晰体会。因此,今后将以基础教育阶段学生学习力的相关研究,申报高层次课题,结合课改实践,继续开展研究。就本研究而言,后续将主要围绕如下三个方面开展研究:

(一)开展学习力影响因素研究

学习力影响因素研究,虽然对高中生学习力发展指导课程构建研究而言,不是最关键的,但是对全面了解造成高中生学习力现状的根源,以便教育界更加有效地开展学习力发展指导研究和实践,具有重要意义。因此,后续将对此开展研究。首先,将继续挖掘本研究的调研数据内涵,并结合一些质性研究方法,如学习成长经历叙事等,分析高中生学习力影响因素。其次,将学习力置于高中生学习的生态圈中,多视角关注高中生学习力发展的影响因素,如学科课程、学习力发展指导课程、高中生自身、教师、环境等诸多因素的影响。总之,对高中生学习力影响因素的深入研究和全面了解,可以为高中生学习力得到更好的发展和指导提供参考,也使学习力研究深深植根于高中生的学习生活中。

(二)开展学习力发展指导课程实践研究

笔者将选择实验学校,开展该校本课程编制的实践研究,完善和实施"学习力发展指导"课程。首先,将由笔者和实验学校的相关教师合作,根据实验班级情况,审议该校本课程的课程纲要;扩展和丰富简易版学材,使之能达到可真正投入课堂实践的程度。其次,设计完善的"学习力发展指导"课程的实践和评价方案,在课程实践中,注意收集来自听课教师、指导教师、高中生、实验学校等多方意见,以期了解该课程在实践运用中的全部情况,为课程完善提供参考资料。在课程实践中,也要边实践边完善该课程纲要和学材。再次,积极探索和促进"学习力发展指导"课程的内容融入各学科的教与学中。或者配合该校本课程的学习,以隐性课程形式,营造学习力发展的潜移默化的氛围,尝试在校园开设学习学的主题班会、系列讲座等,形成关注和研究学习的良好氛围。

(三)开展"学习力发展指导"课程推广研究

本研究开发的校本课程,不局限于一所学校,因为高中生学习在学校层面的情况是相通的。前文对高中生学习力发展指导现状调查也说明,虽然学习力水平高低不同,但是学生对课程需求都很强烈。因此,在"学习力发展指导"课程的学校实验中,一方面意图通过一所实验学校的实践论证并完善该课程,以实证说明该课程对提升实验学校高中生学习力的独特价值;另一方面,寻找高中生学习力的共性问题,实践中的普遍规律等,通过多种途径调研和论证,尝试在多所学校推广。从而对高中生的学习力有更广泛的指导,也使本研究更有现实意义。

综上可见,高中生学习力发展指导课程构建研究,是很有价值的研究主题。对中小学生学习力理论研究、基础教育课程改革研究以及校本课程开发研究,都很有意义,值得更多的理论研究者和一线实践者一起合作继续开展相关研究。

参 考 文 献

一、中文资料

（一）外文译著

[1] [丹]克努兹·伊列雷斯.我们如何学习：全视角学习理论[M].孙玫璐,译.北京：教育出版社,2014.

[2] [德]诺伯特·M.西尔,[荷]山尼·戴克斯特拉.教学设计中课程、规划和进程的国际观[M].任友群,译.北京：教育科学出版社.2009.

[3] [法]安德烈·焦尔当.学习的本质[M].杭零,译.上海：华东师范大学出版社,2015.

[4] [加]迈克尔·富兰.教育变革的新意义[M].武云斐,译.上海：华东师范大学出版社,2010.

[5] [加]迈克尔·富兰.教育变革的力量：透视教育改革[M].中央教育科学研究所加拿大多伦国际学院组织翻译.北京：教育科学出版社,2004.

[6] [美]埃伦·兰格.专念学习力 打破7个扼杀创造力的学习神话[M].黄珏苹,译.杭州：浙江人民出版社.2012.

[7] [美]彼得·圣吉.第五项修炼——学习型组织的艺术与实务[M].郭进隆,译.上海：上海三联书店,1994.

[8] [美]查尔斯·都希格.习惯的力量[M].吴奕俊,陈丽丽,曹烨,译.北京：中信出版社,2013.

[9] [美]戴尔·H.申克.学习理论[M].何一希,钱冬梅,古海波,译.南京：江苏教育出版社,2012.

[10] [美]Eric Jensen,LeAnn Nickelsen.深度学习的7种有力策略[M].温暖,译.上海：华东师范大学出版社,2010.

[11] [美]弗雷斯特·W.帕克,[美]埃里克·J.安科蒂尔.当代课程规划[M].第8版.孙德芳,译.北京：中国人民大学出版社.2010.

[12] [美]弗利纳.课程动态学：再造心灵[M].吕联芳,邵华,译.北京：教育科学出版社,2013.

[13] [美]柯比.学习力[M].金粒,译.海口：南方出版社,2005.

[14] [美]Linda Campbell,Bruce Campbell,Dee Dickinson.多元智能教与学的策略

(第三版)[M].霍力岩,沙莉,孙蔷蔷,等译.北京:中国轻工业出版社,2015.

[15] [美]罗伯特·J.马扎诺,[美]黛布拉·J.皮克林.培育智慧才能——学习的维度教师手册[M].盛群力,何晔,张慧,杭秀,译.福州:福建教育出版社,2015.

[16] [美]洛林·W.安德森(Lorin W. Anderson).布卢姆教育目标分类学修订版:分类学视野下的学与教及其测评(完整版)[M].蒋小平等,译.北京:外语教学与研究出版社,2009.

[17] [美]梅若李·亚当斯.思维习惯革命:引爆学习效能的提问艺术[M].张凤玥,张仲彬,译.北京:机械工业出版社,2014.

[18] [美]M.P.德里斯科尔.学习心理学:面向教学的取向[M].王小明,译.上海:华东师范大学出版社,2008.

[19] [美]史蒂芬·迪夫.学习力[M].常桦,译.延吉:延边人民出版社,2003.

[20] [美]小威廉姆·E.多尔.后现代课程观[M].王红宇,译.北京:教育科学出版社,2000.

[21] [美]约翰·杜威.民主主义与教育[M].王承绪,译.北京:人民教育出版社,2001.

[22] [美]珍妮特·沃斯,[新西兰]戈登·德莱顿.学习的革命:通向21世纪的个人护照[M].顾瑞荣,陈标,许静,译.上海:上海三联书店,1998.

[23] [日]阿部昇.学习力 我第一[M].曹文智,译.北京:电子工业出版社,2013.

[24] [日]竹内弘高,[日]野中郁次郎.知识创造的螺旋 知识管理理论与案例研究.李萌,译.北京:知识产权出版社,2006.

[25] [日]佐藤学.静悄悄的革命:创造活动、合作、反思的综合学习课程[M].李季湄,译.长春:长春出版社,2003.

[26] [瑞典]史蒂夫·诺特伯格.番茄工作法图解:简单易行的时间管理方法[M].大胖,译.北京:人民邮电出版社,2011.

[27] [英]诺曼·朗沃斯.终身学习在行动——21世纪的教育变革[M].沈若慧,汤杰琴,鲁毓婷,译.北京:中国人民大学出版社,2006.

[28] 联合国教科文组织国际教育发展委员会.学会生存 教育世界的今天和明天[M].华东师范大学比较教育研究所,译.北京:职工教育出版社,1989.

(二)中文著作

[29] 安桂清.整体课程论[M].上海:华东师范大学出版社.2006.

[30] 崔允漷,沈毅,吴江林.课堂观察Ⅱ:走向专业的听评课[M].上海:华东师范大学出版社,2013.

[31] 崔允漷.校本课程开发:理论与实践[M].北京:教育科学出版社,2000.

[32] 党双忍.学习力[M].西安:陕西人民出版社,2012.

[33] 丁念金.人性的力量 中西教育文化变迁[M].福州:福建教育出版社,2011.

[34] 丁念金.研究方法的新进展[M].北京:教育科学出版社,2010.

[35] 丁念金.课程论[M].福州:福建教育出版社,2007.

[36] 丁念金.问题教学[M].福州:福建教育出版社,2007.

[37] 丁念金.独立型人格建构——人格转型与教育改革[M].长春:吉林教育出版社,2002.

[38] 房林玉.学校课程规划研究[M].北京:中央编译出版社.2011.

[39] 高志敏.终身教育、终身学习与学习化社会[M].上海:华东师范大学出版社,2005.

[40] 龚裕德.简明中国学习思想史[M].北京:中国文联出版社,2011.

[41] 何旭明.学习兴趣的唤起 教师的教育教学对学生学习兴趣的影响研究[M].北京:教育科学出版社,2011

[42] 胡雅茹.学习力超强训练法[M].天津:新蕾出版社,2008.

[43] 黄光雄,蔡清田.课程设计 理论与实际[M].南京:南京师范大学出版社,2005.

[44] 靳玉乐.课程论[M].北京:人民教育出版社,2015.

[45] 林德全,徐秀华.学习概论[M].郑州:河南大学出版社,2013.

[46] 林国平.增强初中生学习力策略研究[M].广州:广东经济出版社,2013.

[47] 刘海峰.学习力 学习力决定生存力[M].北京:中国华侨出版社,2008.

[48] 刘儒德.学习心理学[M].北京:高等教育出版社,2010.

[49] 刘濯源.赢在学习力 中学版[M].沈阳:万卷出版公司,2008.

[50] 卢家楣,等.心理学——基础理论及其教育应用[M].上海:上海人民出版社,1998.

[51] 逄凌晖,马培青.教师不可不知的35种学习力[M].天津:天津教育出版社,2012.

[52] 皮连生.学与教的心理学[M].上海:华东师范大学出版社,2003.

[53] 桑青松,江芳,王贤进.学习策略的原理与实践[M].合肥:安徽教育出版社,2006.

[54] 施良方.课程理论:课程的基础、原理与问题[M].北京:教育科学出版社.1996.

[55] 施良方.学习论[M].北京:人民教育出版社,1994.

[56] 王华斌.学习力=竞争力[M].北京:金盾出版社,2006.

[57] 王振宏.学习动机的认知理论与应用[M].北京:中国社会科学出版社,2009.

[58] 韦洪涛,艾振刚.学习心理学[M].南京:江苏人民出版社,2004.

[59] 吴遵民,末本诚,小林文人.现代终身学习论:通向"学习社会"的桥梁与基础[M].上海:上海教育出版社,2008.

[60] 杨龙立.校本课程的设计与探讨[M].广州:广东教育出版社,2005.

[61] 叶瑞祥,鲁澄南,徐志生,柯炳嘉.论学习力:学生学习力理论与实践研究[M].

哈尔滨:哈尔滨工程大学出版社,2011.

[62]张华.课程与教学论[M].上海:上海教育出版社,2000.

[63]张建伟,孙燕青.建构性学习:学习科学的整合性探索[M].上海教育出版社,2005.

[64]张声雄.《等五项修炼》导读[M].上海:上海三联书店,2001.

[65]张雪松.学习突破 提升学习力的38个途径[M].北京:金城出版社,2006.

[66]赵幼华,杨之藩.学习化生存——你别无选择[M].昆明:云南人民出版社,2003.

[67]赵振杰.习惯教育论:一种教育哲学的思考向度[M].杭州:浙江大学出版社,2008.

[68]郑秉洳.学习教育的理论与实践[M].北京:中国林业出版社,2009.

[69]郑太年.学校学习的反思与重构——知识意义的视角[M].上海:上海教育出版社,2006.

[70]郑葳.学习共同体 文化生态学习环境的理想架构[M].北京:教育科学出版社,2007.

[71]钟国兴,杨永加.链式学习法 组织学习的六级台阶[M].北京:红旗出版社,2012.

[72]钟启泉.现代课程论(新版)[M].上海:上海教育出版社,2006.

[73]钟启泉,崔允漷,张华.为了中华民族的复兴 为了每位学生的发展:基础教育课程改革纲要(试行)解读[M].华东师范大学出版社,2001.

[74]朱星宇,陈勇强.SPSS多元统计分析方法及应用[M].北京:清华大学出版社,2011.

(三)中文论文

[75]鲍银霞.欧盟"学会学习"能力监测进展评介[J].上海教育科研,2014(03).

[76]别同玉,许加生.培养学生终身学习能力——21世纪学校教育的定位[J].成人教育,2005(02).

[77]蔡清田.台湾十二年"国民"基本教育课程改革的核心素养[J].上海教育科研,2015(04).

[78]陈树洪.关于学生学习力的调查分析——以济南三十中为例[J].当代教育科学,2013(08).

[79]陈维维,杨欢.教育领域学习力研究的现状和发展趋势[J].开放教育研究,2010(02).

[80]陈文韬.网络环境下远程学习者学习力提升策略研究[D].兰州:西北师范大学,2012.

[81]陈佑清.多维学习与全面发展——促进全面发展的学习机制探讨[J].教育研

究,2011(01).

[82] 丁咚.学习力:发展的核心竞争力[J].中国青年,2013(17).

[83] 丁念金.学生素质发展视野中的课程衔接研究[J].课程·教材·教法,2016(11).

[84] 丁念金.论第三代学校的核心使命[J].南京社会科学,2015(05).

[85] 丁念金.展望中小学课程整体结构的转变[J].今日教育,2015(02).

[86] 高金华.普通高中校本课程开发个案研究[D].济南:山东师范大学,2008.

[87] 光霞.教育领域学习力研究及思考[J].教育观察(上旬刊),2014(11).

[88] 光霞.我国学习力研究十年[J].课程教学研究,2013(11).

[89] 顾燕萍.协同教学 提升学习力[J].人民教育,2014(07).

[90] 郭磊.数字化学习情境下的学习力构成要素研究[D].南昌:江西师范大学,2012.

[91] 郭黎岩,王东,田玲.提升中小学生学习力:基于脑科学的实践探索[J].中小学管理,2011(09).

[92] 郭伟丽.提高学生思想政治课学习力的策略研究[D].长春:东北师范大学,2012.

[93] 郭子其,王文娟.深度学习:提升学习力的首要策略[J].教育科学论坛,2013(05).

[94] 胡爽,陈秉初.学习力"六要素"的解析与分层[J].教育现代化,2015(01).

[95] 黄涛.新版布鲁姆教育目标分类对外语教学与测试改革的启示[J].西华师范大学学报(哲学社会科学版),2009(3).

[96] 黄云龙.在探究性学习中提升少年儿童的学习力[J].小学教育科研论坛,2004(10).

[97] 吉安亚.中小学生学习力、学习动机与学业成绩的关系研究[D].西宁:青海师范大学,2016.

[98] 姬广华.信息技术对终身学习力的构筑[D].济南:山东师范大学,2006.

[99] 冀庆涛.生物探究式教学提升高中生学习力的研究[D].济南:山东师范大学,2010.

[100] 江萍萍,李姝.论课堂教学文化重构中学习力的生成[J].教育与教学研究,2011(05).

[101] 姜水根.论学习力的研究[J].中学物理教学参考,2014(03).

[102] 姜勇,蒋凯.后现代主义视点下的课程编制问题[J].比较教育研究,2001(08).

[103] 李东.我国课程编制的文化性缺失——一种社会学视角的反思与建构[J].教育发展研究,2005(14).

[104] 李洪祥.激活学生内生的学习力[J].江苏教育,2011(28).

[105] 李润洲.学生学习力提升的知识论透视[J].教育科学研究,2015(11).

[106] 李润洲,石中英.人·学习·学习能力——构建学习型社会的哲学思考[J].教育学报,2006(01).

[107] 李媛媛,张寒明,沙继东.基于学习力培养的课堂提问策略研究[J].教育探索,2014(08).

[108] 刘艾清.新课程改革以来普通高中学生素养研究:热点、问题及展望[J].课程·教材·教法,2016(12).

[109] 刘梦莲.发挥学案导学作用,提升学生学习力[J].中学教学参考,2014(17).

[110] 刘晓军.学习力对高中思想政治课实效性影响的探索[D].苏州:苏州大学,2013.

[111] 刘壂.数学学习力的模型构建与提升[D].金华:浙江师范大学,2014.

[112] 刘濯源.聚焦核心素养,发展终身学习力[J].江苏教育,2015(34).

[113] 卢明.学历案:促进学生学习力提升的微课程方案[J].教学月刊·中学版,2015(10).

[114] 卢臻.自主学习:重点是培养学生的学习力[J].教育实践与研究(B),2013(10).

[115] 吕立杰.课程设计的范式与方法[D].长春:东北师范大学,2004.

[116] 吕晓娟.基于学生学习力的翻转课堂教学设计[J].电化教育研究,2015(12).

[117] 马莹.小学语文课堂教学中提升学生学习力的策略研究[D].西安:陕西师范大学,2013.

[118] 裴娣娜.学习力:诠释学生学习与发展的新视野[J].课程·教材·教法,2016(07).

[119] 齐德冲.课堂教学提升高中生物理学习力的研究[D].扬州:扬州大学,2013.

[120] 瞿静.论学习力理念从管理学向教育学领域的迁移[J].教育与职业,2008(03).

[121] 任凯,鲁思·迪肯·克瑞克.探索有效终身学习之指标:"学习能量"及其动态测评[J].教育学报,2011(06).

[122] 沈华兵.从思维多样性角度培养学生的学习力[J].江苏教育,2015(34).

[123] 沈书生,杨欢.构建学习力:教育技术实践新视角[J].电化教育研究,2009(06).

[124] 盛强.论建构学习力促进体系[J].中学政治教学参考,2014(29).

[125] 孙立会.数字化学习情境下终身学习力的构建研究[D].长春:东北师范大学,2010.

[126] 谭江.智慧取向的学习力构成研究[D].成都:四川师范大学,2016.

[127] 唐冬梅.应用沟通技术提升高中生物理学习力的思考与实践[D].南京:南京师

范大学,2014.

[128] 田冬.开发全脑母语课程 促进学生学习力提升[J].基础教育参考,2014(21).

[129] 田冬,姜颖.基于全脑开发的校本课程:架构提升学生学习力的桥梁[J].中小学管理,2011(09).

[130] 田玲.中小学生学习力结构及其发展特点[D].沈阳:沈阳师范大学,2012.

[131] 王冠楠.高中生学习力评价指标体系的构建研究[D].天津:天津师范大学,2016.

[132] 王锋青.学习力的立体架构与要素解析[J].时代教育,2016(13).

[133] 王林.基于创新型人才培养的普通高中校本课程开发研究[D].济南:山东师范大学,2013.

[134] 王洪席.学习文化观转换与学生学习力提升[J].教育发展研究,2015(08).

[135] 吴也显,刁培萼.课堂文化重建的研究重心:学习力生成的探索[J].课程·教材·教法,2005(01).

[136] 夏正江.以需求评估为依据的校本课程开发策略[J].课程·教材·教法,2014(06).

[137] 夏正江.新课改背景下的课程开发与创造[J].现代教学,2004(10).

[138] 肖靓莎.大学生学习力培养途径研究[D].长沙:湖南农业大学,2011.

[139] 徐卫妮.提升语文学困生学习力的教学策略研究[D].西安:陕西师范大学,2014.

[140] 徐小焱,朱德江.学习力研究推进教学方式变革[J].人民教育,2014(15).

[141] 许学国.组织学习力提升机制研究[D].上海:同济大学,2005.

[142] 薛义荣.培养高中生物理学习力的有效策略[J].中学物理教学参考,2014(08).

[143] 杨帆,穆肃.终身学习能力构成及能力项关系的研究[J].开放教育研究,2011(03).

[144] 杨俊锋,余慧菊.欧洲终身学习评价指标体系述评[J].广东广播电视大学学报,2013(05).

[145] 杨欢,沈书生,赵慧臣.英国ELLI项目学习力理论解读及启示[J].外国中小学教育,2009(09).

[146] 杨娜,曾洁.基于培养学生学习力的学习策略教学探析[J].西南民族大学学报(人文社科版),2009(S1).

[147] 杨艳艳.掌握学习视角下初中生学习力提升策略研究[D].南京:南京师范大学,2012.

[148] 杨艳艳,陈维维.面向学习过程的学习力提升探索[J].南京晓庄学院学报,2012(06).

[149] 姚慧.初一学生学习力特征例举及影响因素分析[J].上海教育科研,2009(02).

[150] 曾强.学生的学习智慧及其养成研究[D].长沙:湖南师范大学,2015.

[151] 张琳.中小企业组织学习力与企业绩效关系实证研究[D].武汉:华中农业大学,2008.

[152] 张春华.提升学习力:后课改时代的必然诉求[J].江苏教育,2015(34).

[153] 张建中,杜希民,吕晓娟.后现代主义西方课程编制理论与我国课程建设[J].江苏高教,2004(02).

[154] 赵广锐.普通高中校本课程开发的策略研究[D].重庆:西南大学,2008.

[155] 赵庭标.整体教学:提升数学学习力的有效路径[J].上海教育科研,2015(02).

[156] 郑志湖.提升学生学习力的探索与实践[J].江苏教育,2015(34).

[157] 张志泉,蔡晨云.论学生的学习智慧内涵及其生成[J].教学与管理,2016(06).

[158] 钟启泉."整体教育"思潮的基本观点[J].全球教育展望,2001(09).

[159] 左璜.基础教育课程改革的国际趋势:走向核心素养为本[J].课程·教材·教法,2016(02).

[160] 朱唤民.发展学习力:教学管理应有之义[J].中国教育学刊,2011(01).

二、外文资料

[161] Anonymous. Flex Your Pupils' Learning Muscles:Pedagogy[J]. The Times Educational Supplement. 2012(4974):4-7.

[162] Bryony Hoskins and Ulf Fredriksson. Learning to Learn:What Is It and Can It Be Measured?[EB/OL].(2008)[2016-03-30]. http://publications.jrc.ec.europa.eu/repository/bitstream/JRC46532/learning%20to%20learn%20what%20is%20it%20and%20can%20it%20be%20measured%20final.pdf.

[163] Building Learning Power.[2015-12-12]. http://www.buildinglearningpower.com.

[164] DerThanq Chen,Liyi Wang,WeiLeng Neo. School-based Curriculum Development Towards a Culture of Learning:Nonlinearity in Practice[J]. British Journal of Educational Studies,2015(02).

[165] Earhart,James. Zamora,Irina. The Development of an Intervention Using Relationship-based Strategies to Promote Positive Learning Habits[J]. Infants & Young Children,2015(01).

[166] Easton,Lois Brown. The 5 Habits of Effective Plcs[J]. Journal of Staff Development. 2015(06).

[167] Garn,Alex C.,Jolly,Jennifer L. High Ability Students' Voice on Learning Motivation[J]. Journal of Advanced Academics,2014(01).

[168] Guy Claxton. Building Learning Power: Helping Young People Become Better Learners[M]. Bristol: TLO, 2002.

[169] John Michael Bennett. Four Powers of Communication: Skills for Effective Learning[M]. McGraw-Hill, 1991.

[170] Johnson, David W., Johnson, Roger T. & Barbara Taylor. Impact of Cooperative and Individualistic Learning on High-ability Students' Achievement, Self-esteem, and Social Acceptance[J]. Journal of Social Psychology, 1993(06).

[171] Knud Illeris. Contemporary Theories of Learning[M]. Routledge, 2009.

[172] Lam, Tak Shing John. Deliberation and School-based Curriculum Development-A Hongkong Case Study[J]. New Horizons in Education, 2011(02).

[173] Paulino, Paula, Isabel Sa, and Adelina Lopes Da Silva. Students' Motivation to Learn in Middle School-A Self-regulated Learning Approach[J]. Electronic Journal of Research in Educational Psychology, 2016(39).

[174] Peculea, Lorena. The Multidimensional Approach of Learning to Learn Competency[J]. Journal Plus Education. 2017(01).

[175] Peter M. Senge. The Fifth Discipline: The Art and Practice of the Learning Organization[M]. Currency; Revised & Updated, 2010.

[176] Priestley, Mark, Sarah Minty, Michelle Eager. School-based Curriculum Development in Scotland: Curriculum Policy and Enactment[J]. Pedagogy, Culture & Society, 2014(02).

[177] Ruth Deakin Crick, Diane Haigney, Shaofu Huang, Tim Coburna and Chris Goldspink. Learning Power in the Workplace: The Effective Lifelong Learning Inventory and Its Reliability and Validity and Implications for Learning and Development[J]. The International Journal of Human Resource Management, 2013(11).

[178] Ruth Deakin Crick, Shaofu Huang, Adeela Ahmed Shafi, Chris Goldspink. Developing Resilient Agency in Learning: The Internal Structure of Learning Power[J]. British Journal of Educational Studies, 2015(02).

[179] Ruth Deakin Crick. Learning How to Learn: The Dynamic Assessment of Learning Power[J]. Curriculum Journal, 2007(02).

[180] Ruth Deakin Crick. Learning Power in Practice: A Guide for Teachers[M]. The Cromwell Press, Trowbridge, Wiltshire, 2006.

附　　录

附录1：高中生"学习力体系"专家咨询问卷

尊敬的教授(领导\老师)：

　　您好！

　　学习型社会背景下，学生的学习力研究在新课程改革后得到蓬勃发展。本人现就读于上海师范大学课程与教学论专业，博士学位论文题目为《普通高中学生学习力发展指导课程构建研究》，根据研究需要编制了学习力体系。为了征询专家意见以完善该体系，特编制此咨询问卷。素仰您学术渊博(了解基础教育改革/了解高中生学习力发展情况)，冒昧恳请您拨冗提出宝贵建议，您的建议对于完善该体系非常重要！此咨询问卷不记名，咨询结果仅用于学术研究。

　　万分感激您的支持和指导！

　　说明：

　　(1) 本研究将"学习力"界定为：<u>学习力(Learning Power)是支持和推动学习，直接影响个体学习效率的学习的内在力量，属于综合素质的范畴。</u>

　　(2) 本研究的学习力体系初稿，包括：3个一级指标，9个二级指标，26个观测点。具体内容见下表。

　　(3) 填表方法：在各条"观测点"的对应的位置打"√"或填写"是"；在表格中或文档末尾的空白处，写下您的建议或意见。

一级要素	二级要素	观测点	非常必要	必要	有用但不必要	不必要
学习动力（影响学习效率的前提要素——"愿学"）	学习兴趣	对学习产生积极的认知和探究倾向				
		对学习有基于文本、任务或知识的情境兴趣				
		因学习喜好或优势所在产生稳定的个人兴趣				
	学习态度	为积极目的而努力学习				
		能用积极学习情感激励自我				
		保持学习自信心				
	学习毅力	能排除学习环境干扰				
		能经受挫折而坚持学习				
		有学习吃苦精神				
	您对一级要素"学习动力"及其二级要素和观测点的意见或建议：					
学习能力（直接影响学习效率的关键要素——"能学"）	学习认知	对学习现象有深刻了解				
		对学习性质、特点、规律、类型等有基本认知				
		对自我学习经验有明确感悟				
	学习技能	有学习观察技能				
		有学习记忆技能				
		有学习思维技能				
	学习性向	智力特性				
		学习风格				
	您对一级要素"学习能力"及其二级要素和观测点的意见或建议：					

续表

一级要素	二级要素	观测点	非常必要	必要	有用但不必要	不必要
学习习惯（实际学习的惯性力量，影响学习效率的保障要素——"实学"）	时间管理	有时间统筹习惯				
		有追求时间效率的习惯				
		有评估自我时间管理状况的习惯				
	学习运行	有计划学习的习惯				
		有自我监控学习过程的习惯				
		有学习反思的习惯				
	自我调节	有调节学习情绪的习惯				
		有调节学习策略的习惯				
		有调节学习计划的习惯				
	您对一级要素"学习习惯"及其二级要素和观测点的意见或建议：					

您的总体（其他）意见或建议：

_____
_____
_____
_____
_____
_____
_____
_____

附录2：高中生学习力发展指导调查
（高中生问卷）（试测版）

亲爱的同学：

  你好！

  本调查问卷是为了解高中生学习力、发展指导及对"学习力发展指导"课程需求等现状。调查采用无记名的方式，所得数据仅用于学术研究，希望你能根据自我感受如实反馈，请在符合的选项上划"√"或在空白处填写。你的反馈对本研究有很重要意义，非常感谢你的合作与支持！

  说明：本研究将"学习力"界定为：学习力（Learning Power）是支持和推动学习，直接影响个体学习效率的学习的内在力量，属于综合素质的范畴。

一、基本情况

1. 你的年级？
   - A. 高一　　　B. 高二　　　C. 高三

2. 你父亲的职业？
   - A. 工人　　　B. 公司职员　　　C. 教师　　　D. 公务员
   - E. 自由职业　F. 商人　　　　　G. 其他

3. 你母亲的职业？
   - A. 工人　　　B. 公司职员　　　C. 教师　　　D. 公务员
   - E. 自由职业　F. 商人　　　　　G. 其他

4. 你父亲的学历？
   - A. 小学　　　B. 初中　　　C. 高中　　　D. 大专
   - E. 本科　　　F. 硕士生　　G. 博士　　　H. 其他

5. 你母亲的学历？
   - A. 小学　　　B. 初中　　　C. 高中　　　D. 大专
   - E. 本科　　　F. 硕士生　　G. 博士　　　H. 其他

二、学习力现状

1. 能对学习的具体文本内容产生兴趣
   - A. 非常符合　　　　　　　B. 大部分符合
   - C. 不确定　　　　　　　　D. 大部分不符合
   - E. 非常不符合

2. 能对学习任务产生兴趣

   A. 非常符合　　　　　　　　　B. 大部分符合

   C. 不确定　　　　　　　　　　D. 大部分不符合

   E. 非常不符合

3. 能对学习的知识产生兴趣

   A. 非常符合　　　　　　　　　B. 大部分符合

   C. 不确定　　　　　　　　　　D. 大部分不符合

   E. 非常不符合

4. 因是自己的学习喜好,所以产生稳定的个人兴趣

   A. 非常符合　　　　　　　　　B. 大部分符合

   C. 不确定　　　　　　　　　　D. 大部分不符合

   E. 非常不符合

5. 因为是自己的学习优势所在,所以产生稳定的个人兴趣

   A. 非常符合　　　　　　　　　B. 大部分符合

   C. 不确定　　　　　　　　　　D. 大部分不符合

   E. 非常不符合

6. 有学习的内在动机,如对学习目标的期待,积极学习价值的追求等

   A. 非常符合　　　　　　　　　B. 大部分符合

   C. 不确定　　　　　　　　　　D. 大部分不符合

   E. 非常不符合

7. 有学习的外在动机,如外界的各种奖励和鼓励

   A. 非常符合　　　　　　　　　B. 大部分符合

   C. 不确定　　　　　　　　　　D. 大部分不符合

   E. 非常不符合

8. 能将外部激励转为自己学习的内在动机

   A. 非常符合　　　　　　　　　B. 大部分符合

   C. 不确定　　　　　　　　　　D. 大部分不符合

   E. 非常不符合

9. 有积极的自我效能(指个体对自己是否有能力完成某一行为所进行的推测与判断)

   A. 非常符合　　　　　　　　　B. 大部分符合

   C. 不确定　　　　　　　　　　D. 大部分不符合

E. 非常不符合

10. 不太热爱学习，对学习缺少热情

　　A. 非常符合　　　　　　　　B. 大部分符合
　　C. 不确定　　　　　　　　　D. 大部分不符合
　　E. 非常不符合

11. 有学习的自觉性

　　A. 非常符合　　　　　　　　B. 大部分符合
　　C. 不确定　　　　　　　　　D. 大部分不符合
　　E. 非常不符合

12. 有学习的主动性

　　A. 非常符合　　　　　　　　B. 大部分符合
　　C. 不确定　　　　　　　　　D. 大部分不符合
　　E. 非常不符合

13. 对学习的高原反应（即学习进程中某个阶段，学习提高速度减慢、停滞不前或倒退的现象）等学习现象有基本了解

　　A. 非常符合　　　　　　　　B. 大部分符合
　　C. 不确定　　　　　　　　　D. 大部分不符合
　　E. 非常不符合

14. 对过度学习（即对所学知识达到一次完全正确再现后，仍反复练习，继续识记，达到巩固）等学习现象有基本了解

　　A. 非常符合　　　　　　　　B. 大部分符合
　　C. 不确定　　　　　　　　　D. 大部分不符合
　　E. 非常不符合

15. 对学习遗忘（学习后经过的时间越长，保持越少，遗忘越多，但遗忘的速度是先快后慢的）等规律有基本认知

　　A. 非常符合　　　　　　　　B. 大部分符合
　　C. 不确定　　　　　　　　　D. 大部分不符合
　　E. 非常不符合

16. 对自己的学习各方面情况有比较清楚的了解

　　A. 非常符合　　　　　　　　B. 大部分符合
　　C. 不确定　　　　　　　　　D. 大部分不符合
　　E. 非常不符合

17. 有记忆的学习技能

    A. 非常符合   B. 大部分符合

    C. 不确定   D. 大部分不符合

    E. 非常不符合

18. 有理解的学习技能

    A. 非常符合   B. 大部分符合

    C. 不确定   D. 大部分不符合

    E. 非常不符合

19. 有应用的学习技能

    A. 非常符合   B. 大部分符合

    C. 不确定   D. 大部分不符合

    E. 非常不符合

20. 缺少分析的学习技能

    A. 非常符合   B. 大部分符合

    C. 不确定   D. 大部分不符合

    E. 非常不符合

21. 有评价的学习技能

    A. 非常符合   B. 大部分符合

    C. 不确定   D. 大部分不符合

    E. 非常不符合

22. 有创造的学习技能

    A. 非常符合   B. 大部分符合

    C. 不确定   D. 大部分不符合

    E. 非常不符合

23. 有学习所需的逻辑推理能力（基于已掌握的信息和知识，综合运用分析、理解、综合、归纳、判断等方法，寻求规律，对事物间关系或事件的趋势作出合理判断）

    A. 非常符合   B. 大部分符合

    C. 不确定   D. 大部分不符合

    E. 非常不符合

24. 有学习所需的语言智能（有效运用口头或书面语言表达自己的思想并理解他人，具备言语思维和表达、欣赏语言深层次内涵等能力）

A. 非常符合 B. 大部分符合
C. 不确定 D. 大部分不符合
E. 非常不符合

25. 有学习所需的数学智能（抽象概括能力、解决问题能力等）

A. 非常符合 B. 大部分符合
C. 不确定 D. 大部分不符合
E. 非常不符合

26. 有积极回应的学习者思维习惯（如善于接受别人建议、善于提问、对学习有辨别和主见等）

A. 非常符合 B. 大部分符合
C. 不确定 D. 大部分不符合
E. 非常不符合

27. 有学习迁移的习惯（如学习经验、知识、思路、策略等的迁移运用）

A. 非常符合 B. 大部分符合
C. 不确定 D. 大部分不符合
E. 非常不符合

28. 有意识建构学习的习惯（如随时总结学习经验、建构关于如何学习的知识等）

A. 非常符合 B. 大部分符合
C. 不确定 D. 大部分不符合
E. 非常不符合

29. 有计划学习的习惯

A. 非常符合 B. 大部分符合
C. 不确定 D. 大部分不符合
E. 非常不符合

30. 缺少自我监控学习过程的习惯

A. 非常符合 B. 大部分符合
C. 不确定 D. 大部分不符合
E. 非常不符合

31. 有反思学习的习惯

A. 非常符合 B. 大部分符合
C. 不确定 D. 大部分不符合

E. 非常不符合

32. 有珍惜时间的习惯

A. 非常符合 B. 大部分符合

C. 不确定 D. 大部分不符合

E. 非常不符合

33. 有追求时间效率,统筹安排时间的习惯

A. 非常符合 B. 大部分符合

C. 不确定 D. 大部分不符合

E. 非常不符合

34. 有评估自我时间管理状况的习惯

A. 非常符合 B. 大部分符合

C. 不确定 D. 大部分不符合

E. 非常不符合

三、学习力发展指导现状

1. 你觉得影响学习力发展的最主要因素是:(单选)

A. 家庭教育 B. 高中生的自主发展

C. 个人学习经历 D. 教师的指导

E. 学校开设相关发展指导课程

F. 其他,请列出_____

2. 你觉得影响学习力发展的因素有哪些:(多选)

A. 家庭教育 B. 高中生的自主发展

C. 个人学习经历 D. 教师的指导

E. 学校开设相关发展指导课程

F. 其他,请列出_____

请按你认为的重要程度,将答案由重要到非重要排序:_____

3. 在学习中,你能感受到自我学习力的变化吗?

A. 经常 B. 偶尔 C. 没注意到 D. 不经常

E. 没感觉到

4. 你会有意识发展自己(上述)某一方面的学习力吗?

A. 经常 B. 偶尔 C. 很少 D. 没有

E. 从来没有

5. 你觉得教师平时注意指导高中生的学习力发展吗?

A. 经常指导 B. 偶尔指导
C. 没注意到 D. 不经常指导
E. 没指导

6. 你感觉到的学习力指导来自：(可单选或多选)

A. 同学的学习经验分享 B. 学科教师的指导
C. 班主任的指导 D. 家长的指导

如果本题你的答案是多选,请按程度由重要到非重要排序：_____

7. 在学科学习中,你感觉到自己的学习力整体提升吗？

A. 经常 B. 偶尔 C. 没注意到 D. 不经常
E. 没感觉到

四、"学习力发展指导"课程需求现状

1. 你觉得有必要开设专门的课程指导你认识和发展自己的学习力吗？

A. 非常有必要 B. 有必要
C. 无所谓 D. 不太有必要
E. 没必要

2. 如果开设"学习力发展指导"课程,你觉得对你有效果吗？

A. 很有效果 B. 效果一般 C. 不一定 D. 无效果
E. 肯定无效果

3. 如果开设"学习力发展指导"课程,你希望实现的学习目标是？(单选或多选)

A. 了解自己的学习力现状 B. 帮助提升学习成绩
C. 提升学习力,使自己更加会学习 D. 只是为了得到学分或者课程成绩

E. 其他,请列出 _____

4. 如果开设"学习力发展指导"课程,你希望包括哪些学习内容？(单选或多选)

A. 了解学习力的相关内容

B. 了解自己的学习力情况

C. 掌握学习力发展的一般策略

D. 掌握发展自己学习力发展的策略

E. 了解同学的学习力状态

F. 无所谓

5. 如果开设"学习力发展指导"课程,你希望的学习形式是?(单选或多选)

A. 融入具体学科课堂,教师结合学科教学内容指导学习力发展

B. 高中生为主,高中生在教师引导下了解自己的学习力,寻找针对性发展策略

C. 学习力发展指导系列讲座形式

D. 设计具体任务开展课内外学习,实现学习力发展

E. 独立课程形式,根据高中生具体学习力情况寻找策略,不是知识性说教

F. 无所谓,随便学校或教师安排

G. 其他,请列出_____

6. 如果开设"学习力发展指导"课程,你希望学习评价方式是?(单选或多选)

A. 课堂表现

B. 课程相关的作业、作品

C. 课堂自我汇报

D. 学习力提升的证据,如测评或者考试成绩提高

E. 随便教师安排

F. 其他,请列出_____

附录3：高中生学习力发展指导调查（高中生问卷）（正式版）

亲爱的同学：

  你好！

  本调查问卷是为了解高中生学习力、发展指导及对"学习力发展指导"课程需求等现状。调查采用无记名的方式，所得数据仅用于学术研究，希望你能根据自我感受如实反馈，请在符合的选项上划"√"或在空白处填写。你的反馈对本研究有很重要意义，非常感谢你的合作与支持！

  说明：

  （1）本研究将"学习力"界定为：<u>学习力（Learning Power）是支持和推动学习，直接影响个体学习效率的学习的内在力量，属于综合素质的范畴。</u>

  （2）本研究的学习力体系具体内容包括：学习动力（学习兴趣、学习动机、学习态度）；学习能力（学习认知、学习技能、学习能倾）；学习习惯（内在处理、过程运行、时间管理）。

一、基本情况

1. 你的年级？
   A. 高一　　　　　B. 高二　　　　　C. 高三
2. 你父亲的职业？
   A. 工人　　　　　B. 公司职员　　　C. 教师　　　　　D. 公务员
   E. 自由职业　　　F. 商人　　　　　G. 其他
3. 你母亲的职业？
   A. 工人　　　　　B. 公司职员　　　C. 教师　　　　　D. 公务员
   E. 自由职业　　　F. 商人　　　　　G. 其他
4. 你父亲的学历？
   A. 小学　　　　　B. 初中　　　　　C. 高中　　　　　D. 大专
   E. 本科　　　　　F. 硕士　　　　　G. 博士　　　　　H. 其他
5. 你母亲的学历？
   A. 小学　　　　　B. 初中　　　　　C. 高中　　　　　D. 大专
   E. 本科　　　　　F. 硕士　　　　　G. 博士　　　　　H. 其他

二、学习力现状

1. 能对学习的具体文本内容产生兴趣

A. 非常符合　　　　　　　　B. 大部分符合
C. 不确定　　　　　　　　　D. 大部分不符合
E. 非常不符合

2. 能对学习任务产生兴趣

A. 非常符合　　　　　　　　B. 大部分符合
C. 不确定　　　　　　　　　D. 大部分不符合
E. 非常不符合

3. 能对学习的知识产生兴趣

A. 非常符合　　　　　　　　B. 大部分符合
C. 不确定　　　　　　　　　D. 大部分不符合
E. 非常不符合

4. 因是自己的学习喜好,所以产生稳定的个人兴趣

A. 非常符合　　　　　　　　B. 大部分符合
C. 不确定　　　　　　　　　D. 大部分不符合
E. 非常不符合

5. 因为是自己的学习优势所在,所以产生稳定的个人兴趣

A. 非常符合　　　　　　　　B. 大部分符合
C. 不确定　　　　　　　　　D. 大部分不符合
E. 非常不符合

6. 有学习的内在动机,如对学习目标的期待,积极学习价值的追求等

A. 非常符合　　　　　　　　B. 大部分符合
C. 不确定　　　　　　　　　D. 大部分不符合
E. 非常不符合

7. 有学习的外在动机,如外界的各种奖励和鼓励

A. 非常符合　　　　　　　　B. 大部分符合
C. 不确定　　　　　　　　　D. 大部分不符合
E. 非常不符合

8. 能将外部激励转为自己学习的内在动机

A. 非常符合　　　　　　　　B. 大部分符合
C. 不确定　　　　　　　　　D. 大部分不符合
E. 非常不符合

9. 有积极的自我效能(指个体对自己是否有能力完成某一行为所进行

的推测与判断)

  A. 非常符合   B. 大部分符合

  C. 不确定   D. 大部分不符合

  E. 非常不符合

10. 不太热爱学习,对学习缺少热情

  A. 非常符合   B. 大部分符合

  C. 不确定   D. 大部分不符合

  E. 非常不符合

11. 有学习的自觉性

  A. 非常符合   B. 大部分符合

  C. 不确定   D. 大部分不符合

  E. 非常不符合

12. 有学习的主动性

  A. 非常符合   B. 大部分符合

  C. 不确定   D. 大部分不符合

  E. 非常不符合

13. 对学习的高原反应(即学习进程中某个阶段,学习提高速度减慢、停滞不前或倒退的现象)等学习现象有基本了解

  A. 非常符合   B. 大部分符合

  C. 不确定   D. 大部分不符合

  E. 非常不符合

14. 对过度学习(即对所学知识达到一次完全正确再现后,仍反复练习,继续识记,达到巩固)等学习现象有基本了解

  A. 非常符合   B. 大部分符合

  C. 不确定   D. 大部分不符合

  E. 非常不符合

15. 对学习遗忘(学习后经过的时间越长,保持越少,遗忘越多,但遗忘的速度是先快后慢的)等规律有基本认知

  A. 非常符合   B. 大部分符合

  C. 不确定   D. 大部分不符合

  E. 非常不符合

16. 对自己的学习各方面情况有比较清楚的了解

A. 非常符合　　　　　　　　B. 大部分符合
C. 不确定　　　　　　　　　D. 大部分不符合
E. 非常不符合

17. 有记忆的学习技能
    A. 非常符合　　　　　　　　B. 大部分符合
    C. 不确定　　　　　　　　　D. 大部分不符合
    E. 非常不符合

18. 有理解的学习技能
    A. 非常符合　　　　　　　　B. 大部分符合
    C. 不确定　　　　　　　　　D. 大部分不符合
    E. 非常不符合

19. 有应用的学习技能（能将学习的知识、能力、策略等应用于自己的学习中）
    A. 非常符合　　　　　　　　B. 大部分符合
    C. 不确定　　　　　　　　　D. 大部分不符合
    E. 非常不符合

20. 缺少分析的学习技能
    A. 非常符合　　　　　　　　B. 大部分符合
    C. 不确定　　　　　　　　　D. 大部分不符合
    E. 非常不符合

21. 有评价的学习技能
    A. 非常符合　　　　　　　　B. 大部分符合
    C. 不确定　　　　　　　　　D. 大部分不符合
    E. 非常不符合

22. 有创造的学习技能
    A. 非常符合　　　　　　　　B. 大部分符合
    C. 不确定　　　　　　　　　D. 大部分不符合
    E. 非常不符合

23. 有学习所需的逻辑推理能力（基于已掌握的信息和知识，综合运用分析、理解、综合、归纳、判断等方法，寻求规律，对事物间关系或事件的趋势作出合理判断）
    A. 非常符合　　　　　　　　B. 大部分符合

C. 不确定 D. 大部分不符合

E. 非常不符合

24. 有学习所需的语言智能(有效运用口头或书面语言表达自己的思想并理解他人,具备言语思维和表达、欣赏语言深层次内涵等能力)

A. 非常符合 B. 大部分符合

C. 不确定 D. 大部分不符合

E. 非常不符合

25. 有学习所需的数学智能(抽象概括能力、解决问题能力等)

A. 非常符合 B. 大部分符合

C. 不确定 D. 大部分不符合

E. 非常不符合

26. 有积极回应的学习者思维习惯(如善于接受别人建议、善于提问、对学习有辨别和主见等)

A. 非常符合 B. 大部分符合

C. 不确定 D. 大部分不符合

E. 非常不符合

27. 有学习迁移的习惯(如学习经验、知识、思路、策略等的迁移运用)

A. 非常符合 B. 大部分符合

C. 不确定 D. 大部分不符合

E. 非常不符合

28. 有意识建构学习的习惯(如随时总结学习经验、建构关于如何学习的知识等)

A. 非常符合 B. 大部分符合

C. 不确定 D. 大部分不符合

E. 非常不符合

29. 有计划学习的习惯

A. 非常符合 B. 大部分符合

C. 不确定 D. 大部分不符合

E. 非常不符合

30. 缺少自我监控学习过程的习惯

A. 非常符合 B. 大部分符合

C. 不确定 D. 大部分不符合

E. 非常不符合

31. 有反思学习的习惯

A. 非常符合 B. 大部分符合

C. 不确定 D. 大部分不符合

E. 非常不符合

32. 有珍惜时间的习惯

A. 非常符合 B. 大部分符合

C. 不确定 D. 大部分不符合

E. 非常不符合

33. 有追求时间效率,统筹安排时间的习惯

A. 非常符合 B. 大部分符合

C. 不确定 D. 大部分不符合

E. 非常不符合

34. 有评估自我时间管理状况的习惯

A. 非常符合 B. 大部分符合

C. 不确定 D. 大部分不符合

E. 非常不符合

三、学习力发展指导现状

1. 你觉得影响学习力发展的最主要因素是:(单选)

A. 家庭教育 B. 高中生的自主发展

C. 个人学习经历 D. 教师的指导

E. 学校开设相关发展指导课程

F. 其他,请列出_____

2. 你觉得影响学习力发展的因素有哪些:(多选)

A. 家庭教育 B. 高中生的自主发展

C. 个人学习经历 D. 教师的指导

E. 学校开设相关发展指导课程

F. 其他,请列出_____

请按你认为的重要程度,将答案由重要到非重要排序:_____

3. 在学习中,你能感受到自我学习力的变化吗?

A. 经常 B. 偶尔 C. 没注意到 D. 不经常

E. 没感觉到

4. 你会有意识发展自己（上述）某一方面的学习力吗？

　　A. 经常　　　　　B. 偶尔　　　　　C. 很少　　　　　D. 没有

　　E. 从来没有

5. 你觉得教师平时注意指导高中生的学习力发展吗？

　　A. 经常指导　　　　　　　　　　　B. 偶尔指导

　　C. 没注意到　　　　　　　　　　　D. 不经常指导

　　E. 没指导

6. 你感觉到的学习力指导来自：（单选或多选）

　　A. 同学的学习经验分享　　　　　　B. 学科教师的指导

　　C. 班主任的指导　　　　　　　　　D. 家长的指导

　　如果本题你的答案是多选，请按程度由重要到非重要排序：_____

7. 在学科学习中，你感觉到自己的学习力整体提升吗？

　　A. 经常　　　　　B. 偶尔　　　　　C. 没注意到　　　　D. 不经常

　　E. 没感觉到

四、"学习力发展指导"课程需求现状

1. 你觉得有必要开设专门的课程指导你认识和发展自己的学习力吗？

　　A. 非常有必要　　　　　　　　　　B. 有必要

　　C. 无所谓　　　　　　　　　　　　D. 不太有必要

　　E. 没必要

2. 如果开设"学习力发展指导"课程，你觉得对你有效果吗？

　　A. 很有效果　　　　　　　　　　　B. 效果一般

　　C. 不一定　　　　　　　　　　　　D. 无效果

　　E. 肯定无效果

3. 如果开设"学习力发展指导"课程，你希望实现的学习目标是？（单选或多选）

　　A. 了解自己的学习力现状

　　B. 帮助提升学习成绩

　　C. 提升学习力，使自己更加会学习

　　D. 只是为了得到学分或者课程成绩

　　E. 其他，请列出_____

4. 如果开设"学习力发展指导"课程，你希望包括哪些学习内容？（单选或多选）

A. 了解学习力的相关内容

B. 了解自己的学习力情况

C. 掌握学习力发展的一般策略

D. 掌握发展自己学习力发展的策略

E. 了解同学的学习力状态

F. 无所谓

5. 如果开设"学习力发展指导"课程,你希望的学习形式是?(单选或多选)

A. 融入具体学科课堂,教师结合学科教学内容指导学习力发展

B. 高中生为主,高中生在教师引导下了解自己的学习力,寻找针对性发展策略

C. 学习力发展指导系列讲座形式

D. 设计具体任务开展课内外学习,实现学习力发展

E. 独立课程形式,根据高中生具体学习力情况寻找策略,不是知识性说教

F. 无所谓,随便学校或教师安排

G. 其他,请列出_____

6. 如果开设"学习力发展指导"课程,你希望学习评价方式是?(单选或多选)

A. 课堂表现

B. 课程相关的作业、作品

C. 课堂自我汇报

D. 学习力提升的证据,如测评或者考试成绩提高

E. 随便教师安排

F. 其他,请列出_____

附录4：高中生学习力发展指导调查访谈提纲
（课程专家）（试测版）

尊敬的专家：

您好！

本人现就读于上海师范大学课程与教学论专业，博士学位论文选题为《普通高中学生学习力发展指导课程构建研究》。很荣幸，能与您就高中生学习力现状、发展指导现状以及您对开发高中生"学习力发展指导"课程的看法等问题进行交谈。本调研采用无记名的方式，访谈结果仅用于学术研究。您的意见对本研究有很重要意义，万分感激您的合作与支持！

说明：本研究将"学习力"界定为：<u>学习力（Learning Power）是支持和推动学习，直接影响个体学习效率的学习的内在力量，属于综合素质的范畴</u>。

1. 您认为高中生除了具体学科的学习能力、学习喜好等学科学习素质以外，是否存在共通的内在学习力量（即学习力）？您认为高中生的学习力现状如何？

2. 您认为可以采取哪些策略发展高中生的学习力？

3. 您认为有无必要开发专门的校本课程来发展高中生的学习力？如果不必要，原因是什么？如果必要，在学校的课程体系中，该课程如何安排比较合理？您对该课程的的开发有什么具体建议？

附录5：高中生学习力发展指导调查访谈提纲
（课程专家）（正式版）

尊敬的专家：

您好！

本人现就读于上海师范大学课程与教学论专业，博士学位论文选题为《普通高中学生学习力发展指导课程构建研究》。很荣幸，能与您就高中生学习力现状、发展指导现状以及您对开发高中生"学习力发展指导"课程的看法等问题进行交谈。本调研采用无记名的方式，访谈结果仅用于学术研究。您的意见对本研究有很重要意义，万分感激您的合作与支持！

说明：

（1）本研究将"学习力"界定为：<u>学习力（Learning Power）是支持和推动学习，直接影响个体学习效率的学习的内在力量，属于综合素质的范畴。</u>

（2）本研究的学习力体系具体内容包括：学习动力（学习兴趣、学习动机、学习态度）；学习能力（学习认知、学习技能、学习能倾）；学习习惯（内在处理、过程运行、时间管理）。

1. 您认为高中生除了具体学科的学习能力、学习喜好等学科学习素质以外，是否存在共通的内在学习力量（即学习力）？您认为高中生的学习力现状如何？造成现状的原因有哪些？

2. 您认为可以采取哪些策略发展高中生的学习力？

3. 您认为有无必要开发专门的校本课程来发展高中生的学习力？如果不必要，原因是什么？如果必要，在学校的课程体系中，该课程如何安排比较合理？您对该课程的目标、学习内容、学习方式和学习评价有哪些具体建议？

附录6：高中生学习力发展指导调查访谈提纲
（校长）（试测版）

尊敬的校长：

您好！

本人现就读于上海师范大学课程与教学论专业，博士学位论文选题为《普通高中学生学习力发展指导课程构建研究》。很荣幸，能与您就高中生学习力现状、发展指导现状以及您对开发高中生"学习力发展指导"课程的看法等问题进行交谈。本调研采用无记名的方式，访谈结果仅用于学术研究。您的意见对本研究有很重要意义，万分感激您的合作与支持！

说明：本研究将"学习力"界定为：<u>学习力（Learning Power）是支持和推动学习，直接影响个体学习效率的学习的内在力量，属于综合素质的范畴</u>。

1. 您觉得高中生除了具体学科的学习能力、学习喜好等学科学习素质以外，是否存在共通的内在学习力量（即学习力）？您认为高中生的学习力现状如何？

2. 您在学校管理中，采用了哪些策略发展高中生的学习力？

3. 您觉得有无必要开发专门的校本课程来发展高中生的学习力？如果不必要，原因是什么？如果必要，在贵校的课程体系中，该课程如何安排比较合理？您对该课程的开发有什么具体建议？

附录7：高中生学习力发展指导调查访谈提纲
（校长）（正式版）

尊敬的校长：

您好！

本人现就读于上海师范大学课程与教学论专业，博士学位论文选题为《普通高中学生学习力发展指导课程构建研究》。很荣幸，能与您就高中生学习力现状、发展指导现状以及您对开发高中生"学习力发展指导"课程的看法等问题进行交谈。本调研采用无记名的方式，访谈结果仅用于学术研究。您的意见对本研究有很重要意义，万分感激您的合作与支持！

说明：

(1) 本研究将"学习力"界定为：<u>学习力（Learning Power）是支持和推动学习，直接影响个体学习效率的学习的内在力量，属于综合素质的范畴。</u>

(2) 本研究的学习力体系具体内容包括：学习动力（学习兴趣、学习动机、学习态度）；学习能力（学习认知、学习技能、学习能倾）；学习习惯（内在处理、过程运行、时间管理）。

1. 您觉得高中生除了具体学科的学习能力、学习喜好等学科学习素质以外，是否存在共通的内在学习力量（即学习力）？您认为高中生的学习力现状如何？造成现状的原因有哪些？

2. 您在学校管理中，采用了哪些策略发展高中生的学习力？

3. 您觉得有无必要开发专门的校本课程来发展高中生的学习力？如果不必要，原因是什么？如果必要，在贵校的课程体系中，该课程如何安排比较合理？您对该课程的目标、学习内容、学习方式和学习评价有哪些具体建议？

附录8：高中生学习力发展指导调查访谈提纲
（教师）（试测版）

尊敬的老师：

您好！

本人现就读于上海师范大学课程与教学论专业，博士学位论文选题为《普通高中学生学习力发展指导课程构建研究》。很荣幸，能与您就高中生学习力现状、发展指导现状以及您对开发高中生"学习力发展指导"课程的看法等问题进行交谈。本调研采用无记名的方式，访谈结果仅用于学术研究。您的意见对本研究有很重要意义，万分感激您的合作与支持！

说明：本研究将"学习力"界定为：<u>学习力（Learning Power）是支持和推动学习，直接影响个体学习效率的学习的内在力量</u>，属于综合素质的范畴。

1. 您觉得高中生除了具体学科的学习能力、学习喜好等学科学习素质以外，是否存在共通的内在学习力量（即学习力）？

2. 在您的日常教学与管理中，您是如何指导或激发高中生的学习力发展的？

3. 您觉得有无必要开发专门的校本课程来发展高中生的学习力？如果不必要，原因是什么？如果必要，您对该课程的开发有什么具体建议？您是否愿意参与该课程开发或实践？

附录9：高中生学习力发展指导调查访谈提纲（教师）（正式版）

尊敬的老师：

您好！

本人现就读于上海师范大学课程与教学论专业，博士学位论文选题为《普通高中学生学习力发展指导课程构建研究》。很荣幸，能与您就高中生学习力现状、发展指导现状以及您对开发高中生"学习力发展指导"课程的看法等问题进行交谈。本调研采用无记名的方式，访谈结果仅用于学术研究。您的意见对本研究有很重要意义，万分感激您的合作与支持！

说明：

（1）本研究将"学习力"界定为：<u>学习力（Learning Power）是支持和推动学习，直接影响个体学习效率的学习的内在力量，属于综合素质的范畴</u>。

（2）本研究的学习力体系具体内容包括：学习动力（学习兴趣、学习动机、学习态度）；学习能力（学习认知、学习技能、学习能倾）；学习习惯（内在处理、过程运行、时间管理）。

您的基本情况：

1. 教龄：_____

2. 学校所在地：_____（城市、乡镇、农村）

3. 您承担的教学以外的其他所有职务：_____

（如：备课组长、年级组长；班主任、教务主任；副校长、校长等）

1. 您觉得高中生除了具体学科的学习能力、学习喜好等学科学习素质以外，是否存在共通的内在学习力量（即学习力）？您觉得高中生的学习力现状如何？造成现状的原因有哪些？

2. 总体而言，在您的日常教学与管理中，您关注高中生的学习力发展吗？您采取了哪些策略，如何指导或激发高中生的学习力发展的？

3. 您觉得有无必要开发专门的校本课程来指导高中生的学习力发展？如果不必要，原因是什么？如果必要，您对该课程的学习目标、学习内容、学习方式和学习评价有哪些具体建议？您是否愿意参与该课程开发或实践？

后 记

本书是由笔者的博士论文修改而成。时间如白驹过隙,博士毕业已经两年多了。因诸多日常工作事务的忙碌和境外访学,对博士论文后续研究开展得还很不充分。只是通过学术讲座、校本教研活动、个别班级的实践尝试等形式,推广和探讨了该研究主题。可以确定的是,学生需要和欢迎学习指导,更急需个性化学习分析和指导;广大教师也认同学习力发展指导的重要性,认为在教学实践中系统化指导学生学习是非常必要的,但是缺少相关引导或抓手。希望本书对广大"奋斗"在学习中的师生有所帮助。笔者也会继续广泛研读学习学研究资料,深化对该主题的了解,以继续开展相关研究。读博生涯以及博士论文写作是一段难忘的心路历程,因此,谨以博士论文"致谢"权作本书的"后记"。

冬去春来,花谢花开,转眼三年读博的时间接近尾声。一年多的写作过程,在若干个无法入眠的夜晚,毕业论文致谢的一段段文字早已盘旋在脑中:受导师指导而激发思维火花,取得自我突破的激动心情;漫长而短暂的,或焦虑或有所成就的写作历程;和老师、同学们相处的愉快而充满收获的美好时光;对家庭、对孩子愧疚的归心似箭的感觉……真的,似乎要说的太多;似乎此刻又归于平淡,不用多说,因为一切都已经刻入我生命的年轮,永远铭记在心。在这静谧的夜里,回顾三年时光,作为这段学生生涯和毕业论文的暂时总结与告别,也书写下我对所有师长、领导、同学、家人的感谢!

感谢师长,师恩深厚比青山

感谢恩师丁念金教授,不嫌我智力平平,将我收列门下。导师对中国教育的把脉,常使我茅塞顿开;导师学术广博,于我虽不能学,然心向往之。三年中,我的专业视野提升、理论基础增厚、研究方法规范和为人处世成熟等各方面发展,无不受益于导师教诲。毕业论文的写作,更是得益于导师的全程指导。选题的确定、开题报告的修改、核心步骤的完成、定稿等等，导师始终尽心费力、不厌其烦地指导我；面谈、邮件、微信、QQ等，导师每每都是有问必复。导师是严师，对我毕业论文各环节的质量、工作量、规范等严格要求；他又如慈父般宽解我的压力。导师的恩情与教诲，我将终身铭记！感谢平易近人的师母彭老师，常关心我的学习和生活。师母做事干练的风格，潜移默化地影响了我。三年读博，课堂内外，毕业论文写作过程中，我还得到了很多老师的指点。谢教授，将教学理论、课改道理寓于平常语言中，却意味深远，耐人寻味；蔡教授，从逻辑学、方法论高度，给我醍醐灌顶般启示，鼓励的话语给我了坚持的动力。感谢参加我毕业论文开题的各位专家，他们是上海师范大学的夏院长、谢教授、蔡教授和夏教授，写作中我一直牢记他们的鼓励、建议和提醒；感谢为我毕业论文的"学习力体系"提供咨询的15位校内外专家，正是基于他们的建议，在导师指导下，经过数十次修改才最终确定了学习力体系，这是毕业论文能顺利开展和完成的关键所在。感谢参加我毕业论文预答辩的各位专家，他们的意见和建议，使我重新认识自己的论文，认真修改后，提升了论文质量；也感谢将出席我毕业论文答辩的各位专家。还要感谢为我的问卷调查提供帮助的各位教师朋友们，感谢他们的无私相助。正是得益于各位师长的教诲和帮助，我才得以进步，并建立起一点于他人微不足道、于自己却意义重大的"学术自信"；在个人学术研究上，也取得了突破，并能如期完成毕业论文。

感谢领导，殷切关心像春光

我的个性和能力，从来不是个中翘楚，但也始终不甘落人后。因此，在硕士毕业工作整十年后，在文学院陈义海院长的一再鼓励和督促下，我响应单位号召和要求，应对个人专业发展的需要，下定决心考博。入学后，所在工作单位盐城师范学院为博士在读人员提供了脱产学习的时间和经济保证。我所任教专业人手严重不足，课务、培训等工作繁重，但是学院和教研室还是尽量保证我的脱产学习时间。三年内，我也坚持指导了44名本科生毕业论文，担任过一次教育部国培项目班主任，多次协助编写各类材料等。非常感谢陈院长等领导时常关心我的学习进展，提醒我注意身体；非常感谢史院长和同事们分担我的工作任务。和睦如大家庭般的文学院，使我很有归属感。

感谢同学,同窗情谊似流水

回顾间断的 20 余年求学路,我从一个并不富裕甚至算得贫穷的家庭,一路还算顺利地走来。除了得益于师长指导和领导关心,还有一个重要因素,就是同学的鼓励和陪伴;很多做人做事的方法,得益于同学间的探讨和相互借鉴。与本科同学结伴考研、硕士同学一起游学、博士同学相互问诘,都是我人生的幸事。感谢上海师范大学教育学院 2014 级全体博士生,茫茫人海得以相遇是缘;感谢吴吉东、刘茂祥、赵冬梅、蒋叶红、刘春娣、亢明铭……,我们相互提醒,相互帮助,实现一起毕业的"理想";冬梅是我的饭友、净友、宿舍、操场、食堂,处处留下我们的身影,我们给过彼此若干建议和帮助,相互陪伴走过"艰难"的毕业论文写作过程;感谢王师姐、牛师姐、小明师兄以及诗雅师姐,他们常关心我的大小论文进展情况,给了我若干真诚的指导和帮助;尤其是中男师姐,不记得从什么时候开始,我们遵循轮流请客的"规矩",时常相聚上师大午餐时光,我的毕业论文话题永远是我们的佐餐,那些美好时刻是我留在师大校园最温馨的回忆;感谢丁门师弟师妹们,你们都或多或少给过我帮助,很荣幸能和你们一起组成相亲相爱的丁门。

感谢家人,亲情坚固如后盾

感谢我的至爱——聪明伶俐的女儿。因我外出,让她确切体会了情感上的分离、思念和学习上的坚持、责任。读博之初,跟女儿约定"相互做彼此的榜样"。三年时间,女儿从小学二年级读到四年级,已经出口成章,常使我感叹,她是那么独立、能干、能自主学习的小大人了!她是真正以读书、写作、学习为乐的人。她乐观开朗的性格、与人相处的能力、善良平和的心境等,让我欣慰。她写的书法、鼓励的便条、微笑的照片,贴在我宿舍的书桌旁,督促和支持了我三年在外的学习生活。我也常跟她探讨学习,她甚至对自己的学习分析得头头是道,使我坚信:学习力的良性发展,可以也应该从儿童抓起。女儿已经会主动提议用番茄钟督促我们的学习,也能很好地自我管理学习,她也常给我学习研究的启示。感谢我踏实顾家的先生,我的亲密爱人。他接手承担了教育女儿的任务,常用自己的学习经验教导女儿,甚至效果也不比我这个教育行当里的人干得差。这也常激发我对学习和教育的思考。先生是我的坚强后盾,从入学的迷茫到选题开题的压力,再到焦灼的毕业论文写作过程,他总是认真倾听我的絮叨,并用一两句话就能让我轻松一笑,暂时忘却烦恼。感谢我勤恳善良的公婆,没有你们接送、照顾女儿,我不可能安心在外学习;感谢我温良淳朴的爸妈,在你们的目光中,我一步步走向更好的自己,你们的健康,就是对我莫大的心理支持;感谢亲爱的哥嫂和姐妹们,你们时常关心我的身体和学习,使我时刻感受到生活在大家庭的温暖。

  回顾我的学习生涯,包括读博三年,是我自身学习力增长的历程,也是很多学习力因素推动前进的过程。三年虽短,我受益良多,也获得了人生新的高度和起点,寻找到"学生学习力"这一热爱的研究领域。未来,无论工作、科研、生活,我都将更加努力,去创造和遇见更好的人生、更好的自己!

刘艾清
于上海师范大学西九宿舍
2017 年 5 月 30 日